La France
de 1815 à 1848

Jean-Claude Caron

La France de 1815 à 1848

Deuxième tirage

ARMAND COLIN

Ce logo a pour objet d'alerter le lecteur sur la menace que représente pour l'avenir de l'écrit, tout particulièrement dans le domaine universitaire, le développement massif du « photocopillage ».

Cette pratique qui s'est généralisée, notamment dans les établissements d'enseignement, provoque une baisse brutale des achats de livres, au point que la possibilité même pour les auteurs de créer des œuvres nouvelles et de les faire éditer correctement est aujourd'hui menacée.

Nous rappelons donc que la reproduction et la vente sans autorisation, ainsi que le recel, sont passibles de poursuites. Les demandes d'autorisation de photocopier doivent être adressées à l'éditeur ou au Centre français d'exploitation du droit de copie : 3, rue Hautefeuille, 75006 Paris. Tél. : 43 26 95 35.

Collection Cursus, série « Hisoire »

Tous droits de traduction, d'adaptation et de reproduction par tous procédés réservés pour tous pays.

Toute reproduction ou représentation intégrale ou partielle, par quelque procédé que ce soit, des pages publiées dans le présent ouvrage, faite sans l'autorisation de l'éditeur, est illicite et constitue une contrefaçon. Seules sont autorisées, d'une part, les reproductions strictement réservées à l'usage privé du copiste et non destinées à une utilisation collective et, d'autre part, les courtes citations justifiées par le caractère scientifique ou d'information de l'œuvre dans laquelle elles sont incorporées (art. L. 122-4, L. 122-5 et L. 335-2 du Code de la propriété intellectuelle).

© Armand Colin Éditeur, Paris, 1993
ISBN : 2-200-21340-9
ISSN : 1159-7518

Armand Colin Éditeur, 103, boulevard Saint-Michel, 75240 Paris Cedex 05

Présentation générale

De l'effondrement militaire et politique de Napoléon 1er au soir du 18 juin 1815 (bataille de Waterloo) à la révolution de 1848 (proclamation de la IIe République), plus de trente années s'écoulent. Une grande génération, traversée par les trois derniers rois que la France ait connus, Louis XVIII, Charles X et Louis-Philippe, et scandée par deux révolutions, celle de juillet 1830 et celle de février 1848. Mais pour la première fois depuis la Révolution de 1789, la France connaît une longue période de stabilité institutionnelle, tout en restant en paix avec l'extérieur. La progressive mise en place d'un régime de monarchie constitutionnelle, puis quasi parlementaire, où s'exprime, malgré des difficultés, une réelle vie politique, constitue indéniablement le temps fort de cette période. La France fait l'apprentissage d'une démocratie limitée, de débats parlementaires parfois de grande qualité, d'une liberté de la presse qui, non sans mal, réussira à s'affirmer.

Mais on remarque également que le pays se développe économiquement, effectuant sa véritable « révolution » industrielle, à son rythme qui est plutôt celui d'une lente mutation des modes de production. La société française enregistre alors de profondes et durables transformations dans sa composition sociale ; des régions se vident par un exode rural saisonnier devenant définitif, au profit des grandes villes et surtout d'un Paris tentaculaire, centre de la vie politique, économique et culturelle du pays. Car la France produit également durant ces années une culture littéraire et artistique dont les représentants les plus célèbres s'appellent Balzac, Chateaubriand, Hugo, Sand, Stendhal, Delacroix, Berlioz, etc. Les sciences humaines ou exactes s'illustrent par de grands noms : Michelet, Évariste Galois, Ampère en sont quelques-uns. Le mouvement des idées connaît une prodigieuse accélération : le socialisme et le communisme s'élaborent en France, de Saint-Simon à Fourier, de Cabet à Louis Blanc ou Proudhon. Le catholicisme libéral émerge dans la même chronologie. Avec la conquête de l'Algérie débute le second Empire colonial français.

Cette rapide énumération de faits marquants a moins pour but de justifier l'existence de ce volume que de regretter la méconnaissance d'une période qui, à bien des égards, s'avère être une des plus décisives de l'histoire contemporaine de la France. Les années 1815-1848 participent bien au mouvement séculaire qui, des années 1770-1780 aux années 1870-1880, devait permettre à la France de passer d'une monarchie d'Ancien Régime à une République démocratique basée sur les principes des Droits de l'homme. N'est-ce pas, finalement, cette longue lutte politique entre le « mouvement » et la « résistance » qui, tel un fil conducteur, caractérise le mieux cette génération

1815-1848, marquée par le romantisme, la foi dans le progrès et la certitude du triomphe de la démocratie, que Tocqueville annonçait tout en en craignant la dérive despotique ?

La chronologie politique de la période 1815-1848 peut être divisée en quatre temps. Les années 1815-1827 forment la première période : la France restaurée apprend les règles du jeu politique dans des formes nouvelles qui sont débattues, contestées, combattues parfois avec ardeur. La restriction des droits publics et politiques entraîne l'apparition de formes de luttes plus clandestines et violentes. Mais la Charte, bien que limitant le droit de suffrage, demeure le garant d'une pratique politique permettant à l'opposition d'exister, voire de s'imposer. Les années 1828-1835 sont marquées par le fait révolutionnaire : celui-ci culmine dans les Trois Glorieuses de juillet 1830 où Paris, renouant avec la tradition, chasse le dernier des Bourbons. Le nouveau régime, la monarchie de Juillet, connaît une période de mise à l'épreuve — « l'époque sans nom » dira un contemporain — où républicains, socialistes, carlistes, agissant dans un contexte de crise économique et sociale, d'épidémie de choléra, de tension européenne, visent clairement à renverser, et éventuellement supprimer, Louis-Philippe Ier, roi des Français. Les années 1836-1846 constituent la belle décennie du régime. Confirmé par l'épreuve du feu, celui des régicides, et par la reprise économique, Louis-Philippe assoit désormais son règne sur une légitimité qui dépasse celle des barricades ; il dirige fermement un pays de notables incarné par un François Guizot célébrant l'enrichissement des classes bourgeoises. Mais, refusant toute réforme du droit de suffrage, ce dernier demeure l'otage d'une conjoncture de croissance économique qui lui fait défaut à partir de 1846. Les deux dernières années du régime issu de la révolution de Juillet — quatrième temps de la période — sont marquées par des signes concordants d'affaiblissement rappelant par certains côtés la fin de la Restauration : la révolution de février 1848 sanctionnera impitoyablement cet affaiblissement et donnera à la France sa IIe République.

1 Vie parlementaire et luttes politiques sous la Restauration (1815-1830)

LES DÉBUTS DE LA RESTAURATION

Une France vaincue mais forte

- *L'écroulement du Premier Empire* n'est pas celui de la France. Ramenée à ses limites de 1790 par le second traité de Paris (20 novembre 1815) qui lui ôte la Savoie et cinq places fortes sur ses frontières, la France est réduite à environ 528 000 km^2 et 30 millions d'habitants. Elle est surtout épuisée sur le plan économique et sur le plan démographique : Chateaubriand a beau jeu de dénoncer les jeunes générations coupées comme autant de forêts pour satisfaire les ambitions du tyran Bonaparte. Celui-ci, depuis son exil de Sainte-Hélène, va ériger son « mémorial », justification de sa politique et base de la légende dorée qui courra bientôt campagnes et villes. Mais la France accueille favorablement le retour de la paix et des conscrits survivants — moins favorablement les quelque 1 200 000 soldats étrangers qui occuperont le pays jusqu'en novembre 1818 pour les derniers et dont certains laisseront un souvenir durable de pillage et de brutalités. L'activité économique reprend assez rapidement, face aux besoins de la population. L'obstacle principal reste l'assainissement des finances publiques, lourde tâche des premiers ministres des Finances comme le baron Louis ou Corvetto : toutes les dettes de l'État impérial sont prises en compte, une indemnité de guerre de 700 millions de francs et les frais d'occupation des alliés, payés au prix de coûteux emprunts auprès de la banque anglaise, de restrictions budgétaires et d'augmentation des contributions indirectes. Mais la France honore ses engagements.

- *Réinventer la France.* Les politiques doivent réinventer une structure pour un pays qui a connu de profonds bouleversements depuis plus d'un quart de siècle et une succession de régimes emportés par la tourmente révolutionnaire ou militaire. Les nouveaux maîtres, la dynastie des Bourbons et ses partisans, souvent tout juste revenus d'émigration, doivent à la fois apprendre à connaître leur pays et à s'en faire connaître. Le prestige de l'Empire n'est pas mort et le nom de Louis XVIII n'évoque rien pour les jeunes générations. Les Cent-Jours ont encore attisé les tensions, ravivé les craintes et les espoirs. Plus que jamais, les « girouettes », dont un dictionnaire recensera cruellement la longue liste, sont nombreuses. Mais paradoxalement, ce bref retour de l'Aigle a simplifié les données politiques : les partisans, français ou alliés, d'une politique sans compromis avec les « révolutionnaires » vont imposer leurs vues. Placée sous la surveillance de la Sainte-Alliance, à laquelle elle adhère, la France devra faire ses preuves pour retrouver son rang au sein des puissances européennes, c'est-à-dire témoigner de sa rupture définitive avec son passé révolutionnaire.

• *Louis XVIII* incarne cette rupture. Par ses origines d'abord : il est le frère de Louis XVI. Par son passé d'émigré ensuite : il a quitté la France le 20 juin 1791, le même jour que son frère, mais avec davantage de succès. Par son obstination à évacuer les années révolutionnaires, enfin : il considère que son règne a commencé en 1795, à la mort de « l'enfant du Temple », le fils de Louis XVI et de Marie-Antoinette; il est le garant, pour les alliés, d'un retour à l'ordre ancien. Cultivé et bavard, inventeur d'une formule qui résume peut-être la limite de ses ambitions : « L'exactitude est la politesse des rois », Louis XVIII est plus homme de coterie ou de clan que chef de parti ou encore moins d'État. Mais cet homme de 59 ans, qui a parcouru l'Europe avant de se fixer en Angleterre, devenant obèse et quasiment impotent, est également conscient des limites à ne pas dépasser : au contraire de son frère, le duc d'Artois, futur Charles X, et des « ultras », il comprend vite que les acquis de la Révolution sont ancrés non seulement dans la classe politique, mais aussi dans l'immense majorité de la population française. Par la déclaration de Saint-Ouen du 3 mai 1814, il a donné son accord pour qu'une constitution établisse ses pouvoirs et ceux des deux Chambres. Réfugié à Gand durant les Cent-Jours, il n'hésite pas à son retour, « dans les fourgons de l'étranger » diront ses adversaires, à composer un surprenant ministère Talleyrand-Fouché en juillet 1815, avant de nommer en septembre le duc de Richelieu pour diriger le gouvernement. Louis XVIII est un homme souple, qui sut concilier la restauration d'une Cour à l'ancienne et la mise en place d'une constitution, la Charte. Sans enfant, il sait que son frère le comte d'Artois lui succédera. Émigré de la première heure, ce dernier se pose comme le gardien de l'orthodoxie royaliste, affectant de considérer les années 1789-1815 comme nulles et non avenues. Cet ex-libertin devenu veuf s'est reconverti en dévot. Son influence sur son frère ira grandissant. Père des ducs d'Angoulême et de Berry, il a assuré une descendance aux Bourbons. De ses deux enfants, le second, marié à Marie-Caroline de Sicile, apparaît comme l'espoir de la dynastie.

La Charte du 4 juin 1814

• *La traduction d'un rapport de forces.* Ce n'est pas sans discussion que fut élaborée cette Constitution qui ne voulut point en prendre le titre. Les « plus royalistes que le roi », inspirés par Joseph de Maistre, considéraient même qu'on devait en faire l'économie. Même débat du côté des alliés, où, face à une Autriche et à une Prusse réticentes, l'Angleterre et surtout la Russie se font les avocates de l'élaboration d'une constitution écrite : tous cependant ne l'imaginent que comme garante du rétablissement d'un régime monarchique au moins autoritaire, à défaut d'être absolu. Mais derrière un nom et un préambule d'Ancien Régime est affirmé nettement le respect de la représentation nationale, incarnée par la Chambre des députés élue au suffrage censitaire, et par la Chambre des pairs, héréditaires ou nommés à vie par le roi qui détient l'exécutif et partage le législatif avec les Chambres. C'est lui qui a l'initiative des lois et qui les promulgue. Le roi incarne donc l'unité du pouvoir d'État. L'article 14 lui donne le droit de faire « les règlements et ordonnances nécessaires pour l'exécution des lois et la sûreté de l'État », formule pouvant recevoir l'interprétation la plus large. Le roi peut dissoudre la Chambre des députés devant laquelle les ministres que celui-ci nomme ne sont pas responsables. Les conditions d'électorat (30 ans au moins et 300 F de contribution directe) et d'éligibilité (40 ans au moins et 1 000 F de contribution directe) réduisent le corps politique actif à moins de 100 000 électeurs et environ 15 000 éligibles.

- *L'enracinement de la pratique politique.* Celle-ci s'affirma, tant au niveau des élections, pourtant soigneusement « préparées » par les différents gouvernements qui se succédèrent, qu'au niveau des débats parlementaires, dont la qualité se révèle à la lecture des discours d'orateurs comme Benjamin Constant ou le général Foy. Le vote du budget représente le point d'orgue de l'année parlementaire. Égaux devant la loi, les impôts et les emplois publics, les Français se voient garantir l'acquisition de biens nationaux, la liberté individuelle, de conscience et de culte — mais le catholicisme est religion d'État — et de la presse, dans des limites qui seront de plus en plus restrictives, ainsi que le maintien du jury d'assises. Pour les spécialistes de droit constitutionnel, la Charte est perçue comme une « simple loi édictée par le roi en vertu d'une souveraineté antérieure, traditionnellement exercée par lui dans le cadre des lois fondamentales du royaume » (S. Rials) : elle définit une monarchie limitée, à mi-chemin entre monarchie absolue et monarchie parlementaire. Vivement combattue par les ultras qui remportèrent un net succès aux élections d'août 1815, la Charte devint rapidement le cri de ralliement des libéraux, au point d'être bientôt considérée comme un cri subversif. Il est vrai qu'une réelle distorsion existe entre les affirmations de la Charte et le discours des émigrés rentrés qui affectent un mépris certain pour ce bout de papier. Le drapeau blanc redevient le drapeau de la France, et l'on voit réapparaître une Cour aux Tuileries où la noblesse d'Ancien Régime fait montre de son mépris pour la noblesse d'Empire. Des régiments suisses sont reformés alors que 12 000 officiers sont mis à la retraite avec demi-solde et 300 000 soldats licenciés.

- *Continuité ou rupture? L'administration de la France.* En dehors des soldats et des officiers, de très nombreux fonctionnaires furent destitués ou démissionnèrent d'eux-mêmes. Comme beaucoup d'autres périodes du XIXe siècle français, la Restauration fut marquée par une forte épuration. Une ordonnance royale en date du 12 juillet révoquait tous les fonctionnaires nommés après le 20 mars, et Fouché s'empressa de dresser des listes de proscrits sur lesquelles, dit Talleyrand, « il n'a omis aucun de ses amis ». Mais au-delà des changements de personnes, quels furent les changements dans l'administration du pays ? L'historien allemand Rudolf von Thadden a apporté, au terme d'une scrupuleuse enquête, une réponse définitive : les structures administratives mises en place sous la Révolution et l'Empire furent massivement conservées, même les plus critiquées, comme l'Université. Si les postulats idéologiques et les objectifs poursuivis changent, les compétences qualitatives et quantitatives de l'État demeurent inchangées, au centre d'une politique de centralisation avouée. Tant les conseils municipaux que les conseils généraux sont l'objet d'une stricte surveillance de la part de ministres de l'Intérieur (Pasquier, Vaublanc, Laîné, etc.) qui n'entendent pas donner suite aux projets d'esprit plus fédéraliste que les royalistes de 1815 avaient développés à la chute de l'Empire. Pièce maîtresse de ce système : le préfet. Le gouvernement ou ses représentants nomment les conseillers généraux, les conseillers d'arrondissement et les maires : « Simples exécutants de l'administration centrale, ils n'avaient pas de comptes à rendre à la commune, pas plus qu'ils n'étaient mandatés par le conseil municipal ; ils représentaient simplement l'échelon inférieur de la hiérarchie administrative de l'État. » (R. von Thadden.) Centralisation aggravée, même, par la peur du nouveau régime face à un appareil administratif soupçonné de sympathies bonapartistes persistantes. Au total, c'est bien la continuité qui l'emporte dans l'administration de la France, dans l'esprit et dans les faits, hommage indirect à la perfection de l'œuvre napoléonienne.

- *Le ministère Talleyrand (juil.-sept. 1815).* Continuité aussi, pourrait-on dire, dans le personnel gouvernemental. Le ministère constitué le 9 juillet 1815 était dirigé par Talleyrand qui prit également les Affaires étrangères et fit nommer Fouché (voir encadré 1, p. 12) à la Police : deux jours auparavant, les deux hommes dont l'un avait trahi successivement tous les régimes auxquels il avait prêté serment et l'autre avait voté la peine de mort pour Louis XVI, avaient rencontré Louis XVIII. Entrevue *a priori* étonnante, mais révélatrice, en fait, des rapports de force du moment et des craintes d'un roi qui ne peut se passer des deux seuls hommes d'État capables d'asseoir sur des bases solides la légitimité, bien fragile encore, du nouveau régime. Les autres ministres étaient des royalistes modérés, tous anciens serviteurs de l'Empire, comme Pasquier à l'Intérieur et à la Justice, Gouvion-Saint-Cyr à la Guerre, Jaucourt à la Marine et aux Colonies ou le baron Louis aux Finances. Ce ministère disparut avec l'élection d'une Chambre composée en grande partie de royalistes ultras.

La Terreur blanche

Elle apparaît comme un appendice sanglant de la Révolution française, sorte de dernier règlement de comptes exacerbé par les positions opposées prises durant les Cent-Jours. Sans que les autorités locales n'aient pu ou su s'y opposer, elle provoqua des massacres de populations civiles réputées jacobines ou bonapartistes, et de militaires connus pour leurs sympathies napoléoniennes, comme le maréchal Brune à Avignon, ou tentant de s'opposer aux exactions des bandes organisées, comme le général Ramel à Toulouse où sévissent les « verdets » — la couleur verte est celle du comte d'Artois. Si l'Ouest fut moins touché, l'ensemble du Midi méditerranéen connut une situation très grave : Haute-Garonne, Provence, Languedoc, notamment le Gard où sévirent de véritables bandes d'assassins, comme celle commandée par Trestaillons. La vallée du Rhône fut le cadre de nombreux massacres. À Marseille, en plus des officiers de l'armée impériale, plusieurs dizaines de Mameluks égyptiens entrés au service de Napoléon furent tués. À Nîmes apparaît la coloration à la fois politique, sociale et religieuse de la Terreur blanche : le peuple catholique et royaliste contre le peuple et la bourgeoisie protestants, favorables à la Révolution et à l'Empire qui les avaient émancipés. Dans le Gard, plus de 200 protestants seront tués, plusieurs milliers s'enfuiront. Partout, les prisons, refuge espéré, sont vidées de leurs occupants et ceux-ci exterminés. Ni les troupes d'occupation ni les autorités françaises n'arrêtèrent le massacre.

La Terreur légale

• *La Chambre introuvable.* Cette Terreur d'origine populaire se greffe sur un climat de vengeance entretenu par les candidats ultras aux élections législatives d'août 1815. Devenus maîtres de la Chambre grâce à leur victoire écrasante (environ 350 députés sur 398), ils formèrent la « Chambre introuvable » — pour reprendre l'expression ironique de Louis XVIII, surpris de ce raz-de-marée. Cette assemblée ne fut pourtant pas, dans sa composition, investie en bloc par la noblesse d'Ancien Régime : 176 députés seulement en provenaient, dont beaucoup de « gentilshommes de province, cadets de grande maison, anoblis de fraîche date » (Évelyne Lever), un quart venant de l'émigration; le reste étant issu de la bourgeoisie et, pour une petite partie, de la noblesse d'Empire. Magistrats et fonctionnaires étaient présents en masse, une pratique qui allait se retrouver durant toute la période. On note l'absence de tout ecclésiastique parmi les élus. Ce sont les opinions ultraroyalistes et réactionnaires des candidats, ainsi que leur passé politique, qui influencèrent les électeurs, plutôt que leur appartenance au « sang bleu ».

• *La réaction antirévolutionnaire.* Les ultras de la Chambre introuvable entretinrent une « terreur légale », votant successivement d'octobre 1815 à juillet 1816 une loi de sûreté générale (29 oct.; seul le député libéral Voyer d'Argenson s'y opposa), une loi contre les cris et écrits séditieux (9 nov.), une loi organisant des cours prévôtales (27 déc.) et une loi d'amnistie bannissant les régicides (2 janv.) parmi lesquels Fouché, Carnot, le peintre David, etc. L'épuration de l'administration fut sévère, touchant plus du quart des fonctionnaires; environ 70 000 personnes furent arrêtées pour des motifs politiques et 6 000 condamnées. Les procès les plus retentissants concernèrent les généraux ou maréchaux ralliés à Napoléon durant les Cent-Jours : plusieurs furent fusillés dont Labédoyère, Mouton-Duvernet, et Ney le 7 décembre 1815. Les frères Faucher connurent le même sort à Bordeaux. Ce n'est que vers l'été 1816 que prendra fin cette « terreur légale », quelques semaines avant la dissolution par le roi de la Chambre introuvable, le 5 septembre 1816.

1 – FOUCHÉ JUGÉ PAR CHATEAUBRIAND

« Tout à coup une porte s'ouvre : entre silencieusement le Vice appuyé sur le bras du Crime, M. de Talleyrand marchant soutenu par M. Fouché ; la vision infernale passe lentement devant moi, pénètre dans le cabinet du roi et disparaît. Fouché venait jurer foi et hommage à son seigneur ; le féal régicide, à genoux, mit les mains qui firent tomber la tête de Louis XVI entre les mains du frère du roi martyr ; l'évêque apostat fut caution du serment. Le lendemain, le faubourg Saint-Germain arriva : tout se mêlait de la nomination de Fouché déjà obtenue, la religion comme l'impiété, la vertu comme le vice, le royaliste comme le révolutionnaire, l'étranger comme le Français ; on criait de toute part : « Sans Fouché point de sûreté pour le roi, sans Fouché point de salut pour la France ; lui seul a déjà sauvé la patrie, lui seul peut achever son ouvrage. » La vieille duchesse de Duras était une des nobles dames les plus animées à l'hymne ; le bailli de Crussol, survivant de Malte, faisait chorus ; il déclarait que si sa tête était encore sur ses épaules, c'est que M. Fouché l'avait permis. Les peureux avaient eu tant de frayeur de Bonaparte, qu'ils avaient pris le massacreur de Lyon pour un Titus. Pendant plus de trois mois les salons du faubourg Saint-Germain me regardèrent comme un mécréant parce que je désapprouvais la nomination de leurs ministres. »

(CHATEAUBRIAND, *Mémoires d'outre-tombe*, tome II.)

Familles et personnel politiques

Il n'existe pas alors de parti politique au sens moderne du mot. Tout au plus se mettent en place des groupes d'hommes partageant un idéal et siégeant ensemble, parfois pour un temps ou sur des questions limitées. On distingue néanmoins trois grandes familles politiques.

• *Les ultras*. Nombreux et bruyants, forts de leurs succès électoraux, les ultra-royalistes disposent du soutien du comte d'Artois, de chefs reconnus, grands propriétaires-fonctionnaires ayant souvent commencé leur carrière sous l'Empire, tels que Villèle, La Bourdonnaye, Corbière, de journaux combatifs, comme *La Quotidienne*, *La Gazette de France* ou le *Journal des Débats*, et à partir de 1819 *Le Drapeau blanc*. Ils ont à leur service des plumes talentueuses : celle de Chateaubriand (1816, *De la monarchie selon la Charte*) ou du jeune Lamennais, chantre de l'ultramontanisme, croisé luttant contre « l'indifférence en matière de religion ». Des théoriciens, parmi lesquels Joseph de Maistre ou Louis de Bonald, plaident pour l'unité de la société civile et de la société religieuse sous l'autorité de la monarchie. Des associations en principe secrètes, comme les Chevaliers de la Foi, fondés sous l'Empire par le vicomte Ferdinand de Bertier, et l'Église, à travers la Congrégation, dirigée par le duc de Montmorency, servent les desseins des partisans du Trône et de l'Autel. De plus, les jeunes plumes du romantisme naissant, Vigny, Hugo, Lamartine, se mettent au service de l'ultracisme. Hostiles à la Charte, à laquelle certains refusent de prêter serment, méfiants envers Louis XVIII (« Vive le roi quand même ! ») et le duc de Richelieu, les ultras se comportent à l'occasion comme des opposants et engagent une épreuve de force avec le ministère, soutenus par Monsieur, asseyant leur pouvoir sur une France rurale que la noblesse contrôle encore largement.

• *Les constitutionnels ou doctrinaires* forment un groupe composite. Peu nombreux en terme d'élus, mais unis par leur hostilité conjointe à la Révolution et à la Contre-Révolution, et surtout par leur attachement à la Constitution et à la nécessité de corps représentant la nation, ils disposent d'un réel pouvoir. Conservateurs politiquement et socialement, ils ont leurs chefs, parmi lesquels Broglie, gendre de Mme de Staël, Serre, Pasquier, Molé, Laîné, Decazes, Camille Jordan ou le tout jeune Charles de Rémusat, et leurs théoriciens ou doctrinaires, recrutés parmi des universitaires de renom, Barante, Royer-Collard, Guizot, Cousin. Beaucoup ont su s'accommoder d'un Empire conservateur, utilisant leurs compétences et les récompensant à l'occasion. Ils disposent de journaux comme *Le Courrier* ou le *Journal de Paris*. Ils représentent l'accession des classes moyennes à la pratique politique qu'ils veulent réserver aux possédants : seuls les plus instruits et ceux qui ont une fortune à gérer sont capables de jouir de droits politiques. Les idéaux de 1789, définissant une société égalitaire en droit, représentent à la fois un aboutissement et une limite à ne pas dépasser et, sur ce point, la Charte leur donne satisfaction. Les constitutionnels veulent conjuguer royauté et liberté. Mais, alliés des libéraux face aux projets des ultras, ils s'en sépareront lorsque la loi électorale de 1817, pourtant inspirée par Royer-Collard, permettra l'élection d'une extrême-gauche dont l'influence sur la doctrine libérale ne cessera de croître.

• *Les libéraux ou indépendants* forment une troisième force, elle aussi composite et moins représentée encore dans les assemblées, mais qui s'affirme à partir de 1817, profitant d'une certaine libéralisation du régime. Disposant de moins de 15 députés aux élections de 1815, ils sont près de 70 en 1819, grâce aux renouvellements partiels annuels de la Chambre. Rassemblement assez hétéroclite d'anti-ultras, ils partagent le rejet de l'Ancien Régime, leur rationalisme des Lumières, leur anticléricalisme, leur amour proclamé haut et fort de la Raison et de la Liberté. Si l'Angleterre ne constitue pas un modèle — aveu difficile en ces temps d'anglophobie latente —, elle sert de référent à leur réflexion. Parmi les théoriciens du libéralisme, on retient les noms de Daunou, Destutt de Tracy ou Benjamin Constant, apôtre de la monarchie libérale, influencé par le libéralisme anglais, qui dirigea le *Mercure*, puis la *Minerve*, moins lus que *Le Constitutionnel* qui eut jusqu'à 17 000 abonnés. La pensée de Jean-Baptiste Say, admirateur d'Adam Smith et apologiste de l'entrepreneur, constitue leur référence économique. Ils croient à l'initiative individuelle et craignent toute réglementation excessive et toute dérive dictatoriale, à gauche comme à droite. Ils veulent l'application de la Charte au pied de la lettre et, sans souhaiter un élargissement du droit de suffrage, donnent tout son poids à la Chambre des députés qu'ils placent dans la filiation de la Constituante. Ils incarnent consciemment les valeurs de la bourgeoisie entreprenante qui aspire à exercer davantage de responsabilités politiques. Parmi eux, on trouve des vétérans comme La Fayette, comploteur invétéré, des banquiers ou hommes d'affaires, tels Laffitte ou Casimir Perier, des publicistes comme Paul-Louis Courrier qui ne cesse de dénoncer avec talent les interventions du clergé sur la vie des villageois « qu'on empêche de danser le dimanche », des chansonniers, ainsi un Béranger dont l'énorme popularité vient notamment des vers qu'il dirige contre les Bourbons et le clergé, ce qui lui vaut à deux reprises de goûter les plaisirs de la prison. Mais on trouve aussi d'anciens républicains modérés, tels que Manuel, le marquis d'Argenson, un authentique noble converti à un libéralisme de plus en plus social, et des soldats de l'Empire comme les généraux Foy, orateur redoutable, Lamarque ou Sébastiani. La « Jeunesse des Écoles » (étudiants) et des casernes les écoute, de même que le jeune barreau.

• *Bonapartistes et républicains.* En dehors de ces trois familles représentées à la Chambre des députés, il existe aussi un courant bonapartiste, alimenté à la fois par les vétérans des guerres impériales, réduits à demi-solde et vivant difficilement, et par une partie de la bourgeoisie qui n'a pas oublié qu'elle doit la consolidation de ses pouvoirs à Napoléon Ier. Ne pouvant s'exprimer publiquement, les bonapartistes lisent en cachette *Le Nain jaune*, se procurent médailles, gravures ou bustes à l'effigie de l'Empereur, transmettent le souvenir à leurs enfants. Ce phénomène touche également les campagnes avec un mélange de plus en plus marqué entre l'histoire et la légende. Bernard Ménager (*Les Napoléon du peuple*) a traqué ce bonapartisme populaire, rural ou urbain, qui se maintient sous la Restauration. Les bonapartistes ont aussi leurs émigrés, à travers toute l'Europe et en Amérique où certains s'essaient, sans succès durable, à fonder une colonie au Texas, possession espagnole, le Champ d'Asile. Les plus militants des bonapartistes fêtent le 15 août — jour anniversaire de Napoléon —, se retrouvent dans des sociétés secrètes que la police n'a pas de mal à pénétrer. La mort de l'Aigle le 5 mai 1821 à Sainte-Hélène semble dans un premier temps freiner leur activité : ils reportent alors leurs espoirs sur l'Aiglon, le roi de Rome, fils de Napoléon et de Marie-Louise, qui vit en Autriche sous bonne garde. La mort de l'Empereur va favoriser l'émergence d'une légende dorée dont bénéficiera plus tard son neveu, Louis-Napoléon Bonaparte, mais aussi un rapprochement avec les républicains. Les dessins de Raffet popularisés par la gravure, les chansons de Béranger, la publication en 1823 du *Mémorial de Sainte-Hélène*, journal des entretiens de Napoléon Ier avec son secrétaire Las Cases, fortifient le mythe du « Petit Caporal ». Quant aux républicains, ils sont peu nombreux : inspirés par les glorieux ancêtres de la Grande Révolution, ils se disent surtout patriotes, se retrouvent dans des loges franc-maçonniques que la police tolère d'autant mieux qu'elle y a ses indicateurs, apprennent l'histoire de la Convention qu'ils connaissent bien mal. Il existe un courant influencé par la République américaine — La Fayette — jugée pourtant inexportable en France. Plus encore qu'à une utopie, le mot de République est alors étroitement associé à la Terreur, à la guillotine et à Robespierre, trois facettes d'une même peur régulièrement entretenue par la classe politique et la presse.

LE GOUVERNEMENT DE LA FRANCE : RICHELIEU, DECAZES, VILLÈLE (1815-1827)

Nommés et révoqués par le roi, responsables devant lui seul, les ministres sont peu nombreux : il existe six principaux départements ministériels sous la Restauration (Intérieur, Affaires étrangères, Justice, Guerre, Finances, Marine et Colonies), auxquels s'ajoutent parfois des ministres sans portefeuille, des sous-secrétaires d'État, puis des ministères plus techniques dont le besoin assurera la pérennité (Travaux publics, Affaires ecclésiastiques, Commerce, Instruction publique). Le président du Conseil s'attribue généralement soit les Affaires étrangères, soit l'Intérieur. Trois hommes de gouvernement ont marqué de leur empreinte les années 1815-1827.

Richelieu

• *Après la séquence Talleyrand, le duc de Richelieu* fut nommé président du Conseil et ministre des Affaires étrangères par Louis XVIII le 26 septembre 1815, le jour même de la signature à Paris du traité de la Sainte-Alliance entre les souverains d'Autriche, de Prusse et de Russie. Il n'en fallut pas plus pour que ses adversaires voient en lui « l'homme-lige du tsar » ou le « valet d'Alexandre Ier », avec lequel il entretenait de cordiaux rapports depuis les onze années d'émigration passées en Russie. Homme d'État plus que politicien, Richelieu ne sut pas former un « parti » le soutenant et dut gouverner pendant un an avec une Chambre rétive, sinon hostile, jusqu'à sa dissolution en septembre 1816, obtenue par son ministre de la Police, Decazes. Mais Richelieu a profondément marqué la politique de la France dans les premières années de la Restauration : entre 1815 et 1821, il assura durant deux ministères et cinq années la direction des affaires.

• *Les élections de 1816.* Elles se déroulent les 25 septembre et 4 octobre pour remplacer la Chambre introuvable dont les excès ont lassé jusqu'au roi et aux puissances européennes. Parmi les élus auxquels on peut attribuer une couleur politique nettement définie, on dénombre environ 15 opposants libéraux, 90 ultras et 150 modérés ou constitutionnels. De toute évidence, le réflexe conservateur d'août 1815 n'a plus joué. La composition de la nouvelle Chambre traduit une inversion du rapport de forces et l'entrée de la Restauration dans une phase de libéralisation du régime. La majorité de constitutionnels dont le duc dispose lui donne une plus grande marge de manœuvre. Mais Richelieu doit aussi compter avec le réveil du bonapartisme et le développement de conspirations, comme celle de l'avocat Didier à Grenoble en mai 1816. Il est confronté à une grave crise frumentaire qui, en 1816-1817, provoque des disettes, y compris dans les grandes villes : à Paris, on est obligé de distribuer gratuitement de la nourriture aux classes populaires.

• *La loi Laîné.* Sur le plan politique, le duc de Richelieu réussit à faire passer en janvier 1817 la loi électorale de son ministre de l'Intérieur, Laîné. Abandonnant le système à plusieurs degrés, la loi Laîné organise les élections législatives au suffrage direct et au scrutin de liste dans les chefs-lieux de départements, ce qui avantage de fait la bourgeoisie urbaine, souvent libérale : les années suivantes voient l'élection de Laffitte, Casimir Perier, Benjamin Delessert, La Fayette, Manuel, suscitant la colère des ultras et de Monsieur. Le débat qui précéda le vote de la loi fut l'un des plus importants de la Restauration, obligeant les députés à se positionner face au principe même du droit de vote et donc face aux précédents révolutionnaires et impériaux. Une véritable ligne de fracture passe alors entre monarchistes, fracture qui devait trouver sa plus forte expression au printemps 1830, lorsque l'exercice du droit de vote posa la question essentielle des rapports entre le pays légal, représenté par une Chambre des députés à opposition majoritaire, et le roi.

• *La loi Gouvion-Saint-Cyr.* Les ultras critiquèrent également la loi militaire Gouvion-Saint-Cyr de mars 1818 qui organisait le recrutement à la fois par volontariat et par tirage au sort (les fameux « bons » ou « mauvais » numéros) pour une durée de six années, avec toutefois possibilité de remplacement, et réglementait l'avancement, au détriment des nobles qui ne pouvaient désormais entrer directement dans l'armée en tant qu'officiers. Ce système qui avantageait la bourgeoisie, assez riche pour acheter des remplaçants à ses fils, resta en vigueur jusqu'en 1872. Remettant en cause l'abolition de la conscription proclamée par la Charte, la loi Gouvion-Saint-Cyr donna à la France une armée d'environ 240 000 hommes. Le titre de gloire de Richelieu fut d'obtenir, au congrès d'Aix-la-Chapelle, la libération du territoire de toute occupation étrangère dès novembre 1818, marquant par là-même le retour de la France dans le concert des nations. Mais Richelieu ne put faire cohabiter, au sein de son ministère, partisans et adversaires de la loi électorale qui avait permis l'élection de libéraux patentés : il démissionna le 18 décembre 1818.

Decazes

• *Son successeur fut le duc Decazes* : favori de Louis XVIII qui l'appelle « mon fils », haï des ultras et du comte d'Artois, cet homme de police, ancien collaborateur de Fouché en 1815, puis ministre de Richelieu, sait capter les faveurs du roi à qui il devient indispensable. Il sait tout et il dit beaucoup au roi, avide d'anecdotes. Mais il est aussi un redoutable manœuvrier et possède un tempérament de battant. C'est lui qui « fait » les élections de 1816 et épure sans ménagement les ultras de l'administration. Rompant avec la droite du ministère Richelieu, il devient, grâce à l'appui du roi, le chef véritable — et le ministre de l'Intérieur — d'un cabinet dirigé théoriquement par le général Dessolle jusqu'en novembre 1819. Decazes devient alors, à 38 ans, le plus jeune président du Conseil que la France ait connu (jusqu'à Laurent Fabius). Menant une politique qui se veut libérale sans le dire ouvertement, il s'appuie sur les doctrinaires qui inspirent certaines de ces mesures. Son ambition, « royaliser la nation et nationaliser les royalistes » (Louis Girard), l'oblige à manœuvrer entre des groupes parlementaires méfiants. Son action en faveur de l'agriculture, de l'industrie et du commerce témoigne d'une volonté de développer l'économie de la France. Les lois De Serre de mars 1819 (renvoi des procès de presse aux jurys, limitation à une déclaration et au dépôt d'un cautionnement de 10 000 F des conditions pour fonder un journal) entraînent un développement de la presse nationale et régionale, de tendance libérale ou ultra. L'autorisation préalable et la censure n'existent plus. Devant la véritable guérilla parlementaire qu'il doit affronter, Decazes se crée une majorité à la Chambre des pairs en obtenant du roi la création d'une « fournée » de soixante pairs constitutionnels.

• *La revanche des ultras.* Surchargé d'ennemis, entre des ultras qui dénoncent quotidiennement son libéralisme et des libéraux qui lui reprochent la timidité de ses réformes — en septembre 1819, ces derniers gagnent 35 élections sur 55 —, Decazes voit sa marge de manœuvre réduite. L'élection, finalement invalidée, de l'ex-évêque constitutionnel Grégoire, à Grenoble, provoque un vif débat sur la validité de la candidature d'un homme traité de régicide par ses ennemis. Decazes tente alors un rapprochement avec les ultras pour modifier la loi électorale dans un sens plus favorable aux grands propriétaires et prend les rênes d'un gouvernement « droitisé » en novembre 1819. Moins de trois mois plus tard, dans la nuit du 13 au 14 février 1820, un ouvrier sellier, Louvel, assassine le duc de Berry à la sortie de l'Opéra. La presse ultra se déchaîne contre Decazes, accusé d'être responsable du crime, certains allant jusqu'à demander sa mise en accusation. Pour les Bourbons, l'événement est d'autant plus grave que le duc de Berry était le seul à pouvoir assurer une descendance à la dynastie. Devant le refus de la Chambre de voter les lois d'exception qu'il propose, Decazes ne peut que démissionner. Chateaubriand écrit : « le pied lui a glissé dans le sang ». Ce sera la fin de la carrière politique d'un homme dont le principal mérite aura été de comprendre que la pérennité du régime passait par une entente avec les forces vives de la nation. Ce sera la fin aussi d'une expérience qui ne réussit pas à trouver sa place entre une droite ultra arc-boutée sur ses positions et une gauche libérale qui glissera vers une opposition de plus en plus virulente, à mesure que les libertés seront remises en question.

Le rappel de Richelieu

• *Louis XVIII rappelle le duc de Richelieu* pour un deuxième ministère (fév. 1820-déc. 1821) qui sera marqué par le vote de lois suspendant la liberté individuelle et la liberté de la presse, avec rétablissement de la censure et de l'autorisation préalable (mars 1820). La réaction se fait sentir dans tous les domaines. Les ultras imposent le vote d'une nouvelle loi électorale pour limiter la progression des libéraux. La jeunesse étudiante se rend en masse autour du Palais-Bourbon pour protester : de violents affrontements se déroulent et, le 3 juin 1820, l'étudiant en droit Nicolas Lallemand est tué par un garde royal. Le mouvement touche plusieurs villes universitaires comme Toulouse, Rennes, Grenoble. De plus, des manifestations populaires provoquées par la mauvaise situation économique éclatent dans les faubourgs, plus violemment réprimées encore. Le phénomène inquiète d'autant plus les autorités qu'il s'inscrit dans un contexte européen de révolte nationale et libérale au sein de laquelle l'élite de la jeunesse joue un rôle important : en Italie, en Allemagne, des étudiants, de jeunes avocats ou médecins, des publicistes se soulèvent pour rejeter l'Europe des traités de 1815 et affirmer leur volonté de créer des États indépendants, hors du système Metternich. En Allemagne, un écrivain considéré comme l'espion du tsar, Kotzebue, est assassiné en 1819 par un étudiant, Karl Sand. Les monarchies, après concertation, opteront pour une très ferme répression au congrès de Karlsbad.

• *Le mouvement libéral brisé.* En France, la nouvelle loi électorale voulue par les ultras est adoptée le 30 juin 1820. Cette loi dite « du double vote » établit que 258 députés seront élus par tous les électeurs au scrutin d'arrondissement, et 172 au chef-lieu du département par le quart des plus imposés d'entre eux, assurés de voter deux fois. Pour Louis Girard, « il est probable que ce petit coup d'État a sauvé la Restauration, au moins pour une dizaine d'années ». L'Université fut mise au pas par l'ordonnance du 5 juillet 1820 qui renforçait considérablement le contrôle des autorités sur les professeurs et les étudiants. De plus, l'ordonnance du 27 février 1821 plaçait l'enseignement secondaire sous la surveillance du clergé. En septembre 1820, la duchesse de Berry mit au monde un fils posthume de son mari, le duc de Bordeaux, « l'enfant du miracle », célébré par Victor Hugo. Dans ce climat et grâce à la nouvelle loi électorale associée à une politique de dégrèvement fiscal, permettant de faire passer les plus « suspects » des électeurs en dessous de la barre des 300 F, les ultras remportèrent une nette victoire aux élections de novembre 1820 ; libéraux et constitutionnels ne comptaient plus réciproquement qu'une trentaine et qu'une cinquantaine d'élus. Richelieu appela des ultras comme ministres sans portefeuille, dont Corbière, également nommé président du Conseil royal de l'Instruction publique, et Villèle, président de la Chambre des députés. Devant les exigences croissantes de ceux-ci et le manque de soutien du comte d'Artois, le duc démissionna : Villèle, ancien maire de Toulouse, lui succéda en décembre 1821. Pour les contemporains, il ne faisait nul doute que la voie était désormais libre pour le comte d'Artois, roi sans le titre, grâce à la présence de son homme de confiance à la tête du gouvernement.

Villèle

- *Villèle dirigea l'un des plus longs ministères que la France ait connu.* Lui-même gardant les Finances, il s'entoura de personnalités comme Corbière à l'Intérieur, Peyronnet à la Justice, Montmorency puis Chateaubriand aux Affaires étrangères, Mgr Frayssinous aux Affaires ecclésiastiques. Rallié de la première heure à la Restauration, fidèle du comte d'Artois, chef des ultras, membre des Chevaliers de la Foi et de la Congrégation, il s'impose comme un véritable président du Conseil, bon politicien dont le but est d'empêcher toute dérive libérale du pays. Villèle mena également une politique financière prudente, visant avant tout à l'équilibre budgétaire (sauf en 1825 et 1827) et à la restauration du crédit public par un allégement de la dette.

- *L'Université sous la tutelle de l'Église.* Villèle mena une politique de reprise en main, à commencer par celle qui toucha l'Université (voir encadré 2, p. 20), vigoureusement épurée : en 1822, la faculté de médecine est fermée pendant près de trois mois pour avoir conspué le recteur de l'académie de Paris, l'abbé Nicolle, et l'École normale supérieure, rebelle depuis 1815, est supprimée jusqu'en mars 1826 (elle ne retrouvera son nom qu'après la révolution de 1830). Des administrateurs et des professeurs sont sanctionnés — les cours de Guizot et Cousin suspendus — et 75 étudiants sont exclus des facultés de juin 1820 à décembre 1822. Par différentes mesures, Mgr Frayssinous, Grand Maître de l'Université et président du Conseil royal de l'Instruction publique, assoit le contrôle des différents degrés de l'Instruction publique par l'Église. L'enseignement primaire est placé sous la surveillance directe des évêques ; des prêtres entrent en masse dans l'enseignement secondaire, notamment comme professeurs de philosophie, et les petits séminaires jouent le rôle de collèges religieux. En remerciement de ses bons et loyaux services, Mgr Frayssinous fut nommé ministre des Affaires ecclésiastiques et de l'Instruction publique (rapprochement significatif) en août 1824.

- *La presse muselée.* La presse à son tour est l'objet d'un contrôle de plus en plus strict : une loi de 1822 impose une autorisation préalable pour paraître, remplace les jurys par les tribunaux correctionnels pour les procès de presse et permet au gouvernement de suspendre des journaux pour délit de tendance contraire aux intérêts de l'État, ce qui permet une large interprétation puisqu'on ne juge pas seulement le contenu d'un journal, mais son esprit. La presse libérale est touchée de plein fouet.

2 – Les ordonnances sur l'enseignement supérieur

A — 5 juillet 1820 :

« *Art. 17* : Tout manque de respect, tout acte d'insubordination de la part d'un élève envers son professeur ou envers le chef d'établissement sera puni de la perte de deux inscriptions […]. En cas de récidive, la punition sera l'exclusion de la faculté pendant six mois au moins et deux ans au plus […]. La même peine sera appliquée dans la même forme à tout étudiant qui sera convaincu d'avoir cherché à exciter les autres étudiants au trouble ou à l'insubordination dans l'intérieur des écoles.

Art. 18 : Tout étudiant convaincu d'avoir, hors des écoles, suscité des troubles ou pris part à des désordres publics ou à des rassemblements illégaux, pourra […] être privé de deux inscriptions au moins et de quatre au plus, ou exclu des cours de la faculté et de l'académie dans le ressort de laquelle la faute a été commise, pour six mois au moins et pour deux ans au plus.

Art. 20 : Il est défendu aux étudiants, soit d'une même faculté, soit de diverses facultés du même ordre, soit de diverses facultés de différents ordres, de former entre eux aucune association, sans en avoir obtenu la permission des autorités locales et en avoir donné connaissance au recteur de l'académie ou des académies dans lesquelles ils étudient. Il leur est pareillement défendu d'agir ou d'écrire en nom collectif, comme s'ils formaient une corporation ou association légalement reconnue. »

B — 2 février 1823 :

• « *Art. 30* : Tout professeur, tout agrégé qui, dans ses discours, dans ses leçons ou dans ses actes, s'écarterait du respect dû à la religion, aux mœurs ou au gouvernement, ou qui compromettrait son caractère ou l'honneur de la faculté par une conduite notoirement scandaleuse, sera déféré par le doyen au Conseil académique qui, selon la nature des faits, provoquera sa suspension ou sa destitution, conformément aux statuts de l'Université.

• *Art. 36* : Il y aura lieu, selon la gravité des cas, à prononcer l'exclusion à temps ou pour toujours, de la faculté, de l'académie ou de toutes les académies du royaume, contre l'étudiant qui aurait, par ses discours ou par ses actes, outragé la religion, les mœurs ou le gouvernement, qui aurait pris une part active à des désordres, soit dans l'intérieur de l'École, soit au dehors, ou qui aurait tenu une conduite notoirement scandaleuse. »

• *La Charbonnerie*. Villèle entreprend également une lutte sans merci contre la Charbonnerie. La jeunesse patriote — les adversaires des traités de 1815 — avait bien tenté depuis 1818 de conspirer en s'organisant, notamment au sein des facultés et des Grandes Écoles. Une grande conspiration prévue pour le 19 août 1820 fut éventée avant même d'avoir commencé : le manque d'organisation, de discipline était patent. Inspirés des *carbonari* italiens qui luttaient pour l'indépendance de leur pays, les charbonniers français se regroupèrent en « ventes », début 1821, sous l'impulsion décisive d'étudiants et de commis (Bazard, Buchez, Joubert, Flottard, Dugied). L'organisation pyramidale de la Charbonnerie — depuis les ventes particulières de dix membres au maximum à la base, à la vente suprême au sommet, dont les chefs étaient entre autres La Fayette, Voyer d'Argenson, Fabvier, Dupont de l'Eure, Manuel, Barthe, l'industriel Koechlin, Mérilhou — et son étroit cloisonnement lui permirent de rester relativement secrète. Elle s'étendit largement en province. Jeunesse étudiante, jeunesse du commerce, jeunesse des casernes s'affilièrent à Paris, dans l'ouest et dans l'est de la France. Le trait d'union des charbonniers était leur volonté de renverser les Bourbons, leur emblème commun, le drapeau tricolore, leur moyen d'action, l'insurrection. Entre 1821 et 1822, plusieurs complots éclatent à Colmar, Saumur, Belfort, souvent dirigés par des officiers bonapartistes ; tous échouent et leurs chefs sont exécutés comme le colonel Caron à Colmar ou le général Berton à Saumur. Prenant conscience de l'importance de la Charbonnerie, notamment au sein de l'armée, le gouvernement arrête de nombreux civils ou militaires, traduits en justice. Les plus célèbres victimes seront les quatre sergents de La Rochelle : coupables d'adhésion à une vente, ils furent condamnés à mort et exécutés à Paris le 21 septembre 1822. Aucun député libéral ne fut inquiété, le gouvernement ne souhaitant visiblement pas mettre en évidence l'importance qualitative et quantitative d'un mouvement qui surprit même sa police. Quant à la Charbonnerie, elle se dissout d'elle-même à la suite de ces échecs répétés, sans avoir réussi à s'imposer au sein des classes populaires.

• *L'intervention en Espagne.* L'armée rentra dans le rang, voire se rallia au régime lorsque celui-ci, sous l'impulsion de Chateaubriand qui représenta la France au congrès de Vérone, l'engagea dans la guerre d'Espagne en 1823. La France soutenait le roi absolutiste Ferdinand VII contre les libéraux espagnols qui s'étaient soulevés pour demander l'application de la Constitution de 1812. Le député libéral Manuel, s'opposant violemment à cet engagement en rappelant ce qu'avait coûté à Louis XVI l'intervention de puissances étrangères, fut expulsé de la Chambre. Des libéraux français allèrent se joindre aux troupes des constitutionnels espagnols. Après une rapide campagne marquée par la prise du fort du Trocadéro, l'armée rentra en France et la France dans le concert des grandes nations européennes. Quant à Ferdinand VII, restauré, il mena une impitoyable répression contre les libéraux espagnols. Villèle exploita ce succès militaire en dissolvant la Chambre en décembre 1823 : les élections de février-mars 1824 se traduisirent par un véritable raz-de-marée des ultras — on parla de « Chambre retrouvée ». Les opposants libéraux n'étaient plus guère qu'une quinzaine.

- *L'apogée du système Villèle*. Désormais, Villèle avait les mains libres pour mener une politique qu'un Louis XVIII vieillissant acceptait sans résistance. Villèle n'hésita pas à sacrifier Chateaubriand, remercié brutalement en juin 1824, ce qui provoqua une fracture dans le camp ministériel. Au même moment, le président du Conseil pensait inscrire l'œuvre de son ministère dans la durée en faisant voter la loi de septennalité qui fixait la durée de la législature à sept ans — durée record en France — au terme desquels auraient lieu des élections générales pour renouveler la Chambre (au lieu d'un mandat de cinq ans avec renouvellement d'un cinquième tous les ans). Il mena une politique budgétaire d'équilibre, voire d'excédent, et ce malgré le prix de la guerre d'Espagne. Il s'appuya sur des agents de l'État tout dévoués : plus de la moitié des députés étaient fonctionnaires. La presse, bien que bridée, réussit à survivre. De nouveaux titres apparaissent tel *Le Globe* fondé par P. Leroux et T. Dubois en septembre 1824 ; malgré un tirage réduit et un contenu plus philosophique que politique, le journal exerce une influence certaine sur les jeunes libéraux. Ses jeunes rédacteurs — Dubois, Rémusat, Duchâtel, Vitet — ne se contentent pas de critiquer le régime en place : ils agissent comme un laboratoire d'idées.

- *Le règne de Charles X*. En septembre 1824, Louis XVIII mourut et fut remplacé par son frère le comte d'Artois, qui prit le nom de Charles X. Le contraste tant physique que moral entre les deux frères fut bientôt mis en évidence par le comportement du nouveau roi. Les vingt-cinq années passées dans l'émigration avaient renforcé la foi de Charles X dans les principes, sacrés à ses yeux, de la monarchie d'Ancien Régime. Monsieur, héritier de la Couronne, avait patiemment mis en place un réseau de proches partageant ses idées, grands nobles comme Mathieu de Montmorency ou Sosthène de La Rochefoucault, ou personnel politique comme Corbière ou Villèle qui conserva la direction du ministère. Il ne cachait pas un certain mépris pour la vie parlementaire et favorisa autant que possible le rôle de l'Église dans la société. Dans son premier discours du trône, Charles X évoqua la nécessité de « fermer les dernières plaies de la Révolution » et de « réparer les derniers malheurs de mes peuples », phrases qui pouvaient apparaître comme l'expression d'une volonté d'apaisement, mais aussi de réaction, interprétation partagée par les libéraux lorsque Charles X annonça sa décision de renouer avec la pratique du sacre à Reims. La cérémonie grandiose se déroula en mai 1825 selon les rites strictement codifiés de la monarchie française, y compris le toucher des scrofuleux (voir encadré 3, p. 23). Mais le nouveau roi bénéficie d'une réelle popularité. Charles X a une réputation de générosité et de grandeur que n'avait pas son frère. Physiquement, il est alerte, bon cavalier, incarne mieux la monarchie bourbonienne.

3 – BÉRANGER : LE SACRE DE CHARLES LE SIMPLE

« Français, que Reims a réunis,
Criez : "Montjoie et Saint-Denis!"
On a refait la sainte ampoule
Et, comme au temps de nos aïeux,
Des passereaux lâchés en foule
Dans l'église volent joyeux.
D'un joug brisé ces vains présages
Font sourire Sa Majesté.
Le peuple crie : "Oiseaux, plus que nous soyez sages;
Gardez bien, gardez bien votre liberté (bis)" […]
Chamarré de vieux oripeaux
Ce roi, grand avaleur d'impôts,
Marche entouré de ses fidèles,
Qui tous, en des temps moins heureux,
Ont suivi les drapeaux rebelles
D'un usurpateur généreux.
Un milliard les met en haleine :
C'est peu pour la fidélité.
Le peuple crie : "Oiseaux, nous payons notre chaîne;
Gardez bien, gardez bien votre liberté!".
Aux pieds de prélats cousus d'or,
Charles dit son *Confiteor*.
On l'habille, on le baise, on l'huile,
Puis au bruit des hymnes sacrés,
Il met la main sur l'Évangile.
Son confesseur lui dit : "Jurez!
Rome, que l'article concerne,
Relève d'un serment prêté."
Le peuple crie : "Oiseaux, voilà comme on gouverne;
Gardez bien, gardez bien votre liberté!" […]
Oiseaux, ce roi miraculeux
Va guérir tous les scrofuleux.
Fuyez, vous qui de son cortège,
Dissipez seuls l'ennui mortel :
Vous pourriez faire un sacrilège
En voltigeant sur cet autel.
Des bourreaux sont les sentinelles
Que pose ici la piété.
Le peuple crie : "Oiseaux, nous envions vos ailes;
Gardez bien, gardez bien votre liberté". »

(Pierre Jean de BÉRANGER, *Le Sacre de Charles le Simple*.)

• *Une Église en politique.* Représentée au gouvernement par Mgr Frayssinous qui cumule Affaires ecclésiastiques et Instruction publique, l'Église obtient en 1825 le vote de lois favorisant l'établissement de communautés religieuses et punissant de la peine de mort le sacrilège. En théorie, tout individu volant avec effraction un objet consacré au culte de la religion catholique était passible de la peine de mort, après avoir eu le poing coupé. Jamais appliquée, cette loi réveilla pourtant un sentiment anticlérical dans la population, d'autant que les missions parcouraient bruyamment les campagnes et les villes et que la censure théâtrale veillait. Le *Tartuffe* de Molière et les écrits de Voltaire devinrent le point de ralliement des libéraux qui dénonçaient avec force la mainmise du « parti prêtre » sur la société civile. La réintroduction, sans autorisation, des jésuites en France donna lieu à toutes sortes de rumeurs sur leurs activités occultes. Le comte de Montlosier publia des opuscules contre eux, qui remportèrent un vif succès.

Missions, processions, jubilés, cérémonies expiatoires en mémoire de la mort de Louis XVI, sermons, prédications et publications : l'Église occupait le terrain et semblait à certains guider la politique d'un roi dont l'opinion publique, assez largement voltairienne, ne suivait pas, dans sa majorité, la dévotion démonstrative (voir encadré 4, p. 26).

• *Le « milliard des émigrés ».* En avril 1825 fut votée une loi d'indemnisation des émigrés. Ceux-ci ne pouvant récupérer leurs propriétés, la Charte s'y opposant, recevraient une indemnité équivalant à vingt fois le montant de leurs revenus en 1790. Le financement de cette somme estimée à près d'un milliard — les libéraux parlèrent du « milliard des émigrés », somme ramenée en fait à 650 millions de francs — fut obtenu en convertissant le taux d'intérêt des rentes d'État de 5 à 3 %, mesure impopulaire auprès des épargnants. De plus, la définition d'émigré fut étendue assez largement pour y inclure des hommes restés en France, mais dépossédés de leurs biens, ou parents d'un émigré décédé. Certains purent ainsi toucher une somme supérieure à ce que valait un domaine parfois lourdement hypothéqué au moment de la Révolution. Sur 25 000 personnes concernées par cette indemnité, on trouve parmi les plus importants bénéficiaires le duc d'Orléans (12,5 millions de francs) et La Fayette (4 millions).

• *Les limites de la réaction.* Villèle tenta de faire adopter une loi dite « du droit d'aînesse » qui, en cas d'héritage, favorisait l'aîné en lui attribuant une part supplémentaire. Ce projet, qui allait à l'encontre de l'égalité des droits proclamée par la Charte et visait au maintien de la grande propriété nobiliaire, fut rejeté par la Chambre des pairs en avril 1826 ; Chateaubriand y mena une lutte implacable contre Villèle, poursuivie dans les colonnes du *Journal des Débats*. Un an plus tard, en avril 1827, Villèle rencontra un nouvel échec en voulant faire passer une nouvelle loi sur la presse, retirée après l'approbation réduite de la Chambre des députés (233 voix pour, 134 contre) et avant un rejet prévisible par les pairs. Il s'agissait d'obliger les journaux politiques à déposer leurs articles cinq jours à l'avance et d'aggraver substantiellement les droits de timbre, les taxes postales et les amendes. Ce que *Le Moniteur*, journal officiel, appela « loi de justice et d'amour » — expression du garde des Sceaux, Peyronnet — fut traité de « loi vandale » par Chateaubriand.

- *La question grecque*. La politique extérieure de Villèle, prudente, fut marquée par le succès remporté en octobre 1827 par la flotte française aux côtés de ses homologues russe et anglaise contre la flotte turco-égyptienne à Navarin. L'intervention française fut complétée par l'envoi d'un corps expéditionnaire en Morée, en septembre 1828, sous le commandement du général Maison. Il s'agissait de venir en aide aux Grecs insurgés, ainsi qu'en avaient décidé les grandes puissances signataires du traité de Londres (6 juil. 1827). Depuis le début de leur révolte contre les Turcs en 1821, les Grecs avaient alterné succès (Tripoli, 1821) et défaites (Chio, 1822). Leurs divisions, leur infériorité militaire ne furent pas compensées par l'apport de la jeunesse européenne philhellène qui joua un rôle plus symbolique que réel dans les luttes d'indépendance du peuple grec. La mort du grand poète anglais Byron dans Missolonghi assiégé (1824) symbolise cet engagement.

- *La fin du système Villèle*. Dans un contexte de libertés publiques réduites, les funérailles prennent souvent la tournure de manifestations antigouvernementales : celles du général Foy en 1825, de Manuel ou du philanthrope La Rochefoucauld-Liancourt en 1827 en témoignent. Le 29 avril 1827, Charles X passa en revue la garde nationale de Paris, c'est-à-dire la bourgeoisie en armes. Les cris de « Vive le Roi ! » et de « À bas les Ministres ! », « À bas Villèle ! » alternèrent aux oreilles de Charles X qui put mesurer l'impopularité de son ministre au sein de la petite et moyenne bourgeoisie parisienne. Sa réaction fut rapide : une ordonnance royale prononça la dissolution immédiate de la garde nationale, augmentant le fossé entre le gouvernement et les classes moyennes urbaines. Indéniablement, les choses se dégradaient : si l'opposition de gauche à la Chambre des députés restait limitée, la « défection » menée par Chateaubriand avait fait de la Chambre des pairs un bastion anti-Villèle. Celui-ci décida de réagir : il rétablit la censure en juin 1827, dans un climat de mauvaise situation économique, entraînant un chômage croissant dans les milieux populaires et des protestations parfois violentes dans les faubourgs. Parallèlement, il créa une « fournée » de 76 pairs pour obtenir la majorité dans la Chambre haute et, début novembre, prononça la dissolution de la Chambre des députés.

4 – Roi, prêtres et émigrés

« De pâles fantômes, couverts de robes noires, traversaient lentement les campagnes ; d'autres frappaient aux portes des maisons, et dès qu'on leur avait ouvert, ils tiraient de leurs poches de grands parchemins tout usés, avec lesquels ils chassaient les habitants. De tous côtés arrivaient des hommes encore tout tremblants de la peur qui leur avait pris à leur départ, vingt ans auparavant. Tous réclamaient, disputaient et criaient ; on s'étonnait qu'une seule mort pût appeler tant de corbeaux. Le roi de France était sur son trône, regardant çà et là s'il ne voyait pas une abeille dans ses tapisseries. Les uns lui tendaient leur chapeau, et il leur donnait de l'argent ; les autres lui montraient un crucifix et il le baisait ; [...] d'autres encore lui montraient leurs vieux manteaux, comme ils en avaient bien effacé les abeilles, et à ceux-là il donnait un habit neuf. Les enfants regardaient tout cela, pensant toujours que l'ombre de César allait débarquer à Cannes et souffler sur ces larves ; mais le silence continuait toujours, et l'on ne voyait flotter dans le ciel que la pâleur des lis. »

(Alfred de Musset, *La Confession d'un enfant du siècle*).

• *Les élections de novembre 1827.* Moins de deux semaines séparèrent la dissolution des élections. Mais l'opposition libérale s'y préparait activement depuis l'été. Guizot avait pris la tête d'une société intitulée « Aide-toi, le ciel t'aidera », créée en août 1827, qui entreprit à la fois la publication de brochures, la création de comités électoraux dans les arrondissements de Paris et dans les départements, et une campagne de vérification des listes électorales qui permit à 15 000 électeurs « oubliés » d'être inscrits (on passe d'environ 67 500 à 83 000). Le très aristocratique libéral Rémusat témoigne de l'effervescence qui s'empare des membres de « Aide-toi » : « On ne se figure pas avec quelle joie nous nous plongions dans les rangs très mêlés de cette classe moyenne qui était pour nous la nation politique de l'avenir. » De son côté, le gouvernement mettait tout en œuvre, par l'intermédiaire des préfets et des maires, pour « travailler » les électeurs. Le résultat des élections fut un net désaveu de la politique de Villèle : moins de 180 candidats ministériels furent élus, contre 170 libéraux et 75 de la « défection », malgré la loi électorale en vigueur. Symbole de ce triomphe libéral, l'élection de Royer-Collard dans sept départements différents, ce qui porta ce libéral modéré à la tête de la Chambre. Paris accueillit les résultats dans la liesse. Villèle tenta de se maintenir au pouvoir, mais dut finalement démissionner au début de janvier 1828.

DE MARTIGNAC À POLIGNAC : L'ALTERNATIVE (1828-1830)

Les dernières années de la Restauration constituent une période particulièrement intéressante de l'histoire politique de la France. En se replaçant dans la perspective des contemporains, qui eurent très tôt une excellente analyse de la situation, il était évident que Charles X était confronté à une alternative simple : continuer l'œuvre de Villèle en allant dans le sens d'une politique de réaction ou pencher vers une politique de respect constitutionnel au sein de laquelle les Chambres — mais surtout celle des députés — auraient exercé entièrement les droits que leur conférait la Charte. Aller vers le rapport de forces ou vers la complémentarité pacifique des pouvoirs, tel était en définitive l'aboutissement de l'un ou de l'autre choix. La classe politique, toutes tendances confondues, et le monarque en étaient conscients.

Martignac, l'échec de la libéralisation du régime

• *La personnalité de Martignac reste mal connue* : l'homme, assurément, n'est pas un libéral. Succédant au toulousain Villèle, ce Bordelais, royaliste convaincu qui a connu une rapide ascension sous un régime qui l'a fait vicomte en 1825, n'a jamais été ministre avant de prendre l'Intérieur et de diriger le gouvernement, sans le titre, toutefois, de président du Conseil. Sa nomination par Charles X suscite encore des interrogations : le roi voulait-il donner des gages à la droite modérée ou nommait-il sciemment un homme de transition dont l'échec, en quelque sorte programmé, lui permettrait d'imposer ses partisans ? De fait la position de Martignac se révéla difficile d'emblée : rejeté par l'ancienne majorité de Villèle, bien qu'il ait conservé deux de ses ministres — Chabrol et Frayssinous, du reste rapidement évincés —, suspecté par la gauche libérale, forte de son succès aux élections de l'automne 1827, il dut avant tout naviguer entre une Chambre à majorité fluctuante et une Cour hostile. Il n'en eut que plus de mérite à tenter d'imposer ses vues, aidé par de réels talents d'orateur.

• *Des réformes libérales*. Sans retomber dans la politique de Decazes, Martignac tenta de constituer une majorité de centre, attirée par des réformes de nature libérale. C'est ainsi qu'il scinda Affaires ecclésiastiques et Instruction publique en deux ministères, le premier bientôt confié à un prélat modéré, Mgr Feutrier, et le second à Vatimesnil, âgé de 28 ans. On trouve également Portalis à la Justice, puis aux Affaires étrangères, Roy aux Finances et Hyde de Neuville à la Marine et aux Colonies. Peu de personnalités marquantes dans ce ministère — Chateaubriand a refusé l'Instruction publique —, mais, très rapidement, une tonalité anticléricale allait s'en dégager. Les ordonnances du 16 juin 1828 portent un rude coup aux jésuites en leur ôtant la direction de huit établissements illégalement ouverts et en interdisant l'enseignement aux congrégations non autorisées ; de plus la loi limitait à 20 000 le nombre des élèves des petits séminaires, véritables collèges religieux. Les ultras fulminent,

Charles X laisse faire et entreprend au mois de septembre 1828 un voyage dans l'est de la France où il reçoit un accueil populaire aussi chaleureux que l'année précédente dans le Nord. À Paris, l'Université se ranime : Guizot, Cousin, Villemain, trilogie pensante du Quartier latin, retrouvent leurs chaires; l'administration est épurée; la censure et les procès de tendance sont supprimés. Mais la marge de manœuvre de Martignac se révèle à chaque projet de loi très étroite : ses concessions sont jugées inacceptables par les ultras et insuffisantes par les libéraux.

• *L'échec d'un projet de réforme administrative.* Martignac prit alors l'initiative de présenter une réforme de l'élection des conseils généraux, d'arrondissement et municipaux. Il s'agissait de faire élire ceux-ci, au lieu qu'ils soient nommés, mais par un corps électoral moitié moindre que celui qui élisait les députés : on ne prévoyait que 40 000 électeurs pour les élections locales. Appliquée à l'exemple du département de la Seine-et-Marne (320 000 habitants), la réforme aurait réduit le corps électoral de 1 600 à 405 individus. Ce projet faisait suite à un débat sur la décentralisation qui n'avait cessé de se poser sous la Restauration. Mais les ultras s'étant ralliés à l'idée de centralisation, c'était le camp des libéraux qui réclamait dès lors des réformes administratives, visant du reste davantage à obtenir plus de démocratie dans l'élection des assemblées locales qu'à attribuer des pouvoirs étendus à ces dernières. Repoussé par la droite et par la gauche, ce projet trop tardif et trop timide dans un contexte d'affrontement droite/gauche fut retiré par Martignac en avril 1829 : bref sursis pour le chef du gouvernement qui fut remplacé sans regret au mois d'août suivant par Jules de Polignac. L'échec de Martignac témoigne que, sans responsabilité ministérielle et donc sans sanction parlementaire, les deux pouvoirs (la Chambre et le roi) se retrouvaient face à face dans l'épreuve de force. Échec lourd de conséquences, si l'on suit Barante pour qui l'épisode Martignac fut « le seul moment de la Restauration où le maintien de la dynastie ait eu de véritables chances ».

Jules de Polignac, le retour des ultras

Avec l'arrivée aux affaires de Jules de Polignac, la boucle se referme. *Le Globe* salue l'événement d'une formule lapidaire qui fait mouche : « Son avènement sépare la France en deux : la Cour d'un côté, de l'autre la Nation. » Les hommes de 1815 semblent revenir au pouvoir, un choix dont le roi porte l'entière responsabilité. Tant Polignac que ses ministres vont rapidement apparaître aux yeux d'une opinion qui lit une presse libérale en plein essor, comme des individus souhaitant établir une monarchie autoritaire, voire absolue. On peut toujours débattre sur la réalité d'une telle tentation chez Charles X — si elle a existé, elle ne n'est véritablement manifestée qu'en juillet 1830. Mais de fait, la constitution de l'équipe ministérielle du prince de Polignac ne fut pas des plus habiles.

• *Un ministère de combat.* Polignac, fils de l'ancienne favorite de Marie-Antoinette, a connu l'émigration et la captivité et est resté le fidèle ami du comte d'Artois. Il a refusé de prêter serment à la Charte et a été l'un des membres les plus actifs de la Congrégation. Nommé aux Affaires étrangères le 8 août 1829, il reçut le titre de président du Conseil le 17 novembre suivant. Le choix de La Bourdonnaye, l'homme de la Terreur blanche légale, à l'Intérieur, et de Bourmont, qui avait trahi Napoléon le 18 juin 1815, à la Guerre lui valent une violente attaque du *Journal des Débats* qui, dans une formule restée célèbre, résume ainsi le nouveau ministère : « Coblenz, Waterloo, 1815 ! » Comprenons : émigration, trahison, répression. Plus modérés apparaissent Courvoisier à la Justice, Chabrol aux Finances et Guernon-Ranville aux Affaires ecclésiastiques et à l'Instruction publique, de nouveau réunies. La fin de l'année 1829 se passa sans que fût prise la moindre décision d'importance. La démission de La Bourdonnaye, hostile à la nomination de Polignac à la présidence du Conseil, fut le seul fait politique notable.

• *Crise politique et dissolution de la Chambre.* La réunion de la Chambre en mars 1830 allait montrer la force du conflit qui couvait. Dans son discours du Trône, Charles X évoqua l'existence de « coupables manœuvres » envers son gouvernement, ajoutant qu'il saurait trouver la force de les surmonter. La gauche libérale, majoritaire, comprit ce passage comme l'annonce d'un possible coup d'État. Sous la direction de Royer-Collard, elle rédigea, le 16 mars 1830, une Adresse au roi que signèrent 221 députés sur 402, signifiant à Charles X leur défiance : « La Charte consacre comme un droit l'intervention du pays dans la délibération des intérêts publics [...]. Elle fait du concours permanent des vues politiques de votre gouvernement avec les vœux de votre peuple la condition indispensable de la marche régulière des affaires publiques. Sire, notre loyauté, notre dévouement nous obligent à vous dire que ce concours n'existe pas. »

La réaction de Charles X fut sans surprise : il prorogea la Chambre dans un premier temps, puis le 16 mai annonça sa dissolution et de nouvelles élections les 23 juin et 3 juillet. Opposés à la dissolution, Chabrol et Courvoisier démissionnèrent, remplacés par Chantelauze (Justice) et Montbel (Finances), lui-même remplacé par Peyronnet à l'Intérieur : le ministère Polignac prenait une teinte réactionnaire encore plus marquée. Depuis le printemps 1830, nombreux étaient ceux qui s'attendaient à un affrontement avec le roi : mais rares, au total, étaient ceux qui envisageaient une révolution et un changement de dynastie. Charles X, quant à lui, espérait trouver un appui populaire, notamment rural, qui lui donnerait une majorité parlementaire. Il comptait aussi sur le prestige que son gouvernement retirerait de l'expédition d'Alger.

• *L'expédition d'Alger* doit être inscrite à la fois dans le contexte international — démembrement de l'Empire turc, dont le dey d'Alger relevait, au moins en théorie — et dans le contexte national — la conquête d'Alger pouvant représenter pour le roi l'équivalent de la guerre d'Espagne de 1823 par ses retombées électorales. C'était en quelque sorte la dernière carte d'un gouvernement minoritaire à la Chambre des députés. Il fallait un prétexte pour attaquer l'Algérie : on en trouva plusieurs. Un vieux différend commercial non réglé, la dénonciation des pirates barbares, la lutte contre l'hérétique, la délivrance des esclaves chrétiens, la volonté de venger l'affront fait au consul de France Deval, trouble personnage que le dey d'Alger avait frappé d'un coup d'éventail plus de trois ans auparavant : tout fut mis en avant pour justifier une expédition, décidée en janvier 1830 et organisée au printemps. Le corps expéditionnaire de plus de 450 navires et de près de 75 000 marins et fantassins appareilla de Toulon et de Marseille à partir du 25 mai, sous le commandement de Bourmont. Après une traversée difficile, le corps expéditionnaire débarqua à Sidi-Ferruch le 13 juin : Alger tomba le 5 juillet 1830. Mais la nouvelle ne fut connue que le 9 juillet en France, alors que les élections avaient déjà eu lieu dans la majorité des départements.

• *La crise économique*. Circonstance aggravante pour le gouvernement, depuis 1827 une crise économique touche la France rurale (les récoltes de 1828 et 1829 sont mauvaises, le prix du pain augmente sensiblement, les prix du travail à façon qui représente un gain supplémentaire pour les paysans s'écroulent) et la France urbaine (les produits de l'industrie et de l'artisanat se vendent mal, les salaires ouvriers sont à la baisse, le chômage augmente). En Normandie, de mystérieux incendies embrasent la région, provoquant un climat de peur et de défiance et l'envoi de troupes prélevées sur celles chargées de la défense de la capitale. Paris et les villes industrielles comme Mulhouse sont touchées de plein fouet. Le système bancaire encaisse les répercussions de la crise économique : même des maisons solides comme la banque Laffitte se retrouvent avant 1830 dans une position difficile, confrontées à de lourdes pertes, dues à des créances devenues irrécouvrables et à une masse de capitaux inutilisables. Déjà évincée de la quasi-totalité des postes politiques, diplomatiques, ecclésiastiques ou militaires importants au profit de l'aristocratie, la grande bourgeoisie, frappée par la récession dans ses activités, ne voit plus la nécessité de soutenir un régime qui ne lui assure plus la prospérité. Quant aux faubourgs parisiens, ils connaissent dès 1827 des manifestations où l'autorité voit avec stupeur l'érection de barricades — les premières depuis la Ligue et la Fronde affirme Rémusat — et doit faire face à des émeutiers déterminés — Auguste Blanqui est blessé à trois reprises dans l'année. Les secours privés qui s'organisent compensent très insuffisamment l'inertie du gouvernement face à la crise.

• *L'essor de la gauche orléaniste et républicaine*. En dehors de la gauche libérale majoritaire à la Chambre, une opposition plus antidynastique, voire plus antimonarchique, s'est développée depuis la libéralisation de 1828. Elle dispose de journaux nouveaux et recrute au sein d'une génération plus politisée. Chez les républicains, des journaux comme *La Tribune des départements*, créée par les frères Fabre en juin 1829, illustrent un courant favorable à une République très modérée : on parle plutôt de patriotisme et on se montre très critique envers les notabilités libérales comme Sébastiani, Guizot ou Barthe. Tirages très réduits (500-550 exemplaires pour *La Tribune*) et courant d'idées minoritaire, mais qui s'implante dans la jeunesse des écoles. Frustrée de tout rôle politique, celle-ci se montre sensible à la grandeur du passé républicain de la France tel qu'il se dégage des nombreuses histoires de la Révolution française parues à cette époque, comme celle de Thiers publiée entre 1824 et 1827 avec un succès considérable. Reste que la République n'a qu'une très faible implantation populaire. La même chose pourrait être dite de l'orléanisme qui fait une réapparition de moins en moins discrète au sein du journal *Le National* dirigé par Thiers et Carrel à partir de janvier 1830, avec le soutien de Talleyrand, de Benjamin Constant et de la banque, représentée par Laffitte. Le journal ne s'adresse pas au peuple mais aux électeurs : en leur révélant à mots couverts l'existence d'une autre dynastie, en réclamant l'application de la Charte dans toute sa dimension, il prend date pour l'avenir, se laissant voir comme l'organe d'une solution pacifique, sans danger pour le cours de la rente et la paix. La révolution anglaise de 1688 fournit opportunément matière à dissertation et éventuellement à suggestion...

• *Les élections de juin-juillet 1830 et le coup d'État*. Étalées du 23 juin au 19 juillet, elles donnèrent une majorité renforcée à l'opposition libérale. Les 221 — parmi lesquels 19 seulement n'avaient pas été réélus — se retrouvèrent 274, les ministériels 145. L'échec était grave pour Polignac, plus encore pour Charles X qui avait dissous la Chambre précédente. Le blocage constitutionnel apparaissait dans toute sa force : soit la Chambre imposait ses vues au roi, obtenait la démission de Polignac et la nomination d'un ministre libéral, et on entrait alors dans une monarchie de type parlementaire ; soit le roi tentait l'épreuve de force, manifestant clairement sa défiance envers le choix fait par les électeurs. Il n'y avait pas de troisième voie. Le roi choisit la seconde : « J'aime mieux monter à cheval qu'en charrette » aurait-il déclaré. Se fondant sur l'article 14 de la Charte lui conférant le droit de promulguer les ordonnances « nécessaires pour l'exécution des lois et la sûreté de l'État », il prépara avec ses ministres quatre ordonnances signées le 25 juillet et publiées dans *Le Moniteur* du lendemain. La première suspendait la liberté de la presse, traitée d'« instrument de désordre et de sédition » ; la seconde dissolvait la Chambre, qui n'eut pas le temps de siéger ; la troisième modifiait le calcul du cens pour diminuer le nombre d'électeurs (on supprimait la prise en compte de la patente, excluant ainsi nombre de commerçants et d'artisans des listes électorales) et augmentait le nombre de députés élus par les électeurs les plus riches, siégeant dans les collèges de département ; la quatrième fixait les dates des élections aux 6 et 13 septembre. Rédacteur au *National* et l'une des meilleures plumes de son temps, Armand Carrel écrivit : « La France retombe en révolution par le fait même du pouvoir. » Pour sa défense, Polignac dira avoir agi par conviction et pour empêcher l'opposition de mener la France à un nouveau 1793 : la question sociale l'aurait emporté sur la rivalité politique dans les motivations de sa décision. Il s'agit pourtant d'un coup d'État en bonne et due forme, à moins de considérer qu'être minoritaire à la

Chambre représente, pour un gouvernement, une atteinte à la sûreté de l'État. La publication des ordonnances marque le terme de la Restauration. La révolution de juillet 1830 allait faire tomber les Bourbons et appeler au trône les Orléans. Mais le débat allait alors se déplacer sur le terrain d'une opposition entre monarchistes et républicains.

BILAN DE LA RESTAURATION

Une greffe qui n'a pas pris : cette comparaison d'ordre médical traduit assez bien le rapport entre la dynastie restaurée et la France. La cause du rejet a été au moins autant sociale et culturelle — au sens le plus large du terme — que politique. La question de l'élargissement du droit électoral n'apparaît pratiquement pas dans les débats parlementaires des années 1815-1830, ni dans la presse, même la plus à gauche. Et lorsqu'elle apparaît, c'est soit dans le courant ultra, un élargissement permettant à la France rurale de voter — on se fait fort d'obtenir un « bon » vote des paysans —, soit dans le courant libéral le plus avancé, qui demande prudemment que les forces vives de la nation — entrepreneurs, négociants, avocats, médecins — soient associées au corps électoral. La cause profonde de l'échec des Bourbons repose ailleurs. Dans leur incapacité à apparaître, dans la durée, comme une solution réellement indispensable, voire légitime, aux yeux des Français d'abord ; ensuite, dans leur impuissance à saisir l'importance de la signification de notions comme « libertés publiques » ou « souveraineté nationale », legs des idéaux de 1789 profondément ancré dans les classes moyennes ; et encore dans leur incapacité à prendre en compte les profondes mutations sociales qui avaient touché la France depuis 1789 : en particulier dans la modification du poids réciproque des forces économiques et sociales, déterminé non plus seulement par l'appartenance à un ordre ou à une caste, mais à une classe sociale définie par un type d'activité, un niveau de culture et un rang de fortune ; enfin, dans le déclin également du fait religieux, voire dans le développement de l'ambition sociale, moteur de toute société de type libéral, qui touchait les générations nées sous l'Empire et parvenues à maturité sous la Restauration. En 1826, Stendhal prophétise : « Les jeunes gens de la petite bourgeoisie, bien élevés et ne sachant où se placer, trouvant partout devant eux les protégés de la Congrégation, renverseront la Congrégation et, par occasion, les Bourbons » ; analyse discutable, mais qui a le mérite de saisir l'existence de réseaux politico-culturels sous-tendant les trajectoires sociales. Ne sachant renouveler ou amplifier les appuis qu'elle pouvait trouver dans une bourgeoisie peu nombreuse mais de plus en plus influente et déterminée — comme sous la Révolution —, la Restauration se trouva progressivement coupée du « pays réel », ces forces vives qui en arrivèrent à souhaiter un changement de dynastie. Ajoutons que dans la bataille des symboles — drapeau blanc contre drapeau tricolore par exemple —, la dynastie des Bourbons fit avec une rare constance des choix qui heurtaient un pays finalement fier d'un passé récent fait de grandeur.

2 La société française dans la première moitié du XIXe siècle

L'IDENTITÉ DE LA FRANCE

Cette expression empruntée à Fernand Braudel nous permet d'aborder au préalable une question importante : celle de la conscience des Français d'eux-mêmes, conscience de participer à un cadre national, à une nation dont la Révolution française avait fait le lit.

• *Affirmation d'un sentiment national.* Si les particularismes régionaux demeurent puissants, il n'en est pas moins vrai que le legs de la Révolution — incluant le Premier Empire — reste suffisamment fort pour parler d'une nation française. Les guerres révolutionnaires et impériales ont joué un rôle déterminant dans cette affirmation dépassant le simple appel au patriotisme (voir encadré 5, p. 35). De ces années 1789-1815, la France garde une représentation nationale, une monnaie nationale, des cadres administratifs nationaux, une armée nationale et, à partir de 1830, un drapeau qui symbolise à lui seul la nation. Une langue nationale ? La chose est plus complexe, ainsi que nous le verrons au paragraphe suivant. Les moyens de communication, en plein essor avec l'avènement du chemin de fer, vont jouer un rôle unificateur. La loi Guizot (1833) permet à l'enseignement primaire de prendre son envol. La révolution de 1830 et la « naissance de l'histoire » — avec « l'école romantique », d'Augustin Thierry à Jules Michelet — joueront un rôle fondamental dans l'affirmation du sentiment national.

• *Une France plurielle.* L'unité administrative de la France ou l'existence d'un sentiment national n'empêchent pas la persistance de contrastes régionaux, culturels et sociaux, politiques et économiques, et éventuellement physiques. Cela n'est pas antithétique avec l'affirmation de l'existence précoce d'un « espace culturel français », voire d'une « unité spirituelle », décelés par Xavier de Planhol. Mais il faudrait rappeler l'extrême variété de paysages d'un pays s'étendant de la mer du Nord à la mer Méditerranée. Les différences culturelles demeurent nombreuses : Hervé Le Bras et Emmanuel Todd ont mis en évidence (*L'Invention de la France*) les différences de structures familiales — famille élargie du Midi, famille nucléaire du Nord, à l'exception de la Flandre, de la Bretagne et de l'Alsace. Il faut mentionner aussi l'analphabétisme beaucoup plus fort dans une France de l'Ouest et du Centre, au sud d'une ligne Saint-Malo-Genève, mis à part les villes et les grands axes de circulation. Corrélativement, la frontière entre terres de métayage et terres de fermage accentue cette frontière culturelle et la fait dévier dans le champ du social : il y a bien, globalement, une France pauvre, celle du Sud et de l'Ouest, de petites propriétés très morcelées et d'activité agricole largement dominante, et une France riche, celle du Nord et de l'Est, pays de grande propriété et d'activité spécialisée non agricole plus développée. Différences sociales qui se retrouvent au plan physique, dans l'inégal développement des hommes, ce dont témoignent les statistiques sur les conscrits établies sous la Restauration. On note également la persistance de nombreuses langues et de dialectes, sans parler d'une profusion de patois, en Bretagne, en Alsace, en Lorraine, dans le Pays basque, en Flandre, et plus généralement dans les terres de langue d'oc : il peut s'agir parfois de bilinguisme, mais plus souvent de monolinguisme excluant la pratique du français pour une majorité de ruraux. Concluons sur la pérennité de la notion de pays qui se superpose à celle de nation : lorsque, migrant pour des raisons différentes, on quitte son village ou sa région, on se regroupe dans la ville d'adoption par « pays », terme désignant ceux qui viennent de la même région.

• *Un espace limité*. Face à une France minoritaire qui bouge (compagnons, commis voyageurs, étudiants et, en général, citadins plus que ruraux), la majorité des Français vit dans un espace limité ou espace vécu : il est à la mesure du piéton qu'est alors souvent le paysan, mais aussi des échanges et des relations sociales, que celles-ci relèvent de la sociabilité proprement dite (Maurice Agulhon l'a étudiée, notamment avec le café de village, dans *Le Cercle dans la France bourgeoise*) ou de la formation des couples selon une endogamie géographique (et naturellement sociale) qui reste très forte — dans l'Alsace de la monarchie constitutionnelle, on choisit son conjoint au sein d'un réseau de cinq villages et dans un rayon de 5 km en moyenne. Seule la petite ou moyenne ville située dans un rayon de 20 à 30 km représente pour la majorité des ruraux le paysage urbain que l'on fréquente pour sa foire ou une fête importante (il en existe 192 dans le Calvados au début du XIXe s., 180 dans la Manche), à l'occasion pour une révolte. Bien avant *Le Tour de France par deux enfants* (1877), la littérature pédagogique constitue, pour les enfants scolarisés, la seule approche de l'espace national : les « jeunes voyageurs » se déplacent dans un espace qui relève, pour le jeune lecteur, d'une perception de l'imaginaire, tout en participant à l'élaboration du sentiment national que nous évoquions ci-dessus et qui était bien la finalité dernière de cette littérature.

5 – MICHELET ANALYSE LA NATION FRANCE

« Les nations peuvent se classer comme les animaux. La jouissance commune d'un grand nombre de parties, la solidarité de ces parties entre elles, la réciprocité de fonctions qu'elles exercent l'une à l'égard de l'autre, c'est là la supériorité sociale. C'est celle de la France, le pays du monde où la nationalité, où la personnalité nationale se rapprochent le plus de la personnalité individuelle. Diminuer, sans la détruire, la vie locale, particulière, au profit de la vie générale et commune, c'est le problème de la sociabilité humaine […]. Cette unification de la France, cet anéantissement de l'esprit provincial est considéré fréquemment comme le simple résultat de la conquête des provinces. La conquête peut attacher ensemble, enchaîner des parties hostiles, mais jamais les unir. La conquête et la guerre n'ont fait qu'ouvrir les provinces aux provinces, elles ont donné aux populations isolées l'occasion de se connaître ; la vive et rapide sympathie du génie gallique, son instinct social ont fait le reste […]. Ainsi s'est formé l'esprit général, universel de la contrée. L'esprit local a disparu chaque jour ; l'influence du sol, du climat, de la race, a cédé à l'action sociale et politique. La fatalité des lieux a été vaincue, l'homme a échappé à la tyrannie des circonstances matérielles. »

(MICHELET, *Tableau de la France*, 1833.)

LA POPULATION FRANÇAISE

La France des années 1815-1848 est une France jeune, largement rurale mais au sein de laquelle le poids des villes ne cesse de grandir. Parmi celles-ci, Paris apparaît comme une exception, ce dont témoignent les statistiques et les regards posés sur « la » ville.

La démographie de la France

Une constante de l'histoire de la France sous l'Ancien Régime réside dans sa situation de *leader* européen quant à sa population, fruit de conquêtes territoriales, mais aussi d'une croissance démographique. La Révolution française et l'Empire ont continué la première donnée, mais porté un coup sévère à la seconde.

• *Une croissance de nouveau régime démographique.* Dans un pays d'environ 528 000 km^2 vivent 29 millions d'habitants en 1815, contre 27 en 1800 ; 32,5 millions en 1831 ; 35,4 millions en 1846. Sans être aussi forte qu'aux siècles passés, la croissance démographique de la France reste importante : de l'ordre de 22 % durant la période et de 30 % pour le demi-siècle 1801-1851 (mais 50 % pour l'Europe et 100 % pour l'Angleterre), avec une pointe entre les années 1820 et 1835. Au-delà de cette date, la croissance se ralentit nettement, preuve d'un comportement malthusien précoce. Néanmoins, la France est un pays jeune : en 1826, les 2/3 de la population ont moins de 40 ans. Le retour à la paix et le développement économique de la France constituent les deux facteurs explicatifs de cette dernière vague de croissance forte. Mais celle-ci n'est pas suffisante pour lui permettre de peser d'un même poids démographique que des puissances (Grande-Bretagne, Allemagne, Italie, ces deux dernières considérées démographiquement comme des nations à défaut d'être des États) qui, moins peuplées qu'elle, connaissent une croissance plus forte. Vers 1850, la France ne représente plus que 13,3 % de la population européenne contre 15,7 % en 1800 et 16,1 % en 1750. La répartition de cette population en terme de densité montre le rôle accru des façades maritimes, des axes de circulation et des régions urbanisées et industrielles, au détriment des régions fortement rurales ou montagneuses.

• *Les mouvements de population.* Le taux de natalité, en baisse régulière, passe d'environ 31,5 ‰ à 27,5 ‰. Parallèlement, le taux de mortalité décroît régulièrement, mais moins rapidement, passant d'environ 26 ‰ à 23,3 ‰. Il apparaît donc clairement que l'accroissement naturel ralentit fortement, pour devenir très faible à la fin de la période. L'accroissement net restant plus élevé, ce sont donc les immigrants qui accentuent le solde vers le positif. Ce fait, lié à une restriction volontaire des naissances de plus en plus répandue, permet de parler d'un nouvel âge démographique auquel la France fut l'un des premiers pays au monde à s'identifier. L'analyse de ce phénomène à travers régions et départements (86 pour la période) témoigne d'inégalités régionales assez marquées. Face à des départements en pleine croissance (Seine, Rhône, Bouches-du-Rhône, mais aussi Corse, Finistère ou Loire), d'autres sont affectés par un mouvement de dépopulation durable (Lot-et-Garonne, Gers, Eure, Cantal, Jura, etc.) qui combine dénatalité et exode rural. Au total, peu de départements connaissent une croissance soutenue. En ce qui concerne les régions, développement économique et développement démographique se croisent : face à une région lyonnaise et à un Nord dynamiques, on trouve une Normandie ou une Bourgogne distancées. Pourtant des régions fortement rurales tirent leur épingle du jeu, comme la Provence ou le Bas-Languedoc. Dès avant la mise en place d'un réseau ferroviaire, les régions enclavées ou montagneuses semblent promises à une dépopulation que le chemin de fer accentuera en les contournant.

• *Migrations internes et migrations externes.* Malgré une poussée des arrivées sur le sol français au lendemain de la révolution de 1830 — il s'agissait pour beaucoup de réfugiés politiques, notamment polonais —, le pourcentage d'immigrés ne dépassa jamais 1 % de la population totale, sauf entre 1831 et 1836. Au même moment, la France connut un mouvement d'émigration qui, sans être massif comme celui d'autres pays, diminua sensiblement l'accroissement naturel. On peut conclure avec Charles Pouthas, à qui nous devons l'essentiel de ces informations, que la France vit en autonomie, « d'elle-même et sur elle-même ». Les migrations intérieures sont plus importantes : d'origine rurale, elles sont parfois dirigées vers les villes ; migrations saisonnières, elles tendent à devenir durables, mais, au total, n'affectent que 1 % de la population sous la monarchie de Juillet, à l'apogée du phénomène, contre 12 à 15 % sous le Second Empire et 20 % vers 1880. Si Paris ou Lyon attirent des maçons creusois (13 000 vers 1814, 34 000 vers 1846), des porteurs d'eau auvergnats ou des ramoneurs savoyards, les centres industriels ne sont pas forcément les plus gros consommateurs de ces migrants. Ceux-ci se déplacent au moins autant dans un espace et dans une économie agricoles, en fonction d'une conjoncture très variable. Quant à l'exode rural proprement dit, migration définitive, il reste encore limité aux régions de montagnes (Pyrénées, Massif central) et aux campagnes où le surpeuplement est producteur de misère (Alsace). À partir des années 1840, il tend à se développer : le choix est simple alors, « la valise ou la mort », pour reprendre l'expression de Gabriel Désert.

Géographie professionnelle et sociale de la population française

• *Villes-campagnes : l'impossible harmonie.* Ce qui est vrai du rapport économique l'est du rapport démographique : la ville se nourrit de la campagne. Pourtant, le rapport mathématique pèse lourdement en faveur du monde rural qui rassemble 75 % de la population française. Mais quelle est la signification de ce pourcentage ? C'est en 1846 que, pour la première fois, on a fixé une limite, en l'occurrence celle de 2 000 habitants agglomérés, pour distinguer la ville du village, le citadin du rural. À ce dernier, le poids du nombre, mais un poids décroissant : les urbains n'étaient que 10 % au début du XVIIIe siècle, 20 % à la veille de la Révolution, ils sont maintenant 25 % et progressent régulièrement ; entre 1836 et 1851, la population rurale n'augmente que de 1,8 % contre 6,6 % pour la population urbaine. La monarchie de Juillet enregistre une forte poussée de la population urbaine, alors que les campagnes, au-delà de 1831, marquent le pas. Ce phénomène ne profite pourtant pas à toutes les villes. Certaines d'entre elles, vieilles cités historiques ou administratives, sont en plein déclin ou progressent lentement : Troyes, Clermont, Versailles, Aix-en-Provence, Grenoble. À l'inverse, des cités plus dynamiques, souvent en phase avec le développement industriel ou commercial de la période, enregistrent une croissance très forte : Saint-Étienne ou Toulon dont la population triple entre 1801 et 1846, Reims, Limoges. Il faudrait aussi évoquer les grandes villes comme Paris, qui double pratiquement sa population, de 550 000 à 1 053 000 habitants, ou, dans une catégorie inférieure, Toulouse qui passe de 50 000 à près de 100 000 habitants. Pourtant, derrière Paris, aucune ville n'atteint 200 000 habitants en 1846 : Marseille 180 000, Lyon 177 000, Bordeaux 120 000, devant Rouen qui atteint péniblement 100 000, Toulouse, Nantes, Lille. Seules une quinzaine de villes atteignent ou dépassent 50 000 habitants en 1846.

Densité de la population en France en 1821

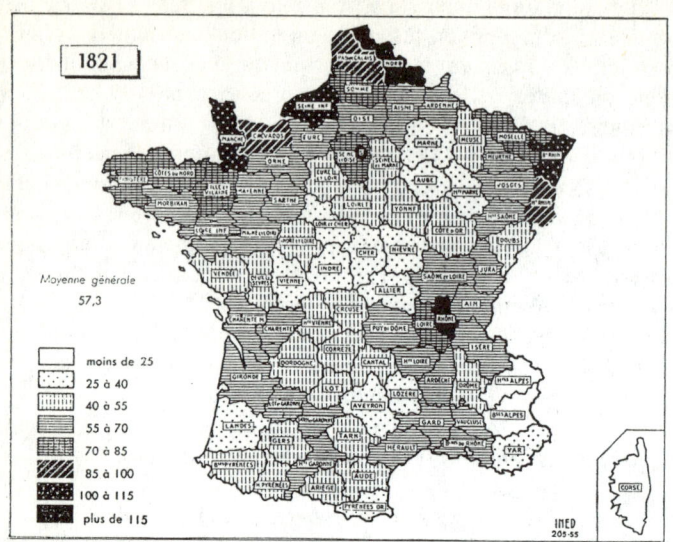

Densité de la population en France en 1841

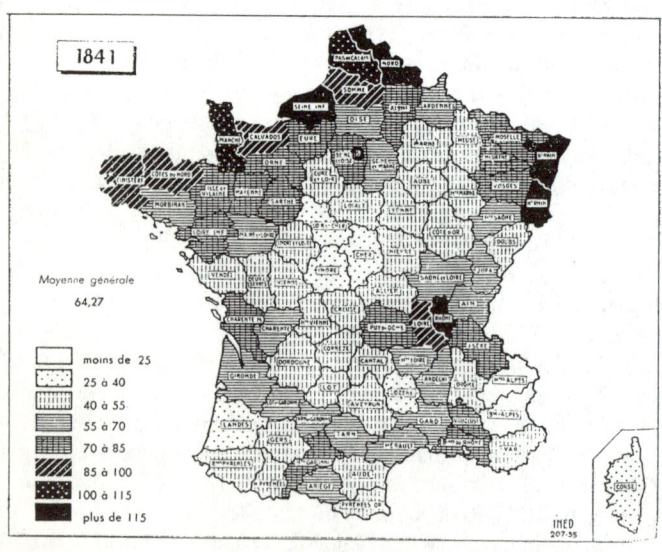

(Charles H. POUTHAS, *La Population française pendant la première moitié du XIXe siècle*, PUF, 1956, p. 181-182.)

- *Composition professionnelle de la société française.* Elle est connue par le recensement de 1851, qui permet une approche rétrospective de la société française à la fin de la monarchie de Juillet. Une fois établi un appareil critique vis-à-vis de la source utilisée — et notamment, problème éternel, le sens des termes professionnels utilisés—, de grandes orientations se dégagent : 40 % de la population vivent de l'agriculture et 17 % de l'industrie et du commerce, avec les différences sociales que l'on peut imaginer à l'intérieur de chaque groupe. Le poids des professions libérales — autour de 10 % — et de la domesticité — environ 3 % dont 2/3 de femmes — se situe nettement en retrait. La France de ce milieu de siècle, et donc des décennies précédentes, est marquée par une opposition Nord/Sud, ou population industrielle et commerciale/population agricole. Pourtant, hors des départements fortement urbanisés, rares sont ceux où la population agricole n'arrive pas en tête. Mais il est vrai qu'au sud d'une ligne La Rochelle-Genève, le rôle de l'agriculture se révèle plus fort qu'au nord, qui concentre la quasi-totalité des grandes régions industrielles et commerciales, à l'exception de la Loire et de ses bassins miniers et du port de Marseille. Ces statistiques de 1851 montrent également le très faible nombre d'ouvriers employés dans la grande industrie : 3,7 % de la population totale, moins d'un quart des actifs de l'industrie et du commerce. Mais la concentration manufacturière est très marquée au nord de la Loire. La France reste un pays de petites entreprises : confrontées à des mutations économiques pendant cette période, ces petites entreprises et ceux qui y travaillent ou qui les dirigent joueront un rôle important dans la vie politique du pays.

LA FRANCE RURALE

Il convient de ne pas confondre les notions de France rurale et de France agricole : à la seconde, qui insiste sur un type d'activité dominant mais pas exclusif, répond la première, qui prend en charge la totalité d'un monde engagé depuis la Révolution de 1789 dans de profondes mutations, tout en gardant sa diversité et son poids économique.

La paysannerie et la terre

Impossible de comprendre le monde paysan au XIXe siècle sans remonter à la période précédente : la propriété de la terre a été l'un des grands enjeux de la Révolution française, ainsi que l'ont montré les travaux de Georges Lefebvre ou d'Albert Soboul. La question est de savoir si, au bout du compte, l'accès à la propriété foncière a entraîné le monde paysan vers une amélioration de son niveau de vie.

- *À qui appartient la terre?* La bourgeoisie a été le principal bénéficiaire de la vente des biens nationaux. Au XIXe siècle, cette emprise bourgeoise est forte, surtout autour des grandes villes : de manière presque caricaturale pour le vignoble bordelais dont Jean Cavignac a étudié les dynasties de propriétaires-négociants. La paysannerie en a-t-elle été totalement exclue ? Si l'on regarde la répartition de la propriété foncière au lendemain de la Révolution, on constate que le pourcentage de la propriété paysanne a augmenté, mais que cette propriété tend à se parcelliser : pour une moyenne de 40 % de paysans propriétaires avant la Révolution (chiffre qui cache de grandes inégalités : 30 % dans le Nord, près de 50 % dans le Roussillon), on peut estimer qu'on est passé à environ 50 % en moyenne vers 1815. Gain minime, mais surtout obéré par une parcellisation croissante, soit par suite d'héritages, soit par acquisition de propriétés souvent trop petites pour faire vivre une famille. Philippe Vigier et d'autres ruralistes ont mis en évidence l'augmentation du nombre des cotes foncières sous la Restauration et encore plus sous la monarchie de Juillet (+ 22,4 % dans la région alpine de 1826 à 1848). Mais c'est souvent au prix d'un lourd endettement ou du recours à l'usure. Dans le Pas-de-Calais, étudié par Ronald Hubscher, les paysans constituent 60 % des « hypothéqués ». De plus, si le nombre de cotes foncières augmente (10 millions en 1826, soit environ 6,5 millions de propriétaires, contre 11,5 millions en 1842, soit environ 7,5 millions de propriétaires : il y a en effet des propriétaires de plusieurs cotes), une analyse de la répartition fiscale de ces cotes montre que près de 80 % sont imposées à moins de 20 F et moins de 4,5 % à plus de 100 F, dont 0,13 % à plus de 1 000 F; mais ces dernières représentent 9 % de la fortune foncière nationale contre 17 % seulement aux 80 % les moins imposés. Dans la Côte-d'Or viticole, 8 % des propriétaires disposent de plus de la moitié des biens alors que les 3/4 n'en possèdent que 20 %. La conclusion s'impose d'elle-même : malgré des exceptions — le Doubs des fruitières étudié par Jean-Luc Mayaud, une terre de « démocraties rurales » —, l'inégalité règne et, survienne la crise, une partie non négligeable du monde agricole est menacée par la prolétarisation ou par l'exode rural.

• *La question des droits coutumiers.* Le monde rural n'aime guère l'innovation. Le maréchal Bugeaud, grand propriétaire dans le Périgord, disait avoir plus de mal à convaincre les paysans de sa région à se convertir à de nouvelles techniques agricoles — que lui-même adoptait avec succès — qu'à mener la guerre contre les Arabes. Cette résistance se manifesta surtout face aux projets de modification des droits coutumiers. Ces derniers, pratiques d'usage comme la vaine pâture, le droit de parcours, le droit de glanage, ou biens communautaires, telles les terres communales, ont été laminés par la force en Angleterre : mais la paysannerie française, massive et déterminée, sonnera le tocsin dès que l'autorité, qu'elle soit seigneuriale ou administrative, s'attaquera à ce qu'elle considérait comme un droit immémorial et inaliénable. Veut-on restreindre les activités forestières des paysans (Code forestier, 1827) ? La « guerre des Demoiselles » se répand dans l'Ariège : la forêt reste pour les paysans, notamment ceux sans terre, un appoint essentiel afin de survivre. La persistance de ces archaïsmes, dont les économistes et les agronomes du temps dénonçaient les méfaits, n'est que le reflet de la tension extrême qui habite les campagnes françaises : l'équilibre demeure fragile pour de nombreux producteurs. Malgré une politique plus active sous la monarchie de Juillet, nombre de régions conservent encore tout ou partie de ces droits coutumiers en 1848. Aucun code rural ne fut promulgué.

• *Les types d'exploitation.* La division de la France en deux systèmes opposés de faire-valoir indirect — l'exploitant n'est pas le propriétaire, à la différence du faire-valoir direct — reste une donnée de base du monde rural. À une France du Nord massivement fermière, donc convertie au bail à ferme, répond une France du Sud où le métayage domine. D'Ouest en Est, la limite passe à peu près sur le cours de la Loire puis, à la hauteur du Nivernais et du Morvan, rejoint en ligne droite le nord de la Franche-Comté. Répandu dans les terres les moins fertiles ou dans les régions moins spécialisées, le métayage est caractérisé par le versement d'une rente en nature (en principe à mi-fruits) de l'exploitant au propriétaire ; cela ne favorise pas la circulation monétaire, et donc l'investissement, dans ces régions d'agriculture peu ouvertes à l'innovation et fonctionnant sur un principe d'autarcie poussée. Le fermage, implanté dans les meilleures terres, généralement spécialisées (céréalières, betteravières) est régi par des baux de trois à neuf ans, avec versement d'un loyer en argent. Ce système permet au propriétaire d'épargner et d'investir, à l'exploitant de dégager un revenu en argent et donc d'entrer dans un circuit commercial. Mais, dans l'ensemble de la France, la circulation monétaire reste faible.

Une hiérarchie rurale

Celle-ci dépend en grande partie de la propriété de la terre, mais pas exclusivement. Toute classification se heurte à des variations régionales qui rendent difficiles les généralisations, ainsi qu'à des degrés de différenciation sociale parfois très pointus, perçus par ces paysans eux-mêmes. Les catégories qui vont suivre ne sont donc que de larges regroupements, permettant de saisir l'existence d'une hiérarchie dans le monde des campagnes.

• *Notables et grands propriétaires.* Cette partie du monde rural, minime par le nombre, mais puissante par son influence, constitue bien une aristocratie de la terre, à condition de considérer que ce n'est plus seulement la naissance qui conditionne l'appartenance à ce sommet de la hiérarchie, mais aussi la richesse foncière ou patrimoniale. D'une certaine manière, et même si les clivages restent importants, aristocrates de sang et aristocrates de rang forment une *upper class* dont l'approche de la terre, la gestion des propriétés, les comportements sociaux, voire culturels ou politiques, face au monde paysan, ne diffèrent guère. André-Jean Tudesq a écrit un livre pionnier sur ces « grands notables » (*cf.* bibliographie) qui, riches bourgeois et aristocrates confondus, « détiennent la direction économique du pays par leur richesse, la direction sociale et politique par leur influence » et qui en ont conscience. Tous ne sont évidemment pas des ruraux parmi ces grands notables : mais la plupart sont des propriétaires fonciers, souvent absents de leurs terres dont la gestion est confiée à un intendant. À Jules Ouvrard, fils du célèbre banquier et propriétaire du non moins célèbre Clos-Vougeot en Bourgogne, répond le cas des Rothschild et des Pereire, grands banquiers et très gros propriétaires fonciers en Seine-et-Marne, où ils côtoient, fiscalement parlant, la vieille noblesse des Choiseul-Praslin et autres d'Haussonville. La révolution de 1830 provoquera un véritable retour à la terre d'une partie de la noblesse d'Ancien Régime, redécouvrant les vertus de la campagne et de ses habitants.

• *La « classe moyenne »*. Son sort peut être très variable. La plupart de ses membres possèdent des terres, mais en louent d'autres afin d'améliorer leurs revenus. Ceux qui louent à ferme peuvent, lorsque les prix sont élevés, enregistrer de réels bénéfices, voire se rattacher à une quasi-« aristocratie de la terre » dans les régions de cultures spécialisées, comme l'Alsace viticole. Ils se disent « cultivateurs » ou « propriétaires » et connaissent parfois une aisance suffisante pour envisager d'instruire au moins l'aîné de leurs enfants. Mais l'accès à la propriété foncière s'est souvent fait par l'emprunt : le remboursement de celui-ci est à la merci de la moindre récession. La situation des métayers, pour lesquels la marge de manœuvre est plus étroite, se révèle plus aléatoire. Ils peuvent être, selon les cas, des paysans relativement aisés, notamment dans certaines régions du midi de la France (comme les « bordiers » d'Aquitaine) ou des paysans guère plus riches que les ouvriers agricoles les mieux payés.

• *Paysans-artisans* forment un groupe nombreux et fragile. Ces petits paysans possèdent certes une parcelle en toute propriété, issue d'un achat ou d'un héritage, mais dont l'extrême petitesse rend le revenu très aléatoire. Ils s'engagent alors comme ouvriers agricoles, soit dans leur région chez un notable ou un riche fermier, soit dans d'autres régions où les conduisent des migrations saisonnières : plaines céréalières de la Beauce, régions de vignes, comme le Languedoc, ou grands massifs forestiers. Mais surtout, ils cumulent un travail d'artisan avec celui de paysan. Dans certaines régions comme les marges orientales du Massif central, la Haute-Normandie, les campagnes de la Picardie ou du Nord, la Champagne, les ruraux — surtout des femmes — fournissent une main-d'œuvre de tisserands particulièrement bon marché à des fabricants soucieux d'une rentabilité maximale. On pourrait citer aussi l'artisanat du bois dans les régions forestières (Jura) ou le travail des métaux (coutellerie de Thiers). Les paysans-horlogers du Doubs, évoqués par Jean-Luc Mayaud, connaissent une extrême division du travail. Yvon Lamy a donné une belle étude de cette micro-industrie rurale avec l'exemple des « hommes de fer » du Périgord, monde étonnant mettant en présence nobles et bourgeois « ruraux », maîtres de forges employant artisans qualifiés et main-d'œuvre paysanne.

• *Paysans sans terres*. Ils sont assez peu nombreux à ne posséder aucun bien foncier. Les ouvriers agricoles ont le statut le plus précaire. Contraints à une constante mobilité, ils sont les premières victimes des crises et de la surpopulation qui touche beaucoup de régions. La concurrence fait rage, les salaires tirent vers le bas. Journaliers ou manouvriers ont des journées longues. Vendangeurs, moissonneurs, faucheurs, scieurs de long, taupiers, peigneurs de lin se vendent à la tâche, plus rarement à la saison. Dans les grandes exploitations, il existe une hiérarchie interne au monde des ouvriers agricoles, entre le premier valet de ferme, engagé à l'année, souvent plus ou moins « intégré » à la famille de l'exploitant, et le dernier commis, fils d'ouvrier agricole ou de pauvre métayer, domestique rompu aux tâches subalternes et payé en gîte et en couvert. Comme la catégorie précédente, ces paysans sans terres peuvent éventuellement trouver à s'engager, à la morte saison, dans l'atelier de coutellerie du Jura, dans la mine de charbon du Midi ou dans la maçonnerie parisienne. Mais ils peuvent également augmenter le nombre de mendiants errant par les routes : les années de disette (1815-1817, 1847), ils participent à l'élaboration d'un climat de peur qui rappelle, à un moindre niveau, celui de 1789.

• *Ceux qui ne travaillent pas la terre.* Ils sont nombreux ces ruraux qui ne vivent pas directement de la terre, mais d'une économie rurale où l'échange est encore pratiqué. Il faudrait naturellement citer, en haut de l'échelle sociale, les professions libérales : notaires, avocats, médecins, pharmaciens, vétérinaires à qui leur statut d'hommes cultivés assure parfois une réelle notabilité, à défaut de revenus élevés (voir le personnage de M. Bovary ou du pharmacien Homais dans l'œuvre de Gustave Flaubert). Ils savent se rendre indispensables pour tel prêt d'argent et deviennent alors plus craints que respectés. Signalons aussi l'existence, repérée par Maurice Agulhon, de cette « bourgeoisie de village », souvent composée d'héritiers instruits à la ville s'entichant parfois de nouvelles techniques, au point de provoquer les rires des paysans, comme le souligne Émile Guillaumin dans *La Vie d'un simple*. Relevant également de ce secteur « tertiaire », gendarmes et gardes-champêtres, employés de l'administration en général et des impôts en particulier représentent l'ordre et parfois l'arbitraire, là où l'instituteur et le curé représentent les deux facettes — pas forcément contradictoires — d'une culture laïque et d'une culture religieuse auxquelles échappe une bonne part de la paysannerie. Commerçants et artisans fournissent vêtements, sabots et parfois chaussures, harnachement, ferblanterie, outils et bientôt machines agricoles, et plus largement les « produits de la ville ». Ceux-ci sont apportés également par ce personnage essentiel qu'est le colporteur, surveillé par la police qui le soupçonne de transporter aussi des écrits séditieux dans son large sac.

Une approche sociale, culturelle et politique des campagnes

• *Paupérisation et rapports sociaux.* La plupart des études régionales concluent à une paupérisation lente mais inexorable du monde paysan entre 1815 et 1848. Guère d'années sans révolte, provoquée ici par un projet de suppression de la vaine pâture, là par l'arrestation de paysans pour délits forestiers et, plus rarement mais plus violemment, par la crise qui pousse une partie de ces paysans vers la misère : en 1847, il y a mort d'homme à Buzançais, dans la Nièvre, touchée par une sévère disette. On conclura de cela que, dans les campagnes, les rapports sociaux sont souvent tendus, parfois violents. Il existe naturellement de « bons maîtres », philanthropes attentifs au sort de « leurs » paysans. Mais dans le quotidien, la déférence (au moins feinte) est de mise vis-à-vis du maître. Au « Monsieur » d'usage, adressé tête découverte au propriétaire, répond le tutoiement; aux comptes parfois injustes répond la soumission : en cas de protestation trop forte, c'est le renvoi de la métairie et l'impossibilité matérielle d'obtenir réparation devant un tribunal dont on connaît d'avance la partialité (voir encadré 6, p. 46).

Les rapports entre le curé et ses paroissiens peuvent être très variables : si le prêtre demeure une autorité rarement contestée, il n'a plus autant le rôle de « médiateur » qu'il pouvait avoir sous l'Ancien Régime. Est-il toujours le directeur de conscience des villageois? La profonde déchristianisation des campagnes incite à nuancer cette appellation : s'il délivre les sacrements et use parfois de son influence morale pour agir sur les mœurs des paysans, le curé se montre incapable de lutter contre les pratiques de limitation des naissances qui, malgré l'Église, se répandent dans les campagnes. Mais de nombreuses régions, notamment dans l'Ouest, restent profondément attachées à la religion catholique et à ses rites : la présence massive de paysans dans les processions et les missions n'est pas seulement due aux pressions des membres du clergé.

• *Le monde de la violence?* Les mœurs rurales ne sont pas douces : on peut même se demander si les campagnes françaises ne sont pas des lieux de violence affirmée ainsi qu'en témoignent de nombreux procès pour coups et blessures, suivis parfois de mort d'homme. Qui tue un bœuf tue un homme? Ce n'est pas si simple : il faut d'abord souligner que la fréquence des actes de violence doit être rapportée au nombre de ruraux; qu'ensuite les villes sont aussi le théâtre de violences qui opposent par exemple les ouvriers entre eux. Géographiquement, la France du Sud est plus violente que la France du Nord; socialement, les plus pauvres et les plus jeunes fournissent les gros bataillons de cette violence. Mais qu'appelle-t-on violence au juste dans les campagnes? Cela peut être le charivari qui se termine mal, la bagarre de cabaret, le conflit né d'une délimitation de parcelle. Les jeunesses de villages rivaux s'affrontent dans des combats qui sont de véritables rites d'intégration. Des délits forestiers, dans le pays de Sault pyrénéen, étudié par Christian Thibon, tournent mal, ou l'attaque dirigée contre le garde-chasse; des violences anti-administratives contre la remise en cause des droits coutumiers (1827, Ariège), plus rarement des réactions antinobiliaires. Mais ce sont aussi des incendies criminels inexpliqués en Normandie (1830), des attaques de brigands contre la malle-poste, des soulèvements de la misère (Nièvre, 1847) ; ou encore des cas d'infanticides, de parricides ou de « matricides » (comme le cas de Pierre Rivière, assassin de sa mère, de son frère et de sa sœur en 1835), pouvant aller jusqu'à l'anthropophagie. La France connaîtrait-elle donc de nombreux cas de « villages de cannibales » comme celui repéré par Alain Corbin en 1870 encore ? Certainement pas : mais la mort et le sang font partie du quotidien. De plus, les guerres napoléoniennes ont marqué les mœurs : l'oncle de Tiennot, ce « simple » du Bourbonnais déjà évoqué, raconte avec force détails devant les convives de la noce comment sa baïonnette a traversé le corps d'un Cosaque « comme un pain de beurre ». Il n'en reste pas moins que, peu à peu, sous le double effet de l'instruction (loi Guizot, 1833) et de la répression, on observe une « normalisation » des campagnes et un rejet progressif de la violence vers les marges, au sens social (les errants, les ouvriers agricoles) et géographique (les régions enclavées, les forêts) du terme.

• *Paysans et politique*. Écartée du pays légal (300 F de cens pour être électeur avant 1830) et du monde de la culture écrite, la paysannerie semble se situer hors du monde de la politique. Il faudrait mieux dire : hors des formes traditionnelles de la vie politique. Les paysans ne s'expriment guère quant à leurs idées, souvent déformées par les sources dont on dispose. Mais les révoltes de la misère, qui ressortent des violences collectives, relèvent du champ du politique : lorsque les autorités guillotinent (4 personnes à Montargis, 1817 ; trois personnes dans le Buzançais, 1847), c'est au nom d'un ordre qui, lui, est bien politique. Les révolutions de 1830 et de 1848 seront porteuses de mouvements collectifs limités, mais suffisamment forts parfois (attaque de châteaux en Périgord) pour ressusciter la peur des campagnes. Souvent, au cœur de ces mouvements collectifs, il y a l'État, sa réglementation croissante (1844, instauration du permis de chasse), ses exigences en hommes (conscription) et en argent (impôts directs et indirects). 1830 représente-t-il une irruption de la politique dans le monde paysan ? Pour certains qui paient leurs 200 F de contribution, sans aucun doute : ils peuvent alors voter, plus nombreux encore après la loi de 1831 sur l'élection des conseils municipaux (à Draguignan, 30 % des électeurs sont agriculteurs). On notera aussi la plantation d'arbres de la Liberté dans le Cher ou le Var entre 1830 et 1832, et avant 1848, une certaine diffusion du sentiment républicain, dans les campagnes provençales par exemple : il existe des réseaux qui recrutent notamment parmi les paysans aisés. Ce n'est pourtant qu'avec 1848 (qui voit se substituer le suffrage universel à la révolte) que le monde paysan s'intégrera définitivement à la vie politique du pays et que la « République au village » chère à Maurice Agulhon sera une réalité : les premières élections législatives d'avril 1848 produiront un vote rural sincèrement républicain, mais largement conservateur.

6 – Maître et métayer dans le Bourbonnais sous la monarchie de Juillet : un cas trop exemplaire ?

« M. Fauconnet venait chez nous tous les quinze jours à peu près, à cheval ou en voiture, selon l'état des chemins. Les femmes se précipitaient pour tenir sa monture, appelaient bien vite mon père qui s'empressait d'accourir — tant loin fût-il — pour lui montrer les récoltes et les bêtes, lui donner toutes explications désirables. M. Fauconnet tutoyait tout le monde, jeunes et vieux, hommes et femmes [...]. Les mauvaises années, mon père lui adressait force plaintes et lui demandait une diminution de charges. À quoi il répondait : "Tu te fais toujours du mauvais sang, Bérot : tu ne feras pas de vieux os, mon ami ! Une réduction… Mais tu n'y penses pas ! Quand tu ne gagnes rien, moi je ne gagne rien non plus, vieux farceur. Et quand ça va bien, est-ce que je t'augmente ?" Lorsqu'il s'agissait, à la Saint-Martin, de régler les comptes de l'année, on s'efforçait de se rappeler à quelle foire on avait vendu des bêtes et à quel prix. Mais personne ne sachant faire un chiffre, il était difficile de se remémorer tout cela de tête, et plus encore de faire les totaux, de déterminer quelle somme exacte restait comme bénéfice [...]. M. Fauconnet, au jour du règlement, avait vite tranché les questions, lui. Il disait, son papier à la main : "Les achats se montent à tant, les ventes à tant ; il te revient tant, Bérot…" Les mauvaises années, cette somme était insignifiante ; il y eut même déficit à deux ou trois reprises. On ne touchait jamais plus de deux ou trois cents francs. Souvent mon père, ayant espéré mieux, risquait une observation : "Monsieur, je croyais pourtant avoir à toucher davantage…" Le visage du maître prenait tout de suite un mauvais plissement : "Comment davantage ? Est-ce que tu me prends pour un voleur, Bérot ? S'il en est ainsi je vais te prier de chercher un autre maître qui ne te vole pas." Et le pauvre homme, alors, très humblement : "Je ne veux pas dire cela, monsieur Fauconnet, bien sûr que non !" — "À la bonne heure, parce que, tu sais, les laboureurs ne manquent pas : après toi, un autre." »

(Émile Guillaumin, *La Vie d'un simple*.)

L'économie rurale

• *Naissance de l'agronomie* : après les physiocrates et les encyclopédistes, le XIXe siècle se veut le siècle de la rationalité, du triomphe de la science appliquée à une activité considérée comme la base de toute économie. La multiplication des sociétés d'agriculture départementales, relais de la Société royale d'agriculture, les publications « savantes » *(Annales)* et les journaux (comme le bien nommé *Journal d'Agriculture pratique* ou *La Maison rustique du XIXe siècle*), les comices agricoles avec concours et récompenses (*cf. Madame Bovary*), la fondation de fermes-écoles ou d'écoles d'agriculture (Roville, 1822, Grignon, 1828), les expériences faites par les grands propriétaires : tout participe à cet engouement pour l'agronomie. L'apport de la chimie (Chaptal) est décisif.

Parmi les innombrables agronomes de l'époque, retenons les noms d'Adrien de Gasparin, pair de France et ministre de l'Agriculture sous la monarchie de Juillet, auteur de nombreux mémoires et cours sur les sujets les plus variés (élevage, blé, mûrier, garance, etc.) et de Mathieu de Dombasle, dont la postérité a retenu l'invention de charrues plus performantes ainsi que ses travaux sur le chaulage. Reste que le hiatus entre innovations agronomiques, d'une part, pratiques routinières et résistances paysannes, de l'autre, a été trop souvent souligné pour qu'on puisse parler de progrès décisif dans le domaine agricole. Mais n'est-ce pas le propre de l'agriculture que d'avancer par lentes mutations plus que par révolutions ?

• *Entre archaïsme et modernité :* le titre de la belle étude d'Alain Corbin consacrée au Limousin pourrait résumer la situation des techniques agricoles sous la monarchie constitutionnelle. La jachère recule face aux progrès des plantes fourragères qui enrichissent les terres en azote, comme le trèfle. Mais ce recul n'est pas disparition, loin s'en faut : l'assolement biennal ou triennal reste largement répandu en Bretagne intérieure, écobuage et cultures sur brûlis perdurent ; l'usage du pâtis — une terre en repos plusieurs années et servant de pâturage — est fréquent dans la France de l'Ouest et du Sud. On enregistre pourtant des progrès dans les assolements, avec les plantes sarclées ou, dans le Nord, les oléagineux et les plantes textiles. Le chaulage et le marnage ne détrônent pas encore la fumure naturelle, moins onéreuse que des produits dont le prix est alourdi par le transport. Si l'on gagne des terres — surpeuplement oblige — comme dans le marais poitevin ou les Dombes, celles-ci ne sont pas d'un grand rendement. Les rendements progressent néanmoins, mais lentement. Globalement, il existe deux France agricoles : celle du Nord, avec de meilleures terres et de plus hauts rendements, face à celle du Midi, de terres plus diverses et de rendements moins élevés. Pour les céréales, un rapport de 10 pour 1 est déjà bon, de 20 pour 1 assez exceptionnel. L'accroissement de la production céréalière est dû aussi à l'augmentation de la surface cultivée. L'outillage demeure souvent rudimentaire : la charrue n'a pas toujours détrôné l'araire, qui lui-même n'a pas toujours détrôné la bêche ; de son côté, la force animale accompagne la force humaine plus qu'elle ne s'y substitue.

• *Les productions : diversité et progressions.* Les céréales représentent 60 % des labours ; parmi ces céréales, le froment ne compte que pour la moitié environ, mais obtient les meilleurs rendements dans la Beauce et la Brie (étudiées par Jean-Claude Farcy) ; le seigle a encore de beaux jours sur les terres pauvres (Bretagne, Massif central) ; l'orge se maintient, surtout dans les régions de brasseries ; la culture de l'avoine est indissociable d'une époque où le cheval représente la principale force motrice ; le maïs a conquis depuis longtemps les terres du Midi. Derrière le blé — et donc le pain —, la vigne — et donc le vin. Plus de 2 millions d'hectares sont plantés en ceps de qualité très variable, des premiers crus du Bordelais destinés en partie à l'exportation, aux « piquettes » que paysans ou ouvriers consomment à l'occasion. Peu à peu la spécificité méridionale et notamment languedocienne s'affirme. On trouve de nombreuses cultures régionales, adaptées au climat et aux industries locales : houblon, lin et betteraves à sucre dans le Nord, tabac, garance et mûriers dans le Midi, pommiers en Normandie, cultures soignées, à haut rendement, tout comme les maraîchers des « terres chaudes » entourant les villes. La culture de la pomme de terre « décolle » enfin — la crise de la fin de la monarchie de Juillet rendra très sensible la baisse de sa production. L'insuffisance des prairies artificielles continue de bloquer le développement de l'élevage, face aux emblavures prioritaires : mais on note là aussi des progrès sensibles dans la création de races bovines, ovines ou chevalines et, mutation essentielle, la consommation du porc recule devant celle du bœuf. Si des régions d'élevage commencent à se dessiner dans l'ouest de la France, elles n'en sont qu'aux balbutiements : toutefois une progression sensible du rendement laitier émerge dans la Sarthe, la Manche ou les Deux-Sèvres, signe annonciateur d'une percée de l'activité élevage que le développement ferroviaire renforcera. Au total, la production agricole apparaît globalement à la hausse, qu'il s'agisse de la production végétale ou surtout animale : plus 70 % en moyenne entre 1815 et 1848 et plus 40 % pour le produit brut agricole.

- *La question des prix et des revenus.* Hors les années de crise (1815-1818, 1846-1847) où le prix des céréales peut plus que doubler, les prix sont à la baisse.

Évolution des prix agricoles	Phase de baisse de la Restauration	Phase de hausse jusqu'en 1847	Phase de baisse 1848-1851	Évolution générale 1817-1851
Froment :	− 34,7 %	+ 36,2 %	− 32,7 %	− 40,1 %
Bœuf sur pied (Poissy) :	− 12,6 %	+ 10,3 %	− 15,9 %	− 18,9 %
Veau sur pied (Poissy) :	− 3,2 %	+ 12,4 %	− 17,6 %	− 10,4 %
Beurre ordinaire (Normandie) :	− 10,8 %	+ 15,0 %	− 14,3 %	− 12,1 %
Vin au détail :	− 11,4 %	+ 12,6 %	− 29,7 %	− 29,8 %
Vin ordinaire (Bourgogne) :	− 59,3 %	+ 70,4 %	− 50,8 %	− 65,9 %
Pommes à cidre (Normandie) :	− 53,4 %	+ 33,3 %	− 6,1 %	− 41,6 %

(*Source* : G. DUBY et A. WALLON, *Histoire de la France rurale*, t. III, Le Seuil, 1976, p. 114.)

Mais, dans le même temps, la valeur des biens fonciers augmente. En réexaminant les données chiffrées de la période, il est apparu que l'augmentation de la production a en grande partie compensé la baisse réelle des prix qui a été, au total, un puissant facteur régulateur dans l'économie agricole, éliminant sans pitié les producteurs les plus archaïques, stimulant la recherche de la productivité. Ces généralités cachent évidemment de grandes disparités régionales : face à un Bassin parisien et à un Bas-Languedoc euphoriques (+ 80 % environ pour les revenus nets), on trouve une Bretagne et une Aquitaine beaucoup plus modérées (autour de + 40 %). Accompagnent cette hausse globale des revenus agricoles, la hausse parallèle des loyers de fermage, celle, de l'ordre d'un quart, de la rente foncière et celle des salaires agricoles d'un tiers. Mais il n'existe pas encore de marché national pour l'économie agricole, et l'agriculture reste un monde extrêmement diversifié, à tous les niveaux.

Conclusion : regards sur le monde rural

Du roman au fait divers, du traité d'agronomie au débat parlementaire, la France urbaine du XIXe siècle continue d'élaborer un regard sur le monde rural, l'un de ses passe-temps favoris depuis les fabliaux et contes du Moyen Âge. Toutefois, mutation essentielle, la campagne des jacques, des croquants et des manants recule devant celle des fermiers, des métayers, des ouvriers agricoles. Des romanciers, au premier rang desquels George Sand (*La Petite Fadette*, *François le Champi*), mais aussi des historiens, comme Michelet, donnent une vision plus réaliste et surtout plus humaniste du monde rural : c'est toujours la ville qui regarde la campagne, cependant celle-ci est mieux connue, mieux analysée et même mieux aimée. L'agromanie qui se développe alors n'est que la traduction sur un autre registre de cette redécouverte, tout comme l'instauration, à partir de 1836, d'un ministère de l'Agriculture. Le monde rural n'est-il pas en définitive « ce monde que nous avons perdu », conservatoire des traditions populaires et d'une culture dont on prend la mesure, alors que se développent les grandes industries nouvelles et inhumaines ?

LA FRANCE URBAINE

Seulement un quart des Français vivent dans une ville en 1848. Toutefois, en l'espace d'un siècle, cette proportion a doublé : elle va connaître une forte accélération tout au long du XIXe siècle, dans une économie où le fait urbain devient de plus en plus important, que l'on raisonne en termes de production (industrie, bâtiment, commerce), de transports (chemins de fer) ou, bien entendu, de politique. Mais la ville, c'est aussi un lieu de sociabilité que nous ne pourrons qu'évoquer rapidement ici, du bal au salon en passant par le cercle ou le club, du théâtre à l'Opéra, du café à la maison close. C'est, en fin de compte, davantage le lieu de l'anonymat que la campagne, même si la notion de quartier demeure très forte dans les relations sociales et les luttes politiques urbaines.

Entre ville et campagne, la noblesse

Intégrer ici le chapitre consacré à la noblesse, entre l'étude de la France rurale qui précède et celle de la France urbaine qui commence, c'est affirmer que la noblesse fournit un bon élément de transition entre ces deux France. Par ses positionnements sociaux et géographiques, la noblesse est à la rencontre de deux mondes distincts par leurs activités et leurs classes sociales. Se partageant souvent entre ses hôtels particuliers et ses « campagnes », les quelque 45 000 familles nobles — soit environ 225 000 personnes vers 1820 — perpétuent ou tentent de perpétuer les traditions d'Ancien Régime.

• *Être noble sous la monarchie constitutionnelle.* Principale « victime » de la Révolution française en tant que groupe social, la noblesse a adopté des positions contradictoires : certains ont émigré pour ne revenir qu'avec la Restauration, d'autres se sont laissé tenter par les sirènes napoléoniennes et ont réintégré leurs domaines, lorsque ceux-ci n'avaient pas été vendus comme biens nationaux. Afin d'éviter des contestations infinies, la charte de 1814 affirme que « toutes les propriétés sont inviolables, sans aucune exception de celles qu'on appelle nationales, la loi ne mettant aucune différence entre elles » (article 9), et précise que « la noblesse ancienne reprend ses titres. La nouvelle conserve les siens. Le roi fait des nobles à volonté ; mais il ne leur accorde que des rangs et des honneurs, sans aucune exemption des charges et des devoirs de la société » (article 71) : la noblesse rentre donc juridiquement dans le rang. Pourtant, la pratique se révèle parfois différente. Tout d'abord, il y eut des tentatives — rares — de pressions de la part de certains nobles désireux de retrouver leurs propriétés. Ensuite, la fusion — espérée ? — entre ancienne noblesse et noblesse d'Empire (environ 3 000 personnes) ne se produisit pas (*cf.* Balzac). Bien au contraire, la noblesse ancienne se réfugia à plaisir dans l'application d'une stricte étiquette à la Cour des Tuileries et dans la revendication de privilèges honorifiques, notamment dans les églises, la noblesse récente se retrouvant en compagnie de la haute bourgeoisie au Palais-Royal du duc d'Orléans. Les positions ultra de certains achevèrent de persuader une bonne partie de l'opinion publique que la Restauration était aussi nobiliaire. La situation se renversa sous la monarchie de Juillet où la majorité de la noblesse ancienne, se refusant à prêter serment au nouveau souverain, démissionna en cascade de l'armée, de la diplomatie ou de l'administration, se retirant, dans une sorte d'émigration intérieure, soit dans ses hôtels particuliers du faubourg Saint-Germain, soit dans ses terres. Alexis de Tocqueville, pour s'être rallié au nouveau régime, fut mal vu de sa famille. La noblesse d'Empire, parfois plus récente encore, triomphe côte à côte avec des gens dont le nom à particule cache bien maladroitement la roture. À Paris et dans les grandes villes de province, il existe une véritable « guerre des salons » étudiée par Anne Martin-Fugier (*La Vie élégante ou la Formation du Tout-Paris, 1815-1848*) : face aux salons orléanistes, les Lieven, Talleyrand, Broglie et autres Boigne souvent localisés Chaussée-d'Antin, les salons légitimistes (voir encadré 7, p. 51), les Maillé, La Bourdonnaye, Noailles et autres Rauzan dont le faubourg Saint-Germain constitue le bastion.

7 – UNE ANALYSE LÉGITIMISTE DE LA COUR DE LOUIS-PHILIPPE

« Louis-Philippe a reçu comme à son ordinaire le 1er janvier 1832. Les félicitations et les discours ont été à peu près semblables à ce qu'ils sont toujours. Ceux du corps diplomatique étaient très pacifiques, mais on a remarqué que le nombre des personnes de l'aristocratie faisant leur cour a plutôt diminué qu'augmenté. Ils étaient déjà peu nombreux et leurs rangs se sont encore éclaircis. Plusieurs d'entre eux se sont abstenus ; la destruction de la pairie, la tendance du gouvernement tous les jours plus démocratique inspirent de l'éloignement et du dégoût au petit nombre de gens considérables qui avaient cru se rallier autour d'un défenseur et qui s'aperçoivent qu'ils sont livrés comme gages de la popularité du Roi. Il y a aussi, dans le nombre de ces défections, des gens qui allaient par légèreté, insouciance, parce qu'ils croyaient que toute la bonne compagnie irait. Ils se sont retirés lorsqu'ils ont vu que ce n'était pas élégant et que les réunions où les industriels dominaient ne les ont pas amusés. Cet éloignement de la haute compagnie ne fait aucun tort à Louis-Philippe dans l'intérieur ; au contraire la classe moyenne victorieuse le voit avec plaisir entouré d'eux sans partage. S'ils voyaient affluer à la Cour des gens plus considérables, l'envie et la jalousie ne manqueraient pas de les agiter et de les mettre en méfiance. »

(Extrait des *Mémoires de la duchesse de Maillé*, 1832-1851.)

• *Un groupe déclassé ?* Dans un pays où, désormais, la fortune consacre tout autant la notabilité — à défaut de la noblesse — que la naissance, les nobles peuvent faire figure de déclassés. Certes, ils investissent en masse les fonctions politiques et administratives, y compris les fonctions électives comme celle de député : le père G. de Bertier de Sauvigny a calculé que, sous la Restauration, 118 des 164 préfets nommés et 219 des 536 sous-préfets et secrétaires généraux de préfecture, sans parler de fonctions beaucoup moins « nobles » furent des nobles d'Ancien Régime. Mais leur fortune apparaît parfois singulièrement écornée. C'est pourquoi le régime obligea, par une ordonnance de 1817, les membres à venir de la Chambre des pairs, à constituer un majorat, c'est-à-dire « une portion de biens inaliénable, indivisible, insaisissable, destinée à passer au fils aîné en même temps que le titre de pair » (G. de Bertier de Sauvigny) et proportionnée selon la hiérarchie des titres : 30 000 F de revenus pour un duc, 20 000 F pour un comte, 10 000 F pour un vicomte ou un baron. Ce système fut étendu, sans grand succès, à l'ensemble de la noblesse en 1824. Puis fut votée, en 1825, la loi sur le « milliard des émigrés », qui devait permettre d'indemniser les émigrés privés de leurs biens à leur retour en France. Mais le projet de rétablissement du droit d'aînesse en 1826, dont le fondement était de reconstituer une aristocratie terrienne, échoua devant les protestations des libéraux ainsi que des pairs qui dénonçaient une atteinte au principe d'égalité devant l'héritage inscrit dans le Code civil. Reste le problème majeur du sens donné à l'appartenance à la noblesse au lendemain de la Révolution. Faut-il y voir, comme ont tendance à le faire Louis Bergeron et André-Jean Tudesq, la constitution d'un groupe de grands notables, amorcée avant la Révolution, et rassemblant aristocrates et grands bourgeois dans une commune « psychologie sociale » ? David Higgs opte plutôt pour la persistance d'une caste nobiliaire étudiée comme un véritable « groupe ethnique », vision toute balzacienne. Il semble que l'appartenance à la noblesse ait constitué un privilège au moins symbolique dans la société française des années 1815-1848. En tout cas, être noble suscitait de la part des non nobles l'attribution de valeurs suffisamment fortes pour que les écarts, *a fortiori* les crimes perpétrés par des membres de la noblesse, produisent un véritable choc (*cf.* l'affaire Choiseul-Praslin de 1847).

• *Les mœurs de la noblesse*. Elles sont marquées par un partage entre vie rurale et vie urbaine. Il faudrait naturellement nuancer une telle affirmation. De petits hobereaux bretons ou auvergnats (comme le comte de Montlosier vivant dans une autarcie quasi érémitique sur ses terres de Randan) ne vivent que sur et de leurs terres, évitant la ville où la vie est chère. À l'inverse, de grandes familles nobles vivent essentiellement en ville — Paris en tête — et ne vont qu'occasionnellement sur leurs terres. Si le château ne fait pas le noble, il en est l'illustration la plus visible : aussi est-il de bon ton d'en posséder un et, si possible, historique. À défaut, on s'en fait construire : l'époque est marquée d'une véritable fièvre de construction. À ce cadre matériel de vie répond un cadre moral et spirituel : la noblesse, c'est aussi un mode de vie d'où l'improvisation semble bannie. Un strict respect de l'étiquette, de la hiérarchie nobiliaire, des traditions et coutumes laïques et religieuses tiennent lieu de règles de vie pour ces nobles poussiéreux que dépeint Balzac dans ses *Scènes de la vie de province*, mais aussi, à une autre échelle, pour ces grandes familles attentives dans la plupart des cas à ne pas céder à la mésalliance. Fiction ou réalité ? Anne Martin-Fugier et David Higgs apportent des réponses complémentaires : la noblesse tend à se distinguer par un mode de vie. Celui-ci inclut :

– la priorité du foncier, le poids de la noblesse dans l'économie rurale demeurant important, comme en témoigne sa surreprésentation sur les listes de contributions foncières ;

– une assez grande réceptivité aux innovations techniques dans l'agriculture ;

– une faible diversification de ses activités (surtout chez l'ancienne noblesse) et donc de l'origine de ses revenus : on trouve cependant des nobles maîtres de forges, industriels du textile ou du verre, ou impliqués dans les compagnies de chemins de fer ou d'assurances ;

– le maintien d'un pourcentage assez élevé d'officiers nobles, legs d'une vieille tradition liée au « sang bleu » ;

– la mise en œuvre de stratégies familiales pour tenter de garder intacte la noblesse acquise depuis plus ou moins longtemps ;

– l'implication personnelle des nobles dans la vie sociale (charité, philanthropie), culturelle (salons, artistes) et politique (élections) de leur région, y compris après 1830 ;
– un lien privilégié avec l'Église dans une perspective traditionnelle d'alliance entre le Trône et l'Autel, mais moins d'enthousiasme pour les fonctions cléricales, y compris les plus élevées ;
– des responsabilités de gestion domaniale et financière assez fréquentes chez les femmes nobles ;
– peut-être aussi un type d'éducation des enfants qui insiste plus sur les devoirs que sur les droits et où la « tendresse bourgeoise » exprimée par des contacts physiques entre parents et enfants semble moins fréquente.

S'il y a bien déclin numérique, les mœurs de la noblesse vont marquer durablement les Français, y compris ceux qui ne sont pas nobles, mais qui ne se font pas faute de copier ces mœurs. Rappelons enfin que tant sous la IIe République qu'au début de la IIIe, le rôle politique de la noblesse restera important. Celle-ci, faisant l'apprentissage de l'égalité, est animée, notamment en Franche-Comté, d'une « très forte volonté de survie » et sait fournir un puissant « effort collectif d'adaptation » (C. Isabelle Brelot).

Démographie et géographie urbaines

• *Définir la ville.* Nous avons vu qu'à partir de 1846 une ville est, administrativement parlant, une agglomération d'au moins 2 000 habitants. Mais, de fait, les bourgs de moins de 5 000 habitants conservent souvent des aspects ruraux dominants. Toute limite numérique se heurtant à des problèmes quasi insolubles, ce sont plus les types d'activités, les fonctions offertes, voire l'aspect, qui vont déterminer la frontière entre ville et village. La ville, c'est le domaine (non exclusif, mais largement dominant) de l'industrie et du commerce et de la quasi-totalité des fonctions administratives (fiscalité, justice). Dans le prolongement de ce dernier point, la ville représente le centre de décision politique, avec Paris, bien sûr, et ses relais que sont les préfectures et sous-préfectures qui quadrillent le territoire. C'est également le lieu privilégié de l'enfermement mis en exergue par Michel Foucault : l'hôpital, concentration de toutes les douleurs et de toutes les marginalités, la prison (avec des exceptions « rurales » comme le Mont-Saint-Michel), la caserne, qui témoigne de la présence militaire (mis à part les très ruraux gendarmes) et les collèges, lycées et facultés. Théâtres, journaux, imprimeries et librairies achèvent de donner à la ville cette suprématie culturelle dont s'enorgueillit parfois le moindre chef-lieu de canton. N'est-ce pas aussi un espace, sinon totalement, du moins fortement francophone, le français servant alors de langue vernaculaire entre migrants des différentes provinces de France ?

• *Démographie urbaine.* Il existe un incontestable dynamisme démographique urbain : de 19 % en 1801, les citadins passent à 25 % en 1848. Cette croissance tient surtout à l'immigration : d'abord celle des ruraux voisins (Saint-Étienne se nourrit des paysans du Forez, Bordeaux de ceux d'un large Bassin aquitain, Marseille de la Provence), de ruraux plus éloignés (Paris est la caricature poussée à l'extrême de cette attirance nationale), voire de l'étranger (Lille et les Belges, Marseille et les Italiens, Paris et les Allemands). Quant à la part de la croissance naturelle, elle est relativement faible, au regard du taux de mortalité urbain élevé. Dans le Paris de la monarchie de Juillet, dont Philippe Vigier vient de publier l'étude, le mouvement naturel (naissances moins décès) ne représente que 13 % de l'accroissement de la ville. Cette croissance bénéficie surtout aux plus petites des villes (de 3 000 à 5 000 habitants) qui représentent parfois une étape entre le village et la grande ville et dont le réseau s'étoffe. Plus généralement, les villes de moins de 10 000 habitants regroupent près de 40 % de la population urbaine totale. À la moitié du siècle, seules 15 villes dépassent 50 000 habitants et 5 (Paris, Marseille, Lyon, Bordeaux, Rouen) 100 000 habitants. Reste le cas de Paris et de sa croissance de presque 100 % entre 1801 et 1851, sur laquelle nous reviendrons. Mais, en 1836, seuls trois départements ont une population urbaine supérieure à 50 % (la Seine : 93,5 % ; les Bouches-du-Rhône : 72 % ; et le Rhône, 50 %), rejoints à la fin de la période par la Haute-Loire et le Var.

• *Géographie régionale.* Au poids bien connu de Paris, de la France du Nord et de l'Est, de la vallée du Rhône — avec prolongements vers le littoral languedocien ou provençal —, de la vallée de la Garonne et d'une partie du littoral Atlantique-Manche correspond une évolution qui montre un faible dynamisme de départements précocement urbanisés et de leurs principales villes, commerçantes ou administratives (sur la façade atlantique, Bordeaux et Nantes ; dans le Centre, Clermont-Ferrand). Dynamisme faible aussi de départements d'un large Bassin parisien, de la Manche à l'Aube, qui fournissent ses migrants à une capitale tentaculaire. À l'inverse, les départements à urbanisation rapide peuvent être soit ceux qui connaissent une industrialisation précoce et continue (vallée Saône-Rhône, avec Lyon et les régions voisines comme la Loire et Saint-Étienne ; vallée de la Basse-Seine avec Rouen ; Nord avec Lille), soit ceux où un phénomène classique de rattrapage se produit : l'exode rural joue, dans des régions fortement rurales, montagneuses souvent, au profit d'un réseau dense de petites villes. Cette évolution, pourtant, ne remet pas en cause la suprématie urbaine d'une France située au nord d'une ligne Nantes-Genève : moins dynamique du fait de la présence absorbante de Paris, cette moitié de pays regroupe pourtant 15 des 25 plus grandes villes en 1846.

Paysages urbains

C'est précisément dans les années 1815-1848 que les paysages urbains enregistrent des mutations considérables et prennent un visage encore très identifiable de nos jours.

- *Espace bâti et espace non bâti : l'urbanisme.* Les villes françaises conservent souvent un aspect médiéval complété par les agrandissements et les embellissements de l'époque moderne, particulièrement visibles dans les villes marchandes (les Chartrons à Bordeaux), administratives (place du Capitole à Toulouse) et dans la capitale (faubourg Saint-Germain). La griffe napoléonienne est visible à Paris (rue de Rivoli, place du Châtelet, place de l'Étoile). Mais depuis longtemps déjà, la plupart des villes closes, cernées de remparts, ont cédé la place à des villes ouvertes, balisées pourtant par des octrois, comme à Paris au niveau de l'enceinte dite des « Fermiers généraux » édifiée entre 1784 et 1791. Un peu à contre-courant, Thiers décide la construction d'une nouvelle enceinte autour de la capitale (1841-1845) qui englobe de nombreux villages (Charonne, Belleville, Les Batignolles, Vaugirard…), administrativement rattachés à Paris en 1860. Le centre des villes connaît une densification sans cesse accrue, par surélévation des immeubles existants ou bourrage des parcelles (voir François Loyer, *Paris – XIXe s.*) : la croissance de la population urbaine et du tissu industriel pousse à de telles pratiques. La vogue des passages couverts (galerie Vivienne, passage Choiseul) se poursuit. Mais un aspect rural encore présent se manifeste dans les faubourgs : la rive gauche du Paris des *Misérables* garde des densités de bâtis relativement faibles et des « espaces verts » (prés, terrains vagues, jardins) assez nombreux. Il n'existe pas, pour la période, de plan d'urbanisme de même ampleur que celui du baron Haussmann sous le Second Empire. Pourtant, des préfets comme Chabrol sous la Restauration ou Rambuteau sous la monarchie de Juillet ont eu conscience de la nécessité d'effectuer des percées dans des quartiers jugés insalubres. La conjonction des épidémies (1832, choléra) et des insurrections populaires (1832, 1834, 1839) milite pour une « aération » des centres anciens. À Paris, le centre médiéval de la Cité va pratiquement disparaître, à une époque où les romantiques prennent conscience de l'intérêt historique de ces constructions (*cf. Notre-Dame de Paris*, de Victor Hugo ou la description de Carcassonne par Stendhal). Les premières gares apparaissent (Saint-Lazare, 1843). Le non-bâti recule devant un bâti conquérant, qu'il soit d'habitation ou industriel.

- *Les beaux quartiers et les autres.* Les beaux quartiers sont le royaume de la pierre de taille (au moins pour la façade), de petits immeubles ou d'hôtels particuliers construits dans un espace faiblement urbanisé, souvent de style néoclassique (mais celui-ci décline à la fin du règne de Louis-Philippe au profit d'une décoration plus riche et plus exubérante, utilisant la brique, la céramique, le fer et la fonte), avec une façade assez discrètement décorée. Les quartiers populaires sont le domaine du bois et du plâtre (la brique est encore assez rare), des immeubles de quatre ou cinq étages, souvent articulés en profondeur autour d'une cour intérieure commune (la fontaine s'y trouve alors), de façades nues. On assiste au développement, sous le règne de Louis-Philippe, de la spéculation immobilière : l'État concessionnaire traite avec des entreprises qui, visant à la rentabilité, adoptent des solutions architecturales assez uniformes. On traite alors des îlots entiers, blocs d'immeubles que rien ne distingue vraiment. Bâtiments administratifs, municipaux ou religieux accompagnent cette frénésie de construction : à Angoulême, les édiles de la ville font construire un palais de justice et un nouvel hôpital sous la Restauration, une église, la préfecture et le Collège royal sous la monarchie de Juillet, acquérant parallèlement le château qui servira de base au futur Hôtel de Ville, le tout sous la férule de l'architecte Paul Abadie, père du futur bâtisseur du Sacré-Cœur à Montmartre.

• *Faubourgs et banlieues*. Alors que les faubourgs sont intégrés dans la ville, les communes les plus proches prennent le relais et donnent naissance à une banlieue que le développement des moyens de transports (omnibus ou train) rend plus accessible. D'abord pour loger des populations ouvrières touchées par la raréfaction des locations bon marché : entre 1817 et 1827, la hausse des loyers parisiens, de l'ordre de 25 %, pousse les prolétaires à s'entasser dans des mansardes ou des quartiers insalubres, comme le faubourg Saint-Marcel, ou à « émigrer » vers les villages qui entourent Paris. Ceux-ci connaissent une rapide croissance, plus ouvrière vers le nord (La Chapelle), l'est (Ménilmontant, Belleville, Charonne) ou le sud (Montrouge, Gentilly), plus bourgeoise vers l'ouest (Passy, Auteuil). Les banlieues de Rouen, de Lille, de Lyon, qui finira, en 1851-1852, par absorber les banlieues de la Croix-Rousse, de Vaise et de La Guillotière, se développent à grande vitesse. À Montpellier, on perce des brèches dans les remparts pour améliorer les communications. Le chapitre grands travaux de la ville passe de 6,8 % du budget sous la Restauration à 14 % dans les années 1840. Faubourgs et banlieues finissent par dépasser le centre des villes en nombre d'habitants. Le centre historique de Limoges ne rassemble que 3 000 des 25 000 limougeauds de 1828. Mais le phénomène n'est pas universel : le faible dynamisme démographique de certaines cités, parfois touchées par la désindustrialisation, comme Montauban, ne nécessite pas d'extension urbaine ; à Angoulême, la ville de Lucien de Rubempré (*Les Illusions perdues*), la ville haute ou le plateau, siège des bâtiments administratifs et religieux et résidence des notables, regroupe 10 000 des 18 000 Angoumois de 1840, contre 5 000 à la ville basse, l'Houmeau, le faubourg industriel et commercial, et 3 000 dans les autres faubourgs.

• *Circulation, éclairage, police, hygiène*. Les embarras de la ville demeurent, pour les plus grandes d'entre elles, une réalité. Le percement d'artères plus larges, comme la rue Rambuteau à Paris, prendra pour prétexte le besoin de mieux circuler — ajoutons, sans en faire une raison unique, y compris pour les troupes chargées du maintien de l'ordre. Les premières compagnies d'omnibus tirés par des chevaux apparaissent en 1828. L'éclairage reste massivement le fait de lanternes à huile, mais, dès 1829, les premières expériences d'éclairage au gaz sont faites à Paris. Quant à la police, le maire en est le chef dans les petites villes; dans les plus grandes, gendarmes et policiers se partagent le travail, non sans rivalité; à Paris, les policiers peuvent être rattachés à la préfecture ou au ministère de l'Intérieur. En cas d'émeute, on fait appel à la garde nationale (dissoute par Charles X en 1827, rétablie par Louis-Philippe en 1830) et à la troupe. L'efficacité de la police est cependant toute relative, notamment en ce qui concerne les récidivistes. Son travail se traduit par la surveillance active des théâtres, des ambulants de tout genre, des cafés, mais aussi par la surveillance plus large de quartiers ou de groupes sociaux (étudiants du Quartier latin, artisans et ouvriers du faubourg Saint-Antoine ou de la Croix-Rousse), permettant aux autorités d'être rarement surprises par le déclenchement d'une émeute ou d'une insurrection. Les hygiénistes (comme le Dr Villermé ou le Dr Bayard) mettent en évidence l'absence totale d'hygiène d'une bonne partie des populations urbaines, l'insuffisance des systèmes d'égouts, la surmortalité, la surcriminalité et la prostitution qui règnent dans les quartiers populaires. Les descriptions des caves de la rue de l'Étaque à Lille par Villermé témoignent des conditions effroyables de « logement » des prolétaires de la grande industrie textile. En 1836, Parent-Duchâtelet, hygiéniste connu pour avoir fait le relevé systématique des égouts de la capitale (1824, *Essai sur les cloaques ou égouts de Paris*), publie une grande enquête sur la prostitution à Paris, rapprochement significatif. L'absence encore fréquente de pavage des rues ou de macadamisation des trottoirs constitue un facteur important de saleté. Les ordures sont en grande partie enlevées par des chiffonniers. Dans le Quartier latin, il arrive que l'on retrouve des débris humains, restes de dissections faites à domicile par des étudiants en médecine. À Limoges, tanneries et boucheries rivalisent pour émettre des effluves nauséabonds, plus proches du « miasme » que de la « jonquille » chers à Alain Corbin, quand ce ne sont pas les cadavres en attente d'enterrement dont l'odeur s'exhale de l'église Saint-Michel (voir encadré 8, p. 58).

De nombreuses grandes villes vont se lancer, sous la monarchie de Juillet, dans une politique éditilaire et hygiéniste qui sonne comme une annonce de l'haussmannisme : le Paris du préfet Rambuteau commence à se doter d'un réseau d'égouts digne de son rang, de bornes-fontaines, de trottoirs surélevés, de rues pavées et d'un éclairage au gaz généralisé — sans oublier des urinoirs publics.

Une typologie des villes

Celle-ci est nécessairement subjective, dans la mesure où toute ville concentre des types d'activités très variés. Mais se dessine pourtant, dans les villes des années 1815-1848, une spécialisation qui va leur donner une « image de marque » parfois durable.

8 – Quelques aspects de l'urbanisme et de l'hygiène à Lyon

Les espaces verts :

« On rencontre dans l'enceinte de la ville peu de places publiques, peu de grandes cours, infiniment peu de jardins ; une maison de six étages s'élève partout où il y a assez de terrain pour asseoir ses fondements. »

La propreté des rues :

« Nos rues, nous l'avons dit, manquent en général de déclivité et ne sont point lavées par une eau courante ; aussi est-il fort difficile de les maintenir propres. Jamais le service du nettoiement et de l'enlèvement des boues n'a été fait avec autant d'activité et de soin qu'aujourd'hui ; il ne saurait toutefois faire disparaître des inconvénients inhérents à la localité. De quelque façon qu'il soit exécuté, le système le plus efficace de nettoiement de la place publique, c'est encore une pluie d'orage, en été, et en hiver, le vent du nord. »

L'absence d'eau courante et ses conséquences :

« On reproche avec plus de vérité à la population ouvrière un penchant à la malpropreté ; elle a, dit-on, horreur de l'eau. Beaucoup de maisons, surtout dans l'ancienne ville, sont fort mal tenues sous ce rapport ; ce qu'on nomme le "carré" est presque toujours couvert d'immondices. L'abord des latrines est repoussant ; on laisse aux enfants, qui fourmillent dans ces quartiers, la liberté de déposer leurs déjections où bon leur semble : il y a peut-être quelque exagération dans l'accusation, mais le fond est vrai et n'appartient pas exclusivement à la classe ouvrière. La population lyonnaise ne craint l'eau peut-être que parce qu'elle en a fort peu à sa disposition ; d'autres conditions, sous ce rapport, amèneront sans doute d'autres habitudes. »

Le collège royal :

« Il n'y a pas de salles de bains, mais le grand établissement des bains du Rhône n'est qu'à quelques pas du collège, et on y conduit aussi fréquemment les élèves que l'hygiène peut le désirer. L'eau potable est celle du Rhône, avec ses qualités et ses défauts. »

L'abattage des animaux de boucherie avant la construction de l'abattoir de Perrache :

« On rencontrait à toutes les heures du jour, dans les rues les plus populeuses, des troupeaux de bœufs et de moutons qui encombraient la voie publique. Le sang des animaux égorgés refluait dans les ruisseaux, et on voyait stationner auprès des plus beaux quartiers de la ville des tombereaux dans lesquels s'accumulaient des débris organiques de toute sorte. »

(*Hygiène de la ville de Lyon ou Opinions et rapports du Conseil de salubrité du département du Rhône*, 1845.)

• *Paris.* Ville des extrêmes, Paris apparaît d'abord comme une exception. Moins par sa croissance qui, bien que forte (elle gagne plus de 350 000 habitants entre 1815 et 1848), est dépassée en pourcentage par celle d'autres villes, que par le niveau de population qu'elle atteint (plus d'un million d'habitants). Exception surtout par sa concentration de pouvoirs administratifs et politiques, de puissance économique et culturelle qui font s'exclamer Balzac : « La France, au XIXe siècle, est partagée en deux grandes zones : Paris et la province » et Louis-Philippe : « Depuis quarante ans, on peut regarder Paris comme étant la France. » Avec 12 arrondissements, dont 9 sur la rive droite, Paris est une ville déséquilibrée : la rive gauche concentre peu d'activités industrielles ou commerciales importantes. Elle reste traditionnellement la rive de l'Église, de la culture et de l'éducation avec ses collèges et ses cinq facultés, de la noblesse du faubourg Saint-Germain et du prolétariat du faubourg Saint-Marcel, mais aussi une sorte de « cité-dortoir » pour des ouvriers attirés par des loyers moins chers, et même une rive de retraités : au total, la rive gauche enregistre une assez faible densité et une population plus âgée et plus féminisée que la rive droite. Celle-ci est, depuis le Moyen Âge au moins, la ville du commerce et de l'industrie, activités localisées dans les quartiers centraux, autour des deux axes majeurs que restent les rues Saint-Denis et Saint-Martin, avec les halles et les quartiers d'artisanat comme le faubourg Saint-Antoine. Les densités y sont élevées (jusqu'à 100 000 habitants au km^2) et la population à dominante masculine. À cette césure nord-sud répond une autre césure, ouest-est. L'organisation de la ville prend la forme qu'elle a gardée jusqu'à nos jours : les quartiers ouest, encore peu densément peuplés parfois, comme Monceau, le Champ-de-Mars, le faubourg Saint-Honoré ou les Champs-Élysées, voient s'édifier de riches demeures et affluer une population plus bourgeoise dans des lotissements entrepris dès la Restauration ; à l'inverse, les quartiers est, plus précocement et densément peuplés et industrialisés, sont le domaine d'une population de plus en plus ouvrière. C'est aussi le Paris des barricades et des insurrections qui scanderont le XIXe siècle.

• *Villes de services, villes d'échanges : les « capitales » régionales.* C'est moins la taille de la ville qui importe que la concentration de fonctions qu'elle possède, même si ce dernier point est souvent lié au premier. Le rôle des préfectures tend à augmenter, ainsi que celui des sous-préfectures : rôle politique, avec la présence du préfet et du sous-préfet qui, loin d'être aux champs, veillent à l'ordre public et à la bonne orientation électorale de leur département. La situation de carrefour naturel est incontestablement un avantage : Lyon en est un exemple. Ville qui concentre à la fois les services et l'industrie, localisée dans les hauteurs de la Croix-Rousse (travail de la soie), Lyon contrôle économiquement une vaste région qui s'étend jusqu'aux marges orientales du Massif central où vivent de nombreux paysans-artisans travaillant pour l'industrie lyonnaise. Marseille, touchée par la politique économique de l'Empire, renaît sous la Restauration et plus encore sous la monarchie de Juillet avec la conquête de l'Algérie. À l'inverse, Bordeaux et Nantes enregistrent un déclin économique que traduit leur faible croissance démographique : le commerce colonial — y compris la traite des Noirs, interdite depuis 1815 — est en pleine décadence. Des villes comme Rennes, Strasbourg ou Toulouse apparaissent fortement marquées par leur histoire : celle de grandes métropoles administratives et d'anciennes « capitales » de régions bien délimitées et culturellement uniformes, rattachées quelquefois tardivement au royaume de France. Villes qui connaissent parfois un dynamisme certain, notamment sous la monarchie de Juillet (la population de Toulouse passe de 60 000 à 95 000 habitants entre 1831 et 1846, celle de Strasbourg, place militaire importante, de 50 000 à 72 000).

- *Les villes d'industrie.* Ainsi que l'*Histoire de la France urbaine*, dirigée par Marcel Roncayolo, l'a montré, elles sont extrêmement variées. Paris reste la première ville industrielle du royaume, une prépondérance due à la qualité et au nombre de ses industries. Vêtement, bâtiment, ferronnerie, menuiserie, tannerie y côtoient ces industries bien « parisiennes » qui, déjà, font la réputation de la ville-lumière, comme la couture, la joaillerie ou les arts décoratifs qui connaissent un remarquable essor sous la Restauration et la monarchie de Juillet, âge de l'art de vivre et du confort bourgeois. Songeons au poids de l'imprimerie et des industries liées aux transports. On trouve aussi une importante industrie alimentaire, capable de nourrir un million de Parisiens, et une grande industrie, *intra et extra muros*, comme la chimie et surtout la métallurgie. Paris, capitale de l'innovation technique et tête du réseau ferroviaire naissant, fabrique machines à vapeur et matériel ferroviaire à Chaillot et à Grenelle (Derosne-Cail, un industriel et un chimiste associés) ou aux Batignolles (Goüin, un polytechnicien dont la société fondée en 1846 produit des locomotives). À trois reprises sous la monarchie de Juillet (1834, 1839, 1844), Paris est le siège d'« Expositions générales des produits de l'industrie ». Certaines villes conjuguent des activités plutôt déclinantes avec d'autres en essor, bien que « traditionnelles » : c'est le cas de Limoges, où le textile, première industrie de la ville, cède devant la concurrence du Nord, de l'Alsace et de la Normandie, alors que la porcelaine fait preuve d'une grande vitalité. D'autres villes connaissent une véritable « révolution industrielle », passant de l'artisanat à la grande industrie : ainsi les villes textiles du Nord (Lille, Roubaix dont la population quintuple, Tourcoing), de l'Ouest (Rouen) ou de l'Est (Mulhouse); d'autres encore doivent leur prospérité à une activité qui, bien que non unique, n'en exerce pas moins une influence importante : que seraient Saint-Étienne (dont la population triple) et sa région sans le charbon, malgré le textile et la métallurgie? Brest, Toulon (taux d'accroissement de sa population : + 245 % de 1801 à 1851) sans leurs arsenaux? À une moindre échelle, des petites villes sont pratiquement en état de mono-industrie, textile (Elbeuf, Cholet, Privas), minière ou sidérurgique (Alès, Decazeville, Le Creusot). Ces villes d'industrie dépendent parfois de la manne de l'État : c'est vrai des arsenaux, des ports de moindre envergure, comme Rochefort ou Cherbourg, de Châteauroux ou de Tulle, sièges de manufactures d'État.

- *Petites villes et bourgs* tirent surtout leur force de la présence d'un marché ou d'une foire, dont le rayonnement est souvent proportionnel à la taille de la ville, ou de leurs fonctions tertiaires de proximité. Dans une bonne partie des départements restés les plus ruraux, notamment dans une grande façade ouest qui irait de la Manche au Pays basque, il existe de véritables réseaux urbains de bourgs ou de petites villes, à la fois centres de commerce et de services (médecin, pharmacien, vétérinaire, voire notaire), abritant parfois un petit collège : ces micro-cités forment une étape intermédiaire entre la grande ou moyenne ville et la campagne, à laquelle elles restent profondément liées par leurs activités. On y trouve ces petites élites provinciales chères tant à Balzac qu'à Flaubert.

Hiérarchie sociale : des bourgeois aux indigents

La ville est le lieu des extrêmes sociaux, des plus riches aux plus pauvres, ceux que même la campagne a rejetés. Le Paris étudié par Adeline Daumard ou Philippe Vigier rejoint dans ce constat le Rouen analysé par Jean-Pierre Chaline : dans la cité normande, 15 % des habitants détiennent 80 % de la fortune déclarée, mais deux Rouennais sur trois meurent sans laisser aucun bien. De l'aristocrate de sang ou de la finance à l'artisan ou à l'ouvrier, il y a une distance sociale d'autant plus impressionnante que la distance géographique qui les sépare semble parfois bien faible.

- *« Les bourgeois conquérants. »* Charles Morazé est l'inventeur de cette expression qui, appliquée à notre période, a le mérite de définir un état d'esprit assez répandu, à condition de considérer que la bourgeoisie n'a pas élaboré un plan de conquête des pouvoirs et que derrière cette expression uniformisante se cachent des bourgeoisies aux intérêts parfois contradictoires. La bourgeoisie est d'abord objet de discours, politiques ou littéraires, et de représentations : flattée par Guizot, critiquée par Louis Blanc, dépeinte méchamment par Balzac, Flaubert ou Daumier, elle incarne la richesse égoïste, l'arrivisme ou, mieux encore, l'ascension sociale, véritable moteur de cette société urbaine. Et que dire de la formule : « Louis-Philippe, roi-bourgeois », dont on ne sait s'il faut la prendre comme un compliment ou comme une critique ? Mais il est de fait que, notamment sous la monarchie de Juillet, présentée parfois comme le triomphe de la bourgeoisie, le bourgeois ne peut plus, sociologiquement ou « ethniquement » parlant, être présenté seulement comme le représentant de la catégorie intermédiaire entre le peuple dont il serait issu et la noblesse à laquelle il aspirerait. La Révolution est passée par là : le poids de l'argent a, en grande partie, remplacé le privilège de la naissance.

- *Une typologie de la bourgeoisie.* Quel est le poids de cette bourgeoisie, toutes nuances confondues ? À Rouen ou à Paris, environ 15 % de la population, à Limoges (John Merriman) environ 20 %. Mais selon quels critères ? À Limoges, la garde nationale regroupe environ 1 500 personnes, mais seules

145 figurent sur les listes électorales et 37 sont éligibles pour 25 000 habitants en 1828. Sous la monarchie de Juillet, grâce à l'abaissement du cens de 300 à 200 F, Limoges compte 443 électeurs pour environ 27 000 habitants. Être bourgeois, c'est donc voter ? La définition est insuffisante : être bourgeois, c'est se situer dans une condition où s'additionnent la fonction, le savoir, la fortune et l'état d'esprit. Suivant A. Daumard et P. Vigier, on peut distinguer à Paris — mais cette typologie est *grosso modo* extensible au reste de la France — les grands notables : petite minorité de nobles et de non nobles au-dessus des 1 000 F d'impôts (moins de 2 500 à Paris en 1842, soit 12 % du total de la France pour moins de 3 % de la population) et dont la fortune est d'abord foncière ; la haute finance, banque et assurance, composée de quelques familles aux liens parfois étroits, souvent engagées en politique (J. Laffitte, C. Perier, B. Delessert) ; les négociants et fabricants, plus entrepreneurs qu'industriels au sens strict du terme, parfois les mêmes hommes qui, en province, cumulent le rôle de banquiers (voir encadré 9, p. 64), auxquels on peut adjoindre les « faiseurs d'opinions » comme les frères Bertin, propriétaires du très gouvernemental *Journal des Débats* ; les hauts fonctionnaires civils ou militaires, dont les revenus sont souvent assurés par leurs biens personnels plus que par le produit de leur travail ; la masse de la « bonne bourgeoisie », qu'elle soit commerçante (elle marque alors l'activité économique de ses comptoirs et de ses magasins) ou qu'elle rassemble ces « capacités », professions libérales sorties des bancs de la faculté de droit ou de médecine, ou exerçant dans l'administration ; enfin la petite bourgeoisie, tranche inférieure de cette hiérarchie, parfois bien proche de ce peuple dont elle est fraîchement sortie, monde de la petite fonction publique et surtout de la boutique, qui atteint rarement le cens électoral : les plus nombreux, les plus fragiles aussi en cas de crise économique, les plus avides, souvent, d'ascension sociale, tels sont les *Petits bourgeois* dont Balzac a écrit le roman.

• *Une haute bourgeoisie qui se ferme*. Dans son ensemble, la bourgeoisie est une classe ouverte qui s'étoffe grâce à un apport extérieur : la ville n'attire pas que des paysans pauvres, mais aussi des fortunes faites ou à faire. Significatif est le fait que dans le Paris de la Restauration, seuls 45 % des éligibles (ils paient au moins 1 000 F d'impôts) sont des Parisiens de souche. Mais on sort aussi de la bourgeoisie par la ruine plus que par le partage excessif de la fortune acquise : à cet égard, la bourgeoisie adopte très tôt des comportements malthusiens évidents. Pourtant, la mobilité verticale se révèle moins forte qu'on ne pourrait le croire. D'abord parce que la bourgeoisie pratique une politique d'hérédité socioprofessionnelle poussée : à Paris, 55 % des médecins sont fils de médecins. Plus largement, il y a un classique phénomène de reproduction dont J.-P. Chaline a démonté le mécanisme dans le Rouen de 1820 : 60 % des bons bourgeois de la ville sont des héritiers ; parmi les 40 % restants, 20 % sont des parvenus, seuls 10 % viennent des couches moyennes (artisans, boutiquiers) et 10 % des couches populaires. Parvenir, c'est souvent, dans une optique très balzacienne, faire un beau mariage : en témoigne le cas d'un Adolphe Thiers, brillant mais pauvre journaliste et homme politique, qui épouse Mlle Dosne et les 300 000 F d'argent comptant qu'elle apporte en dot. Les négociants bordelais pratiquent une stricte endogamie sociale, comme la noblesse d'Ancien Régime dont ils adoptent les comportements. Ils s'impliquent dans les œuvres de charité et les bureaux de bienfaisance, organisent de grands bals, investissent dans l'argenterie et les bijoux, se meublent en style Louis XV, jouent à l'occasion les mécènes et haïssent la République. Face à un apport réel mais limité de sang neuf qui vient la renouveler, la haute bourgeoisie se transforme en caste, tentée d'investir dans le château et les terres qui lui permettront d'ajouter une particule à son patronyme. Il y eut pourtant des dynasties d'entrepreneurs, ouverts vers des investissements plus lucratifs mais plus risqués : les crises de 1832 et de 1846 se chargèrent de rappeler à l'ordre les plus téméraires et même les plus avisés (un Jacques Laffitte fut acculé à la faillite).

• *Le peuple.* Objet de tous les espoirs ou de toutes les peurs, le peuple représente les 3/4 de ces travailleurs urbains dont la Révolution française et les suivantes ont montré la force. Qui, de Michelet à Hugo, de Balzac à Sue, de Flora Tristan à Adolphe Blanqui n'a apporté sa pierre à la connaissance ou à l'élaboration d'une représentation, d'une philosophie du peuple, que celle-ci passe par le roman, l'histoire ou l'enquête sociale ? Sans oublier le rôle des médecins, hygiénistes passionnés de statistique, (Guépin à Nantes, Durand à Lille, Bayard ou Villermé à Paris) et des ouvriers eux-mêmes par le biais de la presse ouvrière (*L'Atelier*, 1840) ou du témoignage (l'ouvrier rouennais Charles Noiret en 1836). Là encore, quelle diversité entre le maître-artisan, patron d'une petite entreprise, le compagnon à son service, le calicot ou le commis, la domestique ou la grisette, le prolétaire réduit à la pauvreté extrême des ouvriers de la grande industrie, sans parler de ces « jeunes drôles en blouse », « adolescents de 14 à 15 ans » (Hugo) qui font le coup de feu lors de l'insurrection de mai 1839. Cette blouse qui distingue l'ouvrier — mais aussi le paysan — du bourgeois n'est que l'uniforme de l'ouvrier, pas celui du peuple. Celui-ci n'a qu'un uniforme : la précarité de ses conditions d'existence et son extrême sensibilité à la conjoncture économique.

• *Employés et commis* forment une population à part. Ils ne sont pas des travailleurs manuels au sens strict du terme, maîtrisant au moins le calcul et l'écriture qui font souvent l'essentiel de leur travail. Remplissant les administrations, les bureaux des entreprises de commerce ou d'industrie, les boutiques (calicots, commis de magasins), ils appartiennent au monde des prolétaires par leur salaire et la précarité de leur emploi, aspirent parfois à la petite bourgeoisie par leurs talents. Il s'agit d'un secteur très masculinisé, composé d'hommes qui sont quelquefois des déclassés : on trouve des bacheliers parmi eux, qui n'ont pas réussi à trouver mieux qu'une place d'employé aux écritures. Jules Vallès fera l'expérience de cette « misère en habit noir ».

9 – Portrait d'un notable bordelais : Jean-Isaac Balguerie, fils d'un riche négociant protestant dont il prend la succession

« Jean-Isaac Balguerie fondera la société Balguerie-Dandiran qui eut en premier lieu son siège chez lui, 19 rue Leyteire (1806), puis 45 rue du Parlement-Sainte-Catherine (1815) dans le vieux quartier Saint-Pierre. Il la dirige jusqu'en 1820, date à laquelle il entre dans la société fondée par son frère Pierre Balguerie-Stuttenberg avec un riche armateur de la Restauration, le baron Sarget […]. Laissant alors la direction de ses affaires à son fils aîné, Jean-Pierre Adolphe, Jean-Isaac se présente à la députation aux élections législatives de 1827. Le protectionnisme avait nui aux exportations bordelaises et les négociants bordelais s'étaient du coup senti une vocation de libéraux […]. Jean-Isaac Balguerie, qui n'avait rien d'un révolutionnaire, se retrouve à l'extrême gauche dans une Chambre où Villèle avait la majorité. Il vota l'Adresse des 221 qui, en mars 1830, blâma Charles X et Polignac et qui fut présentée au roi par Gautier, autre négociant bordelais. Après la dissolution de la Chambre, il fut réélu le 23 juin 1830 par les électeurs de La Réole. Bien qu'ayant adhéré au gouvernement de Louis-Philippe, auquel il prêta serment, cela ne l'empêcha pas d'échouer aux élections de juillet 1831. En 1833, il sera par contre élu au Conseil général et en restera membre jusqu'en 1841. Il était aussi maire de Tresses et y possédait le domaine de Pallote. Il avait exercé d'autres fonctions, président du tribunal de commerce de Bordeaux de 1820 à 1822 et membre de la Chambre de commerce en 1811, 1815, 1825, 1832, 1834. Il mourut le 13 novembre 1855 à 85 ans, laissant 169 609 F en biens mobiliers, une maison 3, place Saint-Rémy (35 000 F), une maison 26, fossés du Chapeau-Rouge, le domaine de Pallote et des biens dans le Lot-et-Garonne, le tout valant 193 000 F. »

(Jean Cavaignac, *Les Vingt-Cinq Familles. Les Négociants bordelais sous Louis-Philippe*, 1986.)

• *Gens de métier.* L'artisanat est la norme : entendons le travail en petite équipe dans un atelier, sous la direction d'un patron qui règne sur des compagnons et des apprentis. Ces gens de métier forment parfois une aristocratie ouvrière. Leur force économique est prépondérante : ils fournissent les 2/3 de la valeur industrielle pour les années 1815-1848. Mais leur statut est très variable. Pour quelques gros ateliers dirigés par de véritables entrepreneurs accédant éventuellement à la petite bourgeoisie, les ateliers de moins de cinq ouvriers sont légion dans toutes les villes textiles, ainsi que ceux où l'on travaille partiellement ou exclusivement en famille, autour d'un ou de plusieurs métiers, comme les canuts lyonnais (voir encadré 10, p. 67). Ceux-ci dépendent d'un marchand-fabricant tout-puissant, détenant la matière première, passant les commandes et fixant les prix. Les journées sont longues, de douze à quinze heures fréquemment, voire dix-huit. Relativement stables au début de la Restauration, les salaires sont plutôt à la baisse par la suite devant la concurrence naissante de la grande industrie : le salaire journalier des couteliers de Thiers passe de 2 F en 1830 à 1,60 F en 1836 et 1,50 F en 1840 ; celui des ouvriers mousseliniers de la région de Tarare de 2 F en 1820 à 1,50 F en 1835 ; celui des tourneurs et mouleurs en porcelaine de Limoges baisse de 20 % ; les canuts lyonnais gagnaient trois fois plus sous l'Empire qu'en 1830. Encore ne tient-on pas compte ici du chômage temporaire qui touche des industries parfois très saisonnières. De plus, il existe de grandes inégalités entre artisans suivant leur qualification : à Limoges, un peintre sur porcelaine peut gagner jusqu'à 8 F par jour alors que le salaire moyen est de 1,70 F en 1819. Il est pourtant des métiers où les salaires se maintiennent : typographes, métiers du livre, charpentiers, tailleurs de pierre. Mais l'inégalité la plus frappante concerne les salaires des femmes : de un tiers à la moitié de ceux des hommes, sans parler du salaire dérisoire, mais souvent économiquement indispensable, d'enfants qui travaillent dès qu'ils sont autonomes. En cas de crise économique, la situation des artisans devient vite problématique : cela se traduit par des bris de machine (luddisme) comme en 1830 ou 1848, par des manifestations sociales non dénuées de conscience politique (Paris, 1820 : « Vive nos frères de Manchester ! »), par des grèves parfois massives (Paris, en 1840 les tailleurs, en 1845 les charpentiers) ou des insurrections de la misère (Paris, 1832 ; Lyon, 1831, 1834 : « Vivre libres en travaillant ou mourir en combattant »).

- *Ouvriers de manufacture.* La grande industrie n'est pas née avec la Restauration. Déjà sous l'Ancien Régime, on peut repérer de gros effectifs dans l'industrie textile (1 000 ouvriers chez Oberkampf à Jouy, 1 800 chez Van Robais à Abbeville sans compter les travailleurs à domicile) ou minière (4 000 mineurs à Anzin, 3 000 à Littry). Mais de tels effectifs restent exceptionnels. À l'opposé, il existe dans cette époque proto-industrielle qui se prolonge très avant dans le XIXe siècle une « industrialisation diffuse et extensive » (Yvon Lamy) qui se nourrit à la fois d'une ressource (laine, charbon, fer…) et d'une main-d'œuvre locale, essentiellement d'origine rurale. Mais on observe un mouvement de concentration, surtout après 1830. À la fin de la monarchie de Juillet, les ouvriers de manufacture (entreprises de plus de 10 ouvriers) représentent environ 1/4 de la population ouvrière totale : parmi ce quart, plus de 50 % travaillent dans l'industrie textile, 10 % dans l'industrie métallurgique et 2 % dans l'industrie houillère. Les conditions de travail sont souvent très dures : journées longues, travail de nuit fréquent, bruit, chaleur et odeurs, station debout, gestes répétitifs pour des salaires dérisoires qui peuvent descendre à 0,20 F par jour pour les femmes, admises en grand nombre pour cette raison comme les enfants de 6 ou 7 ans (voir encadré 10, p. 67). Ces derniers ne commenceront à être protégés, bien timidement, que lorsque la loi de 1841 interdira l'emploi d'enfants de moins de 8 ans et le travail de nuit pour les moins de 13 ans. Toutes les enquêtes (Villeneuve-Bargemont, Villermé) et tous les témoignages sur le paupérisme décrivent les mêmes scènes : « ces pitoyables visages d'hommes, ces jeunes filles fanées, ces enfants tordus et bouffis » (Michelet), « innocents dans un bagne, anges dans un enfer » (Hugo), vivant dans des taudis, avec une alimentation insuffisante en qualité et en quantité, les haillons, les maladies, la promiscuité, le manque total d'hygiène, l'alcoolisme, la prostitution, etc. La politique sociale teintée de paternalisme des Koechlin à Mulhouse en faveur des ouvriers de leurs manufactures (logement, école, hospice, caisse d'épargne, caisse de maladie) reste une pratique rare, souvent d'origine protestante. Jusqu'en 1848 — et bien au-delà —, les ouvriers des manufactures forment la partie la plus misérable du prolétariat : la pression démographique, l'exode rural naissant, la crise économique de la fin de la période aggravent encore une condition qui les pousse inexorablement vers la misère.

• *Domestiques et petits métiers*. En 1846, les domestiques représentent près de 8 % de la population parisienne (Christine Piette). La domesticité est un monde essentiellement féminin, à 75 %, dont l'origine provinciale très marquée (à 95 % pour Paris) renforce la vulnérabilité. Dans la capitale, 1/5e des travailleurs sont des femmes domestiques qui fournissent aussi 1/3 des mères d'enfants abandonnés. Pour des milliers de paysans et surtout de paysannes, l'exode rural a pour but l'obtention d'une « place » souvent provisoire, pour constituer un pécule avant le mariage : chaque famille bourgeoise ou noble entretient une domesticité très hiérarchisée (d'intérieur : gouvernantes, chambrières, cuisinières, nourrices, « bonnes-à-tout-faire » ou d'extérieur : cochers) dont la présence fournit peut-être l'une des clefs les plus visibles d'accès à la bourgeoisie. Quant au monde des petits métiers, il est par nature d'une diversité qui rend son étude difficile. Il regroupe tous les ambulants de la ville, s'opposant par leurs métiers aux sédentaires : petits marchands — on peut estimer qu'ils sont de 25 à 30 000 au début de la monarchie de Juillet à Paris : marchands de quatre saisons, mais aussi d'eau, de coco, de sceaux, etc.—, récupérateurs divers qui se nourrissent des déchets de la ville, comme les chiffonniers, chanteurs des rues, portiers, tenanciers de garnis, etc. Ces métiers échappent parfois à toute réglementation, suscitant les protestations des marchands établis : le préfet de police de Paris, Gisquet, tenta (sans succès) par une ordonnance de 1832 de limiter dans la capitale le nombre de marchands ambulants considérés comme des parasites dangereux.

• *Les misérables* ou indigents, populace considérée comme plus dangereuse que laborieuse par la police, constituent un monde à la fois visible et invisible. Monde invisible à certains à cause de la ségrégation sociale qui existe entre les

10 - Deux témoignages sur la misère ouvrière

Les canuts lyonnais de la Croix-Rousse :

« Nous entrâmes d'abord chez un pauvre diable de tisseur républicain qui avait passé sept mois dans la prison de Perrache. L'atelier était remarquablement sale et pauvre. Il contenait quatre métiers. Deux filles de 16 ou 18 ans travaillaient un peu mollement comme filles de la maison. De même un garçon de 12 ans. Enfin, un pauvre petit de 5 ans à un tout petit métier ; il travaillait debout, parce que, me dit sa mère, il n'y avait pas de siège assez bas pour lui. Six énormes pains étaient entassés dans un coin. La famille mange soixante livres de pain par semaine. La mère, femme vive, énergique, jeune encore malgré ses neuf enfants, est l'âme de la maison. » (Jules MICHELET, *Journal*, 4 avril 1839.)

Un apprenti peigneur de laine âgé de 7 ans :

« J'étais donc condamné à exercer ce métier de 4h du matin à 10h du soir. Dans les premiers jours, je m'y prêtais volontiers ; j'essayais de bien faire ; mais bientôt le sommeil me domina tellement que je dormais debout ; ce n'était cependant pas faute d'employer toute mon énergie pour ne pas me laisser aller ; j'allais prendre l'air dehors pour me tenir éveillé ; mais dès que j'étais rentré je reprenais sommeil ; je sortais de nouveau pour vaincre mon apathie, mais en vain ; c'était plus fort que moi ; je craignais cependant beaucoup mon patron. Quant à lui, chaque fois que je succombais à la fatigue à côté de lui, il me donnait un revers de main sur le nez, qui provoquait une hémorragie. Ce manège se répétait trois à quatre fois par jour. C'est incroyable la quantité de sang que m'a fait verser cet homme ! J'avais beau me mordre les mains, me jeter la tête contre les murs pour résister à l'envie de dormir, rien n'y faisait. Le barbare, voyant que les revers de main ne suffisaient pas, me faisait déshabiller complètement et me distribuait une volée de coups de corde qu'il accompagnait de son éternel refrain : "Il faudra bien que je te dompte ; j'en ai dompté de plus malins que toi." » (Norbert TRUQUIN, *Mémoires et aventures d'un prolétaire : 1833-1887*.)

différents quartiers de la ville : s'il existe une ségrégation verticale au niveau de l'immeuble, il n'en reste pas moins que la ségrégation horizontale selon les quartiers s'affirme dans ces années d'extension urbaine. Monde visible, car pris en charge par les bureaux de bienfaisance et autres comités de charité : à Paris, on peut estimer à 10 % du total de la population les indigents, ceux qui reçoivent une aide publique ou privée dont ils dépendent totalement ou partiellement. Si, s'accordant sur Louis Chevalier, on relève le pourcentage de Parisiens décédés à l'hôpital — signe alors évident de totale détresse —, on peut considérer que 1/4 de la population parisienne est touchée par la misère. Même proportion à Lille : 24 000 assistés réguliers sur 80 000 habitants en 1839. C'est souvent le monde des chômeurs de l'industrie qui fournit le plus gros pourcentage de ces indigents. À Lyon, la baisse des tarifs pousse les canuts au Mont-de-Piété, ultime ressource. Les femmes sont majoritaires parmi ces indigents dont le dénombrement confirme la ségrégation sociale de la ville : à Paris, les 8e, 9e et 12e arrondissements (l'est ouvrier de la capitale) concentrent à eux seuls 46 % des indigents, alors que les 1er, 2e et 3e (l'ouest plus bourgeois) n'en comptent que 13,6 % en 1844. Monde des unions libres (« Le mariage au 13e » dans un Paris de 12 arrondissements), des naissances illégitimes (en moyenne plus d'un tiers du total des naissances à Paris, cas atypique par cette fréquence, pourtant), des avortements, des enfants mort-nés, abandonnés ou tués (plus de 90 cas d'infanticide par an en moyenne à Paris), des suicides (370 par an à Paris sous la Restauration, près de 730 sous la monarchie de Juillet), d'une espérance de vie très courte (à Lille, un enfant sur cinq meurt avant l'âge de 5 ans dans les quartiers bourgeois, un sur deux dans les quartiers ouvriers en 1842-1846), d'une surcriminalité qui fournit matière à travail pour la magistrature et la littérature.

Conclusion : le discours sur la ville

Il est présent partout : chez les urbanistes et les hygiénistes, chez les politiques et les publicistes, mais également chez les socialistes utopiques (Fourier, Considérant, Cabet), chez les enquêteurs (Villermé), chez les romanciers (Flaubert, Balzac, Sue), chez les économistes, chez les clercs, etc. La ville est le symbole d'une société qui change : lieu des innovations, lieu du progrès, lieu de l'ascension sociale, notion dont Adeline Daumard a montré toute l'importance pour l'étude de la bourgeoisie. La ville, c'est aussi, dans un espace restreint, ce puissant contraste urbanistique et social entre les « classes lumineuses » des beaux quartiers et les « classes laborieuses, classes dangereuses » que Louis Chevalier a magistralement analysées. Car la ville fait peur : socialement, avec ses prolétaires et ses déclassés, politiquement depuis la Révolution au moins dont Paris a été et continue d'être le moteur tout au long du XIXe siècle. C'est précisément durant les années 1815-1848 que s'élaborent, à travers le roman populaire notamment, les représentations de la ville ou de villes parallèles, l'une visible, l'autre souterraine : *Les Mystères de Paris* constituent la plus connue de ces œuvres dans lesquelles hommes et rues paraissent indissociables — on retrouvera plus tard cet esprit dans *Les Misérables* de Hugo.

3 La vie religieuse et culturelle

CROYANCES ET RELIGIONS

La France postrévolutionnaire n'est pas une France sans croyances ni religions : mais la rupture de 1789 a laissé des marques durables. Les changements sont à la fois quantitatifs et qualitatifs : dans cette Église catholique à reconstruire se pose dès lors toute une série de questions que le clergé des années 1815-1848 va devoir affronter.

Une Église triomphante ?

La Restauration de 1815 n'est pas que politique : elle marque le retour en grâce et en force d'un clergé combatif, sûr de retrouver sa place dans une société française dont la ferveur religieuse pouvait sembler sinon intacte, du moins en attente d'une sollicitation à s'exprimer.

- *De la religion d'État à celle de la majorité des Français*. La charte de 1814 affirme le principe de la liberté religieuse (art. 5) et fait de la religion catholique, apostolique et romaine la religion de l'État (art. 6). Propos qui peuvent sembler contradictoires en établissant une hiérarchie des religions, même si l'article suivant précise que les ministres de tous les cultes chrétiens reçoivent un traitement de l'État (ce qui exclut les rabbins). De fait, la France continue de vivre sous le concordat de 1801, qui ne sera aboli qu'en 1905, lors de la séparation de l'Église et de l'État (sauf pour les territoires annexés par l'Allemagne en 1871). Les tentatives entreprises pour le modifier (concordat de 1817 conclu entre Pie VII et Louis XVIII, mais repoussé par la Chambre) échouèrent : le roi nomme les évêques auxquels le pape accorde l'institution canonique ; la question des biens de l'Église nationalisés et vendus pendant la Révolution est réglée — du reste, la Charte reconnaît la propriété de ces biens à leurs acheteurs — et l'État entretient les ministres du culte. Mais la révolution de 1830 apporta une modification importante à la Charte : la religion catholique devint religion « professée par la majorité des Français », rejoignant la formule concordataire (religion de « la grande majorité des Français »). Défaite pour l'Église, cette formulation, qui n'est que le signe le plus visible de la laïcisation de la société, marque un nouveau point de rupture dans les rapports entre le clergé et l'État. De nombreux clercs, évêques surtout, refusèrent de cautionner la monarchie de Juillet. À l'émergence d'un courant libéral se superpose la résurgence périodique de l'affrontement entre gallicans, triomphants sous la Restauration, et ultramontains, qui regagnent du terrain sous la monarchie de Juillet. Ces derniers, devant la nouvelle donne religieuse de la

France, se tournent vers la Ville sainte, Rome, et leur protecteur naturel, le pape (Grégoire XVI, puis Pie IX). La presse catholique, comme *L'Univers* fondé par l'abbé Migne en 1833 et rejoint par Louis Veuillot en 1843, défend un ultramontanisme de plus en plus conservateur, hostile au libéralisme et au modernisme. Dans le même temps, les catholiques s'organisent en groupe de pression sous la direction de Charles de Montalembert, croisé de la liberté d'enseignement et chef d'un véritable « parti » catholique exerçant son influence dans les consultations électorales. Force spirituelle et culturelle majeure, l'Église demeure une force politique dont le poids se fait sentir à l'occasion, mais n'est plus au cœur même de la vie de la cité.

• *Un « nouveau » clergé.* Le clergé français, décimé et vieilli sous la Révolution, se reconstitue grâce au recrutement d'hommes plus jeunes dès la fin de l'Empire. Les 136 évêchés de 1789 ne sont plus que 50 : on en crée 30 nouveaux en 1822. Alors que 6 000 prêtres seulement avaient été ordonnés pour la période 1802-1814, ils furent plus de 750 en 1815 et 1 400 en 1821. La décennie 1825-1834 constitue l'apogée en terme d'ordinations, l'année 1830 étant marquée par le record de toute la période : 2 357 nouveaux prêtres ordonnés (mais 6 000 par an avant la Révolution). Par la suite, le nombre diminua et se stabilisa autour de 1 300. Le nombre de prêtres passe de 36 000 à 47 000 entre 1815 et 1848, les sexagénaires et plus de 42 % à 5,6 %. Le nombre de petits séminaires augmente de 53 à 144 sous la Restauration et celui des grands séminaires de 50 à 80. Rajeunissement et augmentation des effectifs qui ne sont pas sans poser de problèmes de carrière face à un afflux qui tourne à la saturation. Cet afflux provient surtout des campagnes : l'ordination peut aussi fournir un débouché pour des fils de paysans. Les petits séminaires vont jouer un rôle moteur dans le recrutement et la formation de ce clergé rural. Jean-Marie Vianney, curé d'Ars de 1818 à sa mort en 1859, est l'un de ces prêtres ruraux, atypique par son charisme, dont les vertus ont fait de sa paroisse un lieu de pèlerinage de son vivant même. Mais la réception de ce nouveau clergé par les fidèles ne semble pas toujours s'être passée sans heurts. Ce jeune clergé se veut combatif, engagé dans cette lutte contre l'indifférence dont le fougueux Lamennais dénonce les ravages dans un *Essai* paru en 1817. Il n'y eut pas toujours une prise en charge suffisante de l'évolution des mœurs, ce qui aboutit à la célèbre *Pétition des villageois qu'on empêche de danser* (le dimanche) de Paul-Louis Courier, en réponse à une interdiction faite par un jeune prêtre du séminaire de Tours. La vigueur même de cette reconquête fut cause parfois de son échec : les « tournées » de prédicateurs dans les collèges en fournissent un exemple. On peut également se demander si la coupure ne se fit pas sur la question de la contraception, pratique répandue dans les campagnes malgré l'Église, et plus généralement sur le rôle du prêtre dans une société bouleversée par la Révolution française : directeur de conscience ou maître des âmes ?

11 – UN PROGRAMME DE RECONQUÊTE RELIGIEUSE : LES VŒUX DU CONSEIL GÉNÉRAL DES BOUCHES-DU-RHÔNE EN 1823

« L'exécution plus exactement rigoureuse des lois et ordonnances qui prescrivent l'observance des dimanches et fêtes ; des peines spéciales et plus sévères pour les vols commis dans les églises, pour les profanations et les insultes sacrilèges contre la religion de l'État, la suppression des droits universitaires établis sur l'instruction publique et l'enseignement rendu à des corps religieux sous la surveillance des évêques ; enfin la liberté d'établir autant de petits séminaires que les évêques le jugeront convenable [...] ; prier les premiers pasteurs des diocèses [évêques] de consacrer à l'enseignement, ce premier droit de leur ministère, le nombre de prêtres et de jeunes ecclésiastiques dont les besoins des paroisses leur permettront de disposer [...] ; former un fonds commun avec les départements des Basses-Alpes et du Var pour l'établissement d'un noviciat de petits-frères de la doctrine chrétienne, qui fournirait des sujets à chaque département dans la proportion de son aide pécuniaire [...] ; confier partout aux congrégations le service de toutes les maisons de charité et de tous les hôpitaux ; que le gouvernement reconnaisse enfin les congrégations d'hommes dont il jugera l'existence compatible avec le bien de l'État [...] ; que la loi ne reconnaisse comme valables que les mariages qui auront été contractés et par devant l'officier de l'état civil et par devant le ministre de la religion à laquelle appartiennent les contractants. »

(Cité *in* M. CHAULANGES, A.-G. MARNY, R. SÈVE, *Textes historiques 1815-1848*, Delagrave.)

• *Les missions et le renouveau congrégationniste.* Parcourir la France pour y restaurer la foi catholique, tel est le premier devoir des clercs. La Société des missions de France, fondée en 1816 par trois prêtres, Rauzan, Liautard et Forbin-Janson, fut le bras de cette rechristianisation menée cloches sonnantes, parfois avec le soutien des autorités locales (voir encadré 11, ci-dessus).

Les érections de croix de mission, en guise de réparation et d'expiation, clôturaient en général des processions suivies par des foules importantes. Elles se doublaient parfois d'une véritable mise en scène, où l'on officiait de nuit, où la contrition était spectacle, où l'enfer resurgissait, où l'on brûlait à l'occasion les « mauvais » livres (Helvetius, d'Holbach, Rousseau, Voltaire, etc.) Mais les missions reçurent aussi un accueil beaucoup plus partagé, notamment dans les villes : à Paris, des étudiants perturbèrent les cérémonies de 1821 à l'église Saint-Jacques. Les missions plus lointaines ne sont pas oubliées : la fondation de l'Œuvre de la propagation de la Foi par Pauline Jaricot en 1822 s'inscrit dans un mouvement d'évangélisation que la colonisation naissante amplifiera. Parallèlement, les congrégations masculines et féminines connaissent un renouveau très marqué (76 000 frères et sœurs en 1830) et exercent, pour les secondes, une quasi-

12 – LA DOCTRINE DE *L'AVENIR*

« Nous demandons premièrement la liberté de conscience ou la liberté de religion, pleine, universelle, sans distinction comme sans privilège ; et par conséquent, en ce qui nous touche, nous catholiques, la totale séparation de l'Église et de l'État [...] qui implique, d'une part, la suppression du budget ecclésiastique ; d'une autre part, l'indépendance absolue du clergé dans l'ordre spirituel [...]. Nous demandons, en second lieu, la liberté d'enseignement, parce qu'elle est de droit naturel et, pour ainsi dire, la première liberté de la famille ; parce qu'il n'existe sans elle ni de liberté religieuse ni de liberté d'opinion ; enfin parce qu'elle est expressément stipulée dans la Charte [...]. Nous demandons, en troisième lieu, la liberté de la presse, c'est-à-dire qu'on la délivre des entraves, nombreuses encore, qui en arrêtent le développement, et en particulier des entraves fiscales par lesquelles on semble avoir voulu gêner surtout la presse périodique [...]. Nous demandons, en quatrième lieu, la liberté d'association, parce que partout où il existe soit des intérêts, soit des opinions, soit des croyances communes, il est dans la nature humaine de se rapprocher et de s'associer ; parce que c'est là encore un droit naturel [...] ; parce que là où toutes classes, toutes corporations ont été dissoutes, de sorte qu'il ne reste que des individus, nulle défense n'est possible à aucun d'eux, si la loi les isole l'un de l'autre et ne leur permet pas de s'unir pour une action commune. [...] Nous demandons, en cinquième lieu, qu'on développe et qu'on étende le principe d'élection, de manière à ce qu'il pénètre jusque dans le sein des masses, afin de mettre nos institutions d'accord avec elles-mêmes, et d'affermir tout à la fois et le pouvoir et l'ordre public [...]. Nous demandons, en sixième lieu, l'abolition du système funeste de la centralisation, déplorable et honteux débris du despotisme impérial. »

(*L'Avenir*, 7 décembre 1830.)

hégémonie dans le service hospitalier et l'éducation des filles (*cf.* les Dames du Sacré-Cœur). C'est la grande époque des couvents d'où les jeunes filles du monde ne sortent que pour être mariées. Grâce à une libéralisation de la législation sur les congrégations féminines — une déclaration suffit —, leur nombre se multiplie. Mais la « résurrection » d'ordres religieux (bénédictins de Solesmes, avec l'abbé Guéranger, 1833 ; dominicains avec l'abbé Lacordaire, 1839) est liée à une exigence nouvelle de qualité. Quant à la Congrégation, fondée en 1801, dissoute en 1809, refondée en 1814 sous la direction du père Ronsin, un jésuite, elle fut objet de polémiques quant à ses objectifs et la nature de ses pouvoirs. C'était une confrérie mariale de piété, qui regroupa près de 2 500 membres sous la Restauration. Elle s'occupait de charité et disposait de filiales en province. La qualité de ses membres — entourage du comte d'Artois, nobles, hauts fonctionnaires civils et militaires, haut clergé — donna à penser à ses adversaires qu'elle constituait une force occulte agissant sur le gouvernement de la France. Ce dernier point a été rejeté depuis, mais l'appartenance conjuguée de certains de ses membres aux Chevaliers de la Foi, association plus secrète militant en faveur de l'alliance la plus étroite entre le Trône et l'Autel, l'a englobée dans une réprobation commune de la part des libéraux. La Congrégation fut dissoute en 1830, tout comme la Société des missions de France.

- *Catholicisme libéral et catholicisme social.* Perceptible dès avant 1830, la naissance d'un courant libéral voulant concilier foi chrétienne et idéaux de 1789 se révèle au grand jour avec le journal *L'Avenir*, fondé en octobre 1830, dont la devise est « Dieu et la liberté » (voir encadré 12, p. 72). Des hommes comme Lamennais, Lacordaire, Montalembert, Gerbet, prêtres ou non, réclament la liberté de la presse, d'association et d'enseignement : ils passent à l'action en fondant une école privée, ce qui leur vaut un procès. Mais ils veulent aussi le suffrage universel pour les élections communales, se prononcent pour l'abolition du Concordat, c'est-à-dire pour la séparation de l'Église et de l'État, et se font les promoteurs d'une Église tournée vers les pauvres des villes, ouvriers et artisans, critiquant explicitement les effets du libéralisme économique. Trajectoire étonnante que celle de Lamennais, qui fut durant la majeure partie de la Restauration un chantre de l'ultramontanisme et de la monarchie autoritaire, prônant une étroite alliance entre le Trône et l'Autel. Son ralliement aux idéaux de 1789 est pourtant un ralliement de conviction qui, au bout du compte, va briser sa carrière et sa vie.

Le catholicisme libéral se radicalise, alors même que la question ouvrière devient plus pressante. L'abbé Gerbet dénonce la « féodalité de la richesse » en 1832. Cette relecture des Évangiles — qui sera aussi celle de nombreux socialistes utopiques — leur valut les critiques acerbes du haut clergé qui, irrité par des positions qui trouvaient un écho certain dans une partie du bas clergé, en appela au pape. En novembre 1831, *L'Avenir* suspend sa parution et Lamennais se rend à Rome pour tenter de convaincre Grégoire XVI de la justesse de ses positions. C'est un échec : l'encyclique *Mirari vos* (1832) condamne les thèses défendues par *L'Avenir*. Les trois rédacteurs du journal se soumettent. Mais la publication au début de 1834 des *Paroles d'un croyant*, livre au contenu plus radical encore que *L'Avenir*, aussitôt condamné par Rome, provoqua la rupture définitive de Lamennais avec l'Église. Des initiatives caritatives et sociales en direction des déshérités se dessinent venant des laïcs, comme celle de Frédéric Ozanam avec la conférence de Saint-Vincent-de-Paul. Ces initiatives ne touchent pourtant qu'une minorité de la classe ouvrière, et de manière temporaire. Des socialistes utopiques tels que Buchez ou Leroux veulent rapprocher spiritualité et démocratie, rejetant la charité au profit de la justice sociale. Cabet, fondateur du communisme et directeur du journal *Le Populaire*, se réclame du message de Jésus-Christ, « premier des prolétaires ».

Pratiques et sentiments religieux

• *Déchristianisation ou déreligiosité ?* Poser la question de la déchristianisation, c'est d'abord poser, ainsi que l'a fait Jean Delumeau, celle de la christianisation : derrière un noyau commun composé de l'adhésion à des dogmes et à des pratiques universels, la christianisation a pris des formes variables et a parfois plus ou moins bien absorbé des croyances et des pratiques antérieures. La France de la Restauration est marquée par la réapparition de ces croyances et pratiques, héritage de la France prérévolutionnaire, surtout dans les campagnes. Dévotions populaires, culte marial (conforté par l'apparition de la Vierge rue du Bac, à Paris, en 1830, ou à La Salette, Isère, en 1846) et des saints, apparitions et prophéties (le cas de Martin l'Archange, paysan beauceron reçu par Louis XVIII pour lui faire des révélations, est à la croisée de ces deux phénomènes) demeurent courants, tolérés ou encouragés par l'Église, mais aussi les sorts, maléfices et autres pratiques de sorcellerie qui continuent à être exercés, malgré l'Église, dans les régions les plus enclavées (voir encadré 13, p. 75).

Globalement, il est indéniable que la déchristianisation de la France est un fait massif et durable : tant l'attitude face à la vie (concubinage, contraception) qu'aux sacrements (plus tardifs, féminisation de la pratique) en témoigne. Bien entendu, des régions comme un grand Ouest ou les hautes terres du Massif central restent des bastions chrétiens : le contraste n'en est que plus saisissant avec le Bassin parisien ou le Limousin. Mais les efforts continus du clergé ont amené les catholiques à des pratiques rénovées, à la fois basées sur une piété démonstrative (cette « déférence toute extérieure envers le culte », dont témoigne d'Alton-Shée, dans la bourgeoisie, à l'occasion des grandes étapes de la vie) et sur une réflexion individuelle facilitée par le nombre des publications religieuses sous la Restauration : publications de qualité inégale, mais « ciblées » en fonction d'un public, s'adressant à un pays en voie d'alphabétisation et insistant sur la souffrance, la sensibilité, l'édification. Le peuple chrétien, après avoir beaucoup souffert (comme le Christ) sous la Révolution, a retrouvé ses guides et arrive au port. Si les missions et les processions apparaissent comme des pratiques populaires, mais parfois conventionnelles, on observe la naissance, surtout dans les villes, d'une foi plus intime, plus familiale, plus « qualitative », effet d'un choix et non d'une obligation. On peut alors parler de déreligiosité au profit d'une religion plus personnelle, plus réfléchie aussi, dont témoigne le succès des conférences dominicales de Lacordaire à Notre-Dame de Paris.

13 – Quelques pratiques religieuses populaires

La bénédiction du pain :

« Offert par une famille, il est en général distribué aux assistants au moment du *Credo*. En Berry, conservé dans les moulins, on lui prête la vertu de faire retrouver le corps des noyés (*La Petite Fadette*). Il existe aussi des "pains de dévotion", offerts à la suite d'une maladie ou d'un danger. À Saint-Guilhem-le-Désert (Hérault), où l'on conserve une relique de la vraie Croix, les petits pains cruciformes bénis le 3 mai sont placés sur les fenêtres en cas d'orage. Le "pain des Trépassés" est vendu le dimanche à la porte des églises, et son produit sert à faire dire des messes pour les défunts (Boulonnais, Vimeu, Ponthieu...). »

La recherche d'un fiancé :

« Afin de trouver un fiancé, il faut cueillir à midi une herbe de mandragore et la poser sous la nappe d'autel pour que le prêtre dise la messe dessus (Van Gennep). Ailleurs les jeunes filles piquent une aiguille dans la statue d'un saint en le menaçant : en Lauragais, à la chapelle de San Segaïre (saint Sicre) : "Grand saint Sicre, si dans le cours de l'an, tu ne me donnes pas un galant, voici pour t'entailler le flanc." En Touraine, au pèlerinage de saint Gilles, le 1er septembre, la statue de saint Christophe subit le même traitement. »

La mort :

« La mort est entourée de nombreuses pratiques plus ou moins christianisées. La plus connue est rapportée par E. Le Roy, il s'agit du repas des morts en Périgord : "Le repas fini, on laissait sur la table les viandes et tout ce qui restait de chaque plat pour le souper des anciens morts, et on rapportait du pain et du vin lorsqu'il n'y en avait pas assez" (*Jacquou le Croquant*). Ce repas peut simplement consister en une collation frugale au cours de laquelle on prie pour les défunts. Dans la montagne Noire, en Bourbonnais, Périgord, une pincée de sel est jetée au feu afin d'éviter que le diable n'emporte l'âme. »

(Gérard CHOLVY, *Histoire religieuse de la France contemporaine — 1800-1880.*)

- *Des pratiques en déshérence.* Les témoignages abondent et concordent : la pratique religieuse, principal mais non unique moyen de mesurer le degré religieux d'une population, connaît au lendemain de la Révolution et de l'Empire un niveau très bas. Certaines paroisses n'ont plus de desservant depuis 1793. Même en tenant compte de l'aspect propagandiste de certains discours alarmistes, le constat est globalement fondé, malgré des disparités régionales traditionnelles. Aussi convient-il de ne pas surestimer l'impact des missions et des succès de librairie (Lamennais vend dès la première année 18 000 exemplaires du premier volume de son *Essai sur l'indifférence en matière de religion*, publié en 1817) : la flambée est brève. Sacrements et assistance à la messe sont assez massivement abandonnés. Des taux de pascalisants de l'ordre d'un quart de la population d'une ville sont déjà élevés ; à Paris, ce taux est plutôt de l'ordre d'un huitième. Dans le diocèse d'Orléans, terre de précoce déchristianisation étudiée par Christine Marcilhacy, les pascalisants ne représentent que 11 % de la population au milieu du XIXe siècle : les femmes environ 20 % et les hommes moins de 4 %. L'état d'esprit des jeunes élites (collégiens, lycéens et étudiants) est marqué par un voltairianisme partagé avec leurs parents, voire avec les classes populaires. La loi Guizot (1833), qui en principe obligeait les instituteurs à enseigner la lettre du catéchisme, met en évidence les lacunes religieuses des ruraux : si le baptême est quasi général, la communion se fait tardivement, parfois jamais. Le niveau des pratiques religieuses ne remonta guère sous la monarchie de Juillet : l'action d'un Lacordaire en direction des jeunes élites ou celle d'un Ozanam en direction des ouvriers méritent d'être soulignées par leur qualité, mais n'en demeurent pas moins d'une portée limitée, témoignant aussi d'une évolution vers une religion plus qualitative.

• *Une montée de l'anticléricalisme.* L'anticléricalisme constitue d'une certaine manière l'une des marques les plus profondes du XIXe siècle. Discret sous la Restauration, il est visible pourtant dans les milieux étudiants. Les manifestations contre les missions, les cris et moqueries traditionnels au passage de prêtres, le refus de se découvrir au passage de processions, la participation à des funérailles civiles comme celles de l'acteur Talma en 1826 en sont les signes les plus évidents. La Congrégation et les jésuites forment le bouc émissaire de ce « parti-prêtre » honni, et la publication par le comte de Montlosier du *Mémoire à consulter sur un système religieux et politique tendant à renverser la religion, la société et le trône* (comprenons : l'activité des jésuites) eut, en 1826, un retentissement considérable. Il est vrai que l'ouvrage arrivait au plus fort de la réaction cléricale, avec le vote de la loi sur le sacrilège en 1825 et la mainmise de l'Église sur l'Instruction publique dont le ministre était Mgr de Frayssinous : les 2/3 des professeurs de philosophie enseignant en faculté étaient des prêtres, le recteur de l'académie de Paris, l'abbé Nicolle, etc. Mais l'anticléricalisme se révèle surtout au grand jour avec la révolution de 1830, sous une forme très voltairienne. De nombreux symboles religieux sont abattus (croix érigées lors des missions) ou supprimés (crucifix des tribunaux), des prélats menacés (Mgr Quélen à Paris, Mgr Forbin-Janson à Nancy), des séminaires mis à sac, comme le noviciat des jésuites à Montrouge. L'église Saint-Germain-l'Auxerrois et l'archevêché de Paris furent envahis par la foule et dévastés à la suite de la célébration d'un office à la mémoire du duc de Berry, le 14 février 1831 : l'Église payait son attachement au régime renversé. L'époque est celle de la « laïcisation de l'espace urbain » et de la « séparation stricte entre les emblèmes de la religion et les symboles de la politique » (Claude Langlois). Le développement de la franc-maçonnerie, discret sous la Restauration, plus vigoureux sous la monarchie de Juillet, participe à ce développement de l'anticléricalisme — mais pas de l'athéisme : la grande majorité des rites s'affirme déiste — dont la bourgeoisie fournit les cadres, et le peuple des villes, et parfois des campagnes, les troupes. Pour Heine, observateur très parisien, « la majorité des Français ne veut plus entendre parler de ce cadavre [la religion] et se tient le mouchoir devant le nez quand il est question de l'Église ». L'orientation anticléricale du régime ne dura pourtant pas : dès la fin des années 1830, le roi opéra un rapprochement avec l'Église. Celle-ci adopta dans les années 1840 la question de la liberté de l'enseignement secondaire comme cheval de bataille, retrouvant des accents oubliés depuis la Restauration. La réaction ne se fit pas attendre, dirigée par l'Université en premier chef, avec Cousin, Michelet et Quinet. La question de la liberté d'enseignement demeura centrale jusqu'à la loi Falloux de 1850, votée à l'initiative de Montalembert.

Les religions minoritaires

• *Le protestantisme.* Si l'appartenance à la religion réformée ne constitue plus un barrage à l'exercice de hautes fonctions (*cf.* Guizot), il n'en subsiste pas moins un fossé culturel entre catholiques et protestants (environ 500 000 individus). Ce fossé a trouvé sa plus terrible expression dans les massacres de protestants du Midi lors de la Terreur blanche de 1815. Plus généralement, les mariages mixtes (comme celui de Guizot, ou celui dont naquit Marie d'Agoult) ne sont pas légion. Mieux, il demeure une vraie rivalité, parfois accentuée par un prosélytisme partagé. À celui de l'Église catholique sous la Restauration, répond le Réveil protestant des années 1830 et 1840, marqué par l'influence méthodiste. Des missions protestantes parcourent la France, des écoles du dimanche sont ouvertes, des théologiens comme Frédéric et Adolphe Monod ou Samuel Vincent prêchent un réveil de la communauté protestante. En 1818, la Société biblique protestante est fondée, suivie de la Société évangélique de France en 1833. Le nombre de pasteurs augmente sensiblement, passant de 250 en 1814 à 487 en 1848. Les publications se multiplient, comme *La France protestante* des frères Haag en 1846. Mais le protestantisme a du mal à conserver son unité : à la division traditionnelle entre calvinistes et luthériens viennent se superposer des divisions entre orthodoxes ou revivalistes très attachés à un protestantisme traditionnel (dans la lignée de Daniel Encontre), et libéraux plus ouverts sur la modernité (Athanase Coquerel dont le fils fonda la Société d'histoire du protestantisme français en 1852). À cela s'ajoute la multiplication des Églises minoritaires nées du mouvement du Réveil, comme les Baptistes, sans sacerdoce ni hiérarchie, ou les Darbystes, rigoureux fondamentalistes.

• *Le judaïsme.* L'octroi de l'égalité civile pour les juifs en 1791 n'a pas mis un terme à l'antijudaïsme. La politique ambiguë de Napoléon Ier (création d'un grand sanhédrin et d'un consistoire, mais « décret infâme » de 1808 limitant le droit de résidence des juifs en France et instituant des règlements spéciaux pour leurs créances) n'a pourtant pas remis en cause la plus grande intégration de la communauté juive (60 000 personnes) au sein de la nation française. Résidant surtout en Alsace, à Paris et dans quelques grandes villes comme Bordeaux, la communauté juive compte une majorité de ruraux. Sous la Restauration, les règlements d'exception concernant les créances sont supprimés, mais un serment spécial *More judaïco* existe jusqu'en 1846 pour les litiges concernant les juifs. Avec la création d'une école rabbinique à Metz (1829), la prise en charge par l'État du traitement des rabbins (1831), l'organisation du culte israélite en 1844, une nouvelle étape fut franchie : la présence de trois députés israélites dont l'un, Adolphe Crémieux, devint ministre sous la IIe République, plaide aussi en faveur de cette intégration. La littérature et l'opéra participent à la reconnaissance des juifs par des œuvres dont les titres et le contenu (*La Juive*, opéra de Scribe et Halévy, 1835; *Le Juif errant*, roman d'Eugène Sue, 1844-1845) donnent au moins symboliquement la mesure de la persécution dont ils furent victimes. La monarchie de Juillet comme la Restauration s'appuient sur la banque Rothschild dont l'un des représentants, James, a ses entrées à la Cour de Louis-Philippe et joue un rôle moteur dans le financement des lignes de chemin de fer. De fait, les actes d'hostilité ouverts envers les juifs sont assez rares (on note pourtant des émeutes antijuives lors des crises économiques de 1832 et 1848 dans l'est de la France), même si des propos comme ceux de Bonald évoquant « un peuple qui, sans chef, sans territoire et sans autel, traîne partout l'anathème dont il est frappé » ne sont pas isolés. La prévention demeure, y compris dans les hautes classes. L'Église tente aussi de mener une politique de conversion dont les quelques réussites (le rabbin strasbourgeois David Drach ou les frères Ratisbonne, fondateurs de la communauté Notre-Dame de Sion pour la conversion des israélites) ne masquent pas l'échec.

LE ROMANTISME

Réduire la période 1815-1848 à un mot, fût-il chargé de sens aussi divers et aussi forts que le mot romantisme, c'est aller à la simplification. Et pourtant, quel autre mot domine davantage cette période que celui-là? Si la préhistoire du romantisme peut se dévoiler ici ou là, avant ou pendant la Révolution (Bernardin de Saint-Pierre, Jean-Jacques Rousseau, Hubert Robert, Mme de Staël, Chateaubriand, Volney), son histoire commence en France sous le règne de Louis XVIII par une lutte homérique avec le classicisme et se développe sous celui de Louis-Philippe, atteignant un apogée que le déclin devait suivre de près.

Définir le romantisme

Les définitions ne manquent pas pour cerner ce qui apparaît comme le plus vaste mouvement littéraire et artistique que l'Europe ait connu depuis la Renaissance. Car si le romantisme eut aussi un rameau français, ce n'est pas en France qu'il s'exprima d'abord et ce n'est pas là qu'il trouva son expression la plus aboutie.

- *Des réactions en chaîne.* Le romantisme apparaît comme un mouvement de réactions en chaîne, individuelles ou collectives, contre des idées dominantes, littéraires et artistiques, incarnées par des institutions ou des hommes dont les conceptions sont vivement dénoncées et combattues. Au premier rang des accusés, le classicisme et ses règles figées qui triomphent toujours. La caractéristique première du romantisme, c'est de refuser les règles établies, eussent-elles été en vogue pendant la Révolution et l'Empire : ce refus s'accompagne parallèlement du rejet d'une époque jugée liberticide. Rejet de fond pour certains, de circonstance pour d'autres qui veulent plaire aux princes mécènes. En ce sens, en France, le romantisme originel se constitue à ses débuts en une sorte d'art officiel et ses plus célèbres plumes (Chateaubriand, Hugo, Balzac, Lamartine, Vigny, Nodier…) célèbrent à l'envi les malheurs (assassinat du duc de Berry, héritier de la couronne, en 1820) et les heurs (naissance de son fils posthume, « l'enfant du miracle ») de la monarchie restaurée. Dans la foulée, on rhabille la poésie et le théâtre, censurés ou officialisés durant de longues années et vecteurs privilégiés du mouvement romantique. On se penche sur le passé, sur les traditions, sur l'histoire : le Moyen Âge méprisé par les classiques revient en force, accompagné d'une Renaissance pourvoyeuse de drames politiques, religieux, personnels. On redécouvre une religion toute d'ors et de pompes, mais aussi l'importance de la spiritualité chrétienne (Chateaubriand, *Le Génie du christianisme* ou *Les Martyrs*) dans la dimension humaine. On célèbre la nature et on réhabilite l'individu et ses passions violentes qui l'emmènent jusqu'à la mort ou à la folie : le destin des créateurs rejoint parfois celui de leurs personnages. Mais le romantisme français n'eut pas de couleurs aussi sombres que le romantisme allemand en ce domaine : une raison toute cartésienne bride la célébration du morbide, du fantastique, de la nature inquiétante que peu (Nodier, Nerval) atteignent. Resterait à parler de la forme, toute dégagée de la rythmique classique, des rimes convenues et des poncifs éculés. C'est précisément sur ce point que la bataille générale fit rage, et celle d'*Hernani* (Victor Hugo, 1830) en particulier (voir encadré 14, p. 81).

- *Un mouvement européen.* Si le romantisme n'a pas de patrie aussi affirmée que l'Italie pour la Renaissance, ses racines doivent plutôt être cherchées du côté de l'Allemagne ou de la Grande-Bretagne (la revanche du Nord sur le Sud). La France fut touchée plus tardivement, tout comme l'Espagne et l'Italie. Cette excursion au-delà des frontières est nécessaire pour saisir les influences qui s'exercèrent sur les romantiques français. Mais elle témoigne aussi des particularités nationales du romantisme, mouvement qui s'éleva contre tout universalisme (refus de la philosophie des Lumières ou de l'*Aufklärung*) et contribua à l'affirmation de mouvements nationaux (le cas de l'Allemagne en témoigne) : en ce sens, il convient mieux de parler « des » romantismes. Au plan musical, l'école italienne continue de s'imposer à l'opéra (Rossini, Cherubini, Donizetti, Bellini), mais les œuvres symphoniques de Beethoven, Weber, Mendelssohn introduisent des orchestrations et des sonorités nouvelles, alors que les *Lieder* de Schubert et de Schumann exhalent un romantisme d'intimité, auquel répond l'œuvre instrumentale de Chopin ou de Liszt. Au plan littéraire, l'influence de l'Allemagne, pays révélé par l'œuvre de Mme de Staël, passe par les romantiques « récents » (Novalis, Schlegel, Arnim, Kleist, Hoffmann), mais surtout par un Herder, un Schiller ou un Goethe dont les poésies ou les drames — au premier rang desquels *Faust*, traduit par Nerval — marqueront durablement les écrivains français. La littérature britannique joue également un rôle important avec, notamment, les poésies de Wordsworth, Shelley, Keats, Coleridge et Byron, mort devant Missolonghi en 1824. Les romans historiques de l'Écossais Walter Scott connaissent un grand succès en France (*Ivanhoe*, *Quentin Durward*), alors que se font peu à peu connaître M.W. Shelley (*Frankenstein*), Ch. Dickens (*Aventures de monsieur Picwick*), ou les sœurs Brontë (*Jane Eyre*, *Les Hauts de Hurlevent*). Les poésies apocryphes du barde Ossian (dues à Macpherson) et les drames shakespeariens, redécouverts, satisfont ce besoin de retour vers les origines, cette soif de mystique et de violence qui marquent le romantisme. Les peintres participent à cette vision onirique du monde ou à la représentation d'une nature sublimée : anglais (Constable, très admiré au Salon de 1824, Bonington, Turner, Blake), allemands (Friedrich), suisses (Füssli) ou espagnols (Goya).

• *Une génération romantique.* Chronologiquement, le romantisme français connaît une courbe ascendante qui débute avec la Restauration pour atteindre son apogée dans les années 1820 et 1830. Ce fait s'explique par l'existence d'une génération romantique. Balisées à une extrémité par Lamartine, né en 1790, et à l'autre par T. Gautier, né en 1811, ces vingt années de la fin du XVIIIe et du début du XIXe siècle sont marquées par la naissance d'une pléthore de talents : historiens et littéraires (A. Thierry, J. Michelet, E. Quinet), poètes, romanciers et dramaturges encore lus (Balzac, Hugo, Dumas, Mérimée, Sainte-Beuve, Sand, Nerval, Musset) ou quelque peu oubliés (A. Deschamps, E. Sue, A. Barbier, A. Bertrand, P. Borel, H. Moreau), peintres et dessinateurs (Géricault, Corot, Delacroix, Devéria, Decamps, Granville, Gavarni, Daumier), musiciens (Berlioz), sculpteurs (Barye). Cette génération montante prend d'assaut les revues et les journaux, les ateliers et les salons (Mme Récamier), les théâtres surtout : le *Cromwell* de Victor Hugo (1827) constitue par sa préface une sorte de manifeste du romantisme que viendront renforcer le *Henri III et sa cour* d'Alexandre Dumas (1829), avant les deux triomphes d'*Hernani* (Hugo, 1830) et d'*Antony* (Dumas, 1831). (Voir encadré 14 p. 81.)

14 – Deux préfaces-manifestes de Victor Hugo

1— décembre 1827, *Cromwell* :

« [...] il serait étrange qu'à cette époque, la liberté, comme la lumière, pénétrât partout, excepté dans ce qu'il y a de plus nativement libre au monde, les choses de la pensée. Mettons le marteau dans les théories, les poétiques et les systèmes. Jetons bas ce vieux plâtrage qui masque la façade de l'art ! Il n'y a ni règles, ni modèles ; ou plutôt il n'y a d'autres règles que les lois générales de la nature qui planent sur l'art tout entier, et les lois spéciales qui, pour toute composition, résultent des conditions d'existence propres à chaque sujet [...]. Car, bien qu'en aient dit certains hommes qui n'avaient pas songé à ce qu'ils disaient, et parmi lesquels il faut ranger notamment celui qui écrit ces lignes, la langue française n'est pas fixée et ne se fixera pas. Une langue ne se fixe pas. L'esprit humain est toujours en marche, ou, si l'on veut, en mouvement, et les langues avec lui [...]. Le jour où elles se fixent, c'est qu'elles meurent. »

2 — mars 1830, *Hernani* :

« Jeunes gens, ayons bon courage ! Si rude qu'on nous veuille faire le présent, l'avenir sera beau. Le romantisme, tant de fois mal défini, n'est, à tout prendre, et c'est là sa définition réelle, si l'on ne l'envisage que sous son côté militant, que le libéralisme en littérature. Cette vérité est déjà comprise à peu près de tous les bons esprits, et le nombre en est grand ; et bientôt, car l'œuvre est déjà bien avancée, le libéralisme littéraire ne sera pas moins populaire que le libéralisme politique. La liberté dans l'art, la liberté dans la société, voilà le double but auquel doivent tendre d'un même pas tous les esprits conséquents et logiques ; voilà la double bannière qui rallie, à bien peu d'intelligences près (lesquelles s'éclaireront) toute la jeunesse si forte et si patiente d'aujourd'hui. »

Peu à peu, le romantisme attire à lui tous ceux qui recherchent dans les tyrans ou les libérateurs du passé des reflets de la situation du moment. Hugo joue un rôle majeur dans cette conversion toute modérée (« ni talons rouges, ni bonnets rouges ») du romantisme au libéralisme. Succès difficile, pourtant, de ces drames historiques et succès arraché par un public de jeunes gens : car le romantisme, c'est un mouvement de la jeunesse, et notamment de la jeunesse étudiante, qui vient en force à la première d'*Hernani* (tout en gardant sa fidélité aux classiques appris sur les bancs du collège), ou des Jeunes-France de Théophile Gautier. Cette mutation essentielle se produit vers 1825-1827. Le romantisme devient alors le lieu d'une culture d'opposition, et la liberté revendiquée s'étend au champ du politique. Ce que Balzac affirme à plusieurs reprises pour l'époque de la Restauration : « Les royalistes sont romantiques, les libéraux sont classiques » (*Les Illusions perdues*), ne tient plus. Le tournant de 1830 accentuera ce retournement, non sans déchirure ni résistance : des républicains restent fidèles à David et à Voltaire, ne goûtant guère Hugo et Delacroix. À bien des égards, le cri de victoire de Blanqui à l'issue des Trois Glorieuses, « Enfoncés, les romantiques ! », semble anachronique. Après 1830, le romantisme français se scindera entre les ralliés (Berlioz, Delacroix, Hugo) acceptant les commandes ou les honneurs officiels et les résistants, génération un peu plus jeune, s'arc-boutant sur un romantisme rouge et païen (les bousingots) ou apolitique et esthétique (les Jeunes-France). Si de nombreuses œuvres de premier plan marquent la monarchie de Juillet, peu de nouveaux talents apparaissent passé 1835 : une génération plus tard, le romantisme se meurt sous l'Empire autoritaire.

Le romantisme littéraire

C'est par les lettres que le romantisme se fera d'abord : la génération née sous l'Empire, enthousiasmée par Chateaubriand (*Atala*, 1800; *René*, 1802) ou Mme de Staël (*Delphine*, 1802; *Corine*, 1807) se définit par sa recherche d'absolu et d'idéal. Ce dernier se situe dans un autre espace-temps, celui d'un passé idéalisé et de lieux rêvés : l'imaginaire revient en force. Toute hiérarchie se révèle contestable. Surtout, elle est le reflet d'une époque, et celle que nous présentons ici ne déroge pas à la règle. Dernière précision : si tous ces écrivains vécurent à l'époque romantique, tous ne furent pas pour autant des prosélytes du romantisme.

• *Modes d'expression.* Le mouvement romantique français dispose de journaux éphémères et royalistes : *La Muse française, Le Conservateur littéraire*, puis du *Globe*, journal de la jeunesse libérale. Des cénacles se réunissent : celui de Nodier à l'Arsenal, dont il est bibliothécaire, est le plus couru (1824) avant que ceux de Hugo et de Saint-Beuve ne lui ravissent cette primauté. Les jalousies vont bon train, les intrigues aussi, ponctuées de critiques parfois assassines. Deux modes d'expression s'imposent :

– La poésie romantique fait une entrée en scène fracassante avec la publication des *Méditations* de Lamartine en 1820; suivent *Les Odes et Ballades* de Hugo et *Les Poèmes antiques et modernes* de Vigny. Avec les *Harmonies* et *Jocelyn* Lamartine enrichit son œuvre, tout comme Hugo avec les *Orientales*, les *Chants du crépuscule* ou *Les Voix intérieures*. Tous les romantiques versifient, avec plus ou moins de bonheur : Musset (*Les Nuits*), Gautier, Nerval, Marceline Desbordes-Valmore, Petrus Borel ou Hégésippe Moreau, dont la vie fulgurante et misérable s'acheva à 28 ans et qui laissa un recueil de poésies, *Les Myosotis*. Seuls Vigny et Hugo tiendront la distance, bien au-delà des limites de notre période.

– Hugo enchaîne aussi les succès au théâtre sous la monarchie de Juillet avec *Marion Delorme, Le roi s'amuse* (interdit par la censure en 1832), *Lucrèce Borgia, Angelo, Ruy Blas* avant de connaître un lourd échec avec *Les Burgraves* (1843) qui mit un terme à sa carrière de dramaturge. Le talent d'Alfred de Musset se révèle, dans une alternance rare de comédies et de drames

(*Les Caprices de Mariane*, *Lorenzaccio*, œuvre d'une force toute shakespearienne, *Fantasio*, *On ne badine pas avec l'amour*, *Un caprice*, etc.). Vigny écrit également pour le théâtre, notamment *Chatterton* en 1835. Alexandre Dumas poursuit dans le drame historique, avec *La Tour de Nesle* (1832, immense succès), *Kean*, ou la comédie (*Les Demoiselles de Saint-Cyr*). Puis, il bifurque vers le roman historique, faisant preuve de 1844 à 1855 d'une intense production (avec le concours de « nègres ») parmi laquelle *Les Trois Mousquetaires*, *Vingt ans après*, *Le Vicomte de Bragelonne*, *Le Comte de Monte-Cristo*, *Le Chevalier de Maison-Rouge*, *Joseph Balsamo*, etc. À l'inverse, Hugo interrompra provisoirement son œuvre de romancier (*Hans d'Islande*, *Le Dernier Jour d'un condamné*, *Notre-Dame de Paris*), laissant ce champ libre à la puissance d'Honoré de Balzac. De ce dernier, le cycle de la *Comédie humaine* représente la plus importante contribution romanesque de l'histoire de la littérature française. Multipliant les personnages, les lieux, les thèmes, Balzac brosse de la France parisienne ou provinciale une fresque étonnante, à la fois historique (*Les Chouans*) et sociologique (*La Femme de trente ans*), d'où émerge une vision toute personnelle du romantisme, notamment dans *Le Médecin de campagne*, *Eugénie Grandet*, *Le Lys dans la vallée*, et dans cette trilogie marquée du sceau de Vautrin que constituent *Le Père Goriot*, *Les Illusions perdues*, et *Splendeurs et misères des courtisanes*. Au même moment, Stendhal, aussi libéral que Balzac est conservateur, élabore une œuvre exceptionnelle par son écriture et son romantisme absolu : *Le Rouge et le Noir*, *La Chartreuse de Parme* et *Lucien Leuwen* (roman posthume inachevé). Parmi les autres romanciers importants, signalons C. Nodier dont l'œuvre est souvent tournée vers le conte fantastique, B. Constant qui publia un unique roman, *Adolphe*, en 1816, Vigny (*Cinq-Mars*, *Servitude et grandeur militaires*), Mérimée (*Colomba*, *Carmen*), George Sand (*Lélia*, *Le Meunier d'Angibault*, *La Mare au diable*), Musset (*Les Confessions d'un enfant du siècle*, 1836, roman autobiographique d'une beauté fulgurante) et Eugène Sue dont *Les Mystères de Paris*, publiés d'abord en feuilleton dans le *Journal des Débats* (1842-1843) suivis du *Juif errant,* connurent un prodigieux succès populaire.

Ce passage en revue, nécessairement incomplet, des grands noms de la littérature romantique ne doit pas faire oublier que l'époque fut également marquée par une floraison d'auteurs que la postérité a moins retenus comme Frédéric Soulier, les frères de Kock, Eugène Scribe, Henri Monnier, ou encore Henri Murger (*Les Scènes de la vie de bohème*, 1851), Louis Reybaud (*Jérôme Paturot à la recherche d'une position sociale*), Barthélemy et Méry, auteurs de poésies historico-politiques sur le mode classique, et Pierre Béranger dont les volumes de chansons poétiques et souvent politiques constituèrent l'un des plus grands *best-sellers* des années 1815-1848. La période fut également l'âge d'or du théâtre de boulevard, pantomimes, vaudevilles ou mélodrames « furibards » (*L'Auberge des Adrets*) joués dans des salles clinquantes du « boulevard du Crime » (le boulevard du Temple), comme l'Ambigu-Comique où s'illustra Frédéric Lemaître, idole des « enfants du paradis ».

Un renouvellement de la pensée

Parallèlement à la littérature, la pensée philosophique, historique ou scientifique connaît un renouvellement d'où émergent des personnalités marquantes et des œuvres importantes. Certaines, analysées dans les parties consacrées à l'histoire politique de la France, ne seront pas abordées ici : ainsi de Tocqueville, auteur de *De la démocratie en Amérique*, de Lamennais ou des socialistes dits « utopiques » comme Saint-Simon ou Fourier.

• *La philosophie*. Passé le choc des Lumières, la philosophie française a vécu assez repliée sur elle-même sous la Révolution et l'Empire. La bataille qui a fait rage entre « innéistes » et « sensualistes » — ces derniers s'abritent derrière Condillac — s'est éteinte. Les héritiers de la philosophie des Lumières sont à chercher du côté des idéologues : Destutt de Tracy, Gérando, Laromiguière, qui empruntent à Condillac sa méthode basée sur l'observation et l'expérience (de nombreux médecins ou savants s'en inspirent comme Cabanis, Pinel, Laplace, Lamarck, Ampère, Broussais). À l'inverse, s'élabore une philosophie placée sous le sceau unique du christianisme et tendant à se rapprocher de la théologie, avec Joseph de Maistre, Louis de Bonald ou Lamennais. Entre philosophie et politique, les doctrinaires, avec Royer-Collard et Guizot, veulent plus de spiritualité, suivant en cela Maine de Biran qui, parti de conceptions empiristes, plaide pour la réhabilitation de la métaphysique. La philosophie s'ouvre alors à des influences étrangères : Jouffroy s'intéresse aux philosophes écossais, comme Reid ou Stewart, qui mettent l'accent sur l'expérience et le sens commun. Victor Cousin, également séduit par l'école écossaise et par Kant, va introduire en France (après Mme de Staël) la première connaissance sérieuse, bien que partielle et déformée, de la philosophie allemande. Par trois fois (1817, 1818, 1824), il se rend en Allemagne, y rencontre notamment Hegel et Schelling, est arrêté et emprisonné comme libéral par la justice prussienne. Séduit par l'idéalisme allemand, Cousin, de retour en France, expose ce qu'il en a retenu à la Sorbonne. Destitué en 1821, il ne reprend son cours qu'en 1828 : son influence va alors croissant et il élabore sa propre doctrine philosophique, l'éclectisme, qui devient une sorte de doctrine officielle de la monarchie de Juillet. Plaidant pour une vision métaphysique de l'homme (« L'homme est un univers en abrégé »), Cousin explique la philosophie par son histoire même et par la philosophie de l'histoire, par la connaissance de tous les systèmes de pensée, y compris contradictoires (« l'harmonie des contraires »), enfin par la méthode psychologique (« La psychologie est la science universelle concentrée »). Le positivisme d'Auguste Comte s'élaborera en partie en réaction à l'éclectisme de Cousin, rejetant toute métaphysique au profit de la connaissance positive, obtenue grâce à l'expérimentation.

• *Naissance de l'histoire*. Bien qu'elle ne soit pas sans tradition et sans « grands ancêtres », on peut affirmer que l'histoire telle qu'on l'entend de nos jours est née à l'époque romantique. Elle est la création d'historiens qui s'avisent de percevoir et d'exposer la réalité historique, décryptée à travers une multitude de sources confrontées et analysées avec un esprit critique, parfois polémique et politique, et rédigée dans un style à la hauteur du contenu. Il s'agit de donner à l'histoire un caractère scientifique, d'en faire une clef indispensable à la compréhension de la notion, essentielle au XIXe siècle, de progrès, mais aussi de concourir à l'affirmation d'un sentiment national et patriotique. Certains s'essaient à la synthèse : de l'histoire de France (ainsi Anquetil ou Henri Martin), de Paris (Dulaure), des croisades (Michaud), de la Bourgogne des ducs (Barante). D'autres sont attirés par la biographie (*Cromwell* de Villemain, *Marie-Stuart* de Mignet). Les historiens libéraux recherchent davantage dans l'histoire la philosophie politique qui éclaire le présent : Guizot étudie ainsi tour à tour l'*Histoire du Gouvernement représentatif* et l'*Histoire de la révolution d'Angleterre*. Pour beaucoup, ce sont les sources de l'histoire et de la nation France qui forment un objet d'étude. La personnalité d'Augustin Thierry domine cette école qui privilégie la lutte entre les peuples (en l'occurrence les Gaulois, le peuple, et les Francs, la noblesse), produisant une *Histoire de la conquête de l'Angleterre par les Normands* (1825), puis des *Récits des temps mérovingiens* (1840) dont tant la valeur historique que la valeur littéraire en font un chef d'œuvre de l'historiographie romantique. Pour d'autres enfin, le passé proche, surtout celui des années 1789-1815, mais aussi celui de la Restauration, voire du début de la monarchie de Juillet, fournit matière à histoire, honnête mais engagée, sérieuse mais partiale : c'est vrai de Thiers (*Histoire de la Révolution* et *Histoire du Consulat et de l'Empire*), de Mignet (*Histoire de la Révolution française*), de Quinet (*Le Christianisme et la Révolution française*), de Louis Blanc (*Histoire de la Révolution*, qui suit une *Histoire de dix ans* sur les premières années du règne de Louis-Philippe), de Vaulabelle qui entreprend la publication d'une *Histoire des deux Restaurations*, d'Esquiros et de son *Histoire des Montagnards*, de Lamartine dont l'*Histoire des Girondins* (1847) remporte un énorme succès, et bien entendu de Jules Michelet dont l'*Histoire de la Révolution* (1847) suit la publication d'une *Histoire de France* du Xe au XVe siècle. Par un champ de recherches qui déborde sur la géographie, la sociologie, l'histoire de l'art, par une vision quasi ethnologique de la France et de ses héros (Jeanne d'Arc) ou de ses antihéros (Robespierre) et la symbolique qui s'en dégage, par son respect et son amour proclamé pour le peuple (*Le Peuple*, 1846), par la langue chaude et vivante qu'il utilise, par son engagement anticlérical (*Des jésuites*, 1843, avec son ami Quinet) et anticonservateur qui attire la jeunesse républicaine à son cours du Collège de France, suspendu en janvier 1848, Michelet est le plus grand historien romantique français.

• *Les chantiers de l'histoire.* L'histoire, notamment du Moyen Âge et de la Renaissance, envahit l'architecture (style « néogothique ») et le vêtement (mode « troubadour »), le théâtre ou le roman : face à un Dumas qui réinvente l'histoire sans trop de scrupules, Prosper Mérimée est le parfait exemple de la fusion — sans confusion — entre l'histoire et le récit romancé. Avec le soutien de Guizot, lui-même historien et créateur du Comité des travaux historiques et scientifiques, Mérimée est nommé inspecteur général à la Commission des monuments historiques, fondée en 1831 ; grâce à son action, de nombreux monuments sont restaurés : cathédrale de Poitiers, maison de Jacques Cœur à Bourges, remparts d'Avignon, etc. Le jeune architecte Viollet-Le-Duc se fait connaître par ses restaurations de Vézelay, de la Sainte-Chapelle, de Chartres, Amiens, Sens, etc., et surtout de Notre-Dame de Paris à partir de 1845. Partout les sociétés savantes se multiplient, ainsi que les publications de sources (*Documents inédits relatifs à l'histoire de France*, dès 1835) avec appareil critique, les revues historiques, les collections de Mémoires. L'archéologie et la préhistoire françaises naissent avec Boucher de Perthes, inventeur de l'homme « antédiluvien », au milieu des railleries des scientifiques et des oppositions du clergé. L'École des chartes est créée en 1821, l'École française d'Athènes en 1846. L'École des langues orientales est réorganisée, le musée des Thermes de Cluny reconnu. Quasi absente avant 1830 dans l'enseignement secondaire, l'histoire contemporaine (entendons : depuis l'Ancien Régime jusqu'à l'Empire) fait une percée remarquée après la révolution de Juillet, et les chaires d'histoire se multiplient dans l'enseignement supérieur. Le renouveau des dialectes et langues régionales amène la publication d'études comme l'*Histoire politique, religieuse et littéraire du midi de la France* de Mary-Lafon en 1842, ou les travaux pionniers de La Villemarqué sur la langue et l'histoire de la Bretagne. Grâce à Jean-François Champollion, l'égyptologie en général et le déchiffrement des hiéroglyphes en particulier (1822) peuvent être considérés comme des inventions françaises. Avec Silvestre de Sacy, Eugène Burnouf, Abel Rémusat, les études des civilisations arabo-musulmanes, proche et extrême-orientales connaissent un vigoureux essor.

• *Les sciences*. Après le déclic provoqué par la Révolution, créatrice de l'École polytechnique en 1794, et l'Empire, grand consommateur de scientifiques, tant pour les besoins de la guerre que pour ceux d'une économie bridée par le blocus continental, les sciences restent un domaine quelque peu marginal. Leur enseignement reste encore très réduit, alors même que, dans plusieurs domaines, on enregistre des progrès décisifs :

– les mathématiques, avec Poncelet, Fourier, Michel Chasles, Augustin Cauchy, spécialiste de l'analyse mathématique et aussi engagé en faveur de la monarchie des Bourbons qu'Évariste Galois le fut pour la République (la mort de ce dernier en 1832, tué en duel à 19 ans, mit un terme à une brève carrière marquée par des travaux remarquables sur la résolution des équations) ;

– la physique avec Fourier encore, et Poisson, Coriolis, Foucault (créateur du pendule), qui travaillèrent sur les principes de la mécanique analytique, François Arago, astronome et républicain, Le Verrier, l'un des découvreurs de la planète Neptune, Fresnel, spécialiste de la polarisation de la lumière sur laquelle travailla aussi Biot, Niepce, inventeur de la photographie que perfectionna Daguerre, Ampère qui travailla sur l'électricité ou encore Sadi Carnot, fils de Lazare, fondateur de la thermodynamique ;

— la chimie avec les travaux de Jean-Baptiste Dumas, découvreur de la loi des substitutions, du baron Thénard, découvreur de l'eau oxygénée, ou de Gay-Lussac, qui énonça la loi de combinaison des gaz ;

— la géographie, marquée par la personnalité de Malte-Brun, auteur d'une remarquable *Géographie universelle*, fondateur et premier secrétaire de la Société de géographie de Paris en 1821 ;

— les sciences de la Terre avec Cuvier, naturaliste fondateur de l'anatomie comparée et de la paléontologie, partisan du fixisme et adversaire de Geoffroy Saint-Hilaire et de Lamarck qui tenaient pour le transformisme, annonçant Darwin ;

— la biologie avec Dutrochet, spécialiste de la cellule sur laquelle se penche aussi le jeune Pasteur, Magendie, qui travaille sur le système nerveux et est le maître de Claude Bernard, Flourens qui se spécialise sur les fonctions cérébrales et préconise l'utilisation du chloroforme dans les anesthésies chirurgicales ;

— la médecine hospitalière qui connaît un âge d'or illustré par les noms de Laënnec, théoricien de l'auscultation et inventeur du stéthoscope, Bichat et Broussais, anatomistes et physiologistes, Larrey et Dupuytren, célèbres chirurgiens, Corvisart, spécialiste de l'anatomopathologie qui travaille sur les maladies du cœur et de l'appareil respiratoire, Bretonneau, qui décrit les caractéristiques de la fièvre typhoïde et de la diphtérie, Pinel et Esquirol, médecins aliénistes qui humanisent les conditions de vie des aliénés considérés comme des malades, Velpeau qui enseigne la chimie chirurgicale et invente la bande qui porte son nom, etc.

Les Beaux-Arts

La production est importante, les influences diverses, les théories opposées : à Ingres, continuateur du classicisme, on peut opposer Delacroix, apôtre du romantisme. L'époque est marquée par un goût prononcé pour l'orientalisme, en harmonie avec les récits des écrivains voyageurs que furent Lamartine, Chateaubriand, Nerval ou, plus tard, Flaubert. Signalons également une très riche production d'arts décoratifs (style Restauration ou style Louis-Philippe) que nous ne pouvons qu'évoquer ici.

• *La peinture.* Le classicisme n'est pas mort avec l'Empire, ni avec l'exil de David. Prudhon, Gérard, Carle Vernet continuent à représenter cette école dont certains, élèves de David, commencent à s'écarter (Gros). Ce fut surtout Ingres qui inscrivit son œuvre dans la continuité classique, s'opposant ostensiblement au romantisme, en s'inspirant au niveau du dessin (« Le dessin c'est tout »), des couleurs et des thèmes de l'antiquité gréco-latine (*Apothéose d'Homère*, 1827). Mais ses portraits d'hommes (*Portrait de monsieur Bertin*), et de femmes (*Madame de Senonnes*) et ses nus (*la Grande Odalisque*) témoignent, au-delà de la virtuosité, de sa finesse psychologique et de son sens du mouvement. Parmi ses élèves, citons Hippolyte Flandrin. Du reste, les frontières ne sont pas toujours aussi marquées. Après un préromantique comme Hubert Robert, les peintres d'histoire en témoignent : Paul Delaroche, qui traite de façon classique des thèmes romantiques, Horace Vernet, fils de Carle, ou les frères Ary et Henry Scheffer qui, passés par le romantisme, évoluèrent vers un certain académisme sous la monarchie de Juillet. Et que dire de Chassériau, de Decamps, de Devéria, sinon qu'eux aussi évoluèrent vers un art figé, officiel, presque stéréotypé ? Reste que le romantisme fut en peinture comme en littérature une révolution. Géricault fit sauter les verrous de la forme et des couleurs académiques, non sans maladresse parfois ; mais ses œuvres les plus abouties (*Le Radeau de la Méduse*, ses portraits d'aliénés) témoignent d'un véritable génie, mot que l'on peut accoler aussi à Eugène Delacroix. Celui-ci s'échappa rapidement de son apprentissage pour inventer couleurs (« J'ouvre ma fenêtre, je vois des taches ») et formes en harmonie avec ses sujets. Marqué par l'orientalisme contemporain (*Femmes d'Alger*), prolongé par l'histoire (*La Mort de Sardanapale*, *Prise de Constantinople par les croisés*) ou l'actualité (*Scènes des massacres de Chio*), il a donné avec *Le 28 juillet 1830 : la Liberté guidant le peuple* l'un des chefs d'œuvre absolus de la peinture française, où se rejoignent dans une parfaite osmose révolution politique et révolution artistique. Comblé d'honneurs sous la monarchie de Juillet, il reçut des commandes pour la décoration du musée du Louvre, du Palais-Bourbon, du palais du Luxembourg, de l'Hôtel de Ville. Génie encore que celui de Daumier, trop souvent présenté uniquement comme dessinateur (domaine dans lequel il excelle, avec Gavarni ou Granville), alors qu'il fut aussi un grand peintre. Signalons enfin que le paysagisme connut un nouvel essor après 1830 : si Corot est le maître d'une facture encore classique (mais quelle finesse dans le coloris), l'école dite « de Barbizon » se déploie avec Diaz, T. Rousseau, Daubigny, prenant la « vraie » nature comme objet d'étude, pendant du réalisme d'un Millet ou d'un Courbet qui, eux, placent l'homme au centre d'œuvres alors à leurs débuts. L'invention de la photographie ne sera pas sans influence sur la peinture.

• *L'architecture et la sculpture.* Plus que les peintres, les sculpteurs et les architectes dépendent des commandes officielles. Peu innovent : le néoclassicisme de Fontaine, ami de Percier avec lequel il avait dressé l'arc de triomphe du Carrousel, se voit aussi bien dans l'aile du Louvre bâtie en bordure de la rue de Rivoli que dans la Chapelle expiatoire à la mémoire de Louis XVI. L'achèvement de l'église de la Madeleine et de l'Arc de triomphe témoigne de la continuité décorative avec le régime impérial. La colonne de Juillet (Alavoine et Duc) apparaît plus novatrice par sa légèreté, tout comme les fontaines de Visconti (square Louvois, fontaine de Molière, place Saint-Sulpice). Le retour en faveur du Moyen Âge et de la Renaissance se devine dans les nefs de Notre-Dame-de-Lorette (Lebas, 1823) ou dans Saint-Vincent-de-Paul (Lepère et Hittorf, 1824-1844), la Trinité (Ballu), les théâtres de la place du Châtelet (Davioud). En 1846, Gau et Ballu lancent la mode du néogothique avec Sainte-Clotilde. Placée elle aussi sous la coupe du classicisme que perpétuent Pradier, Bosio, disciple de Canova, Cortot ou Étex, la sculpture connaît une évolution sous l'influence du romantisme, dans la forme et dans l'expression. Grand statuaire, David d'Angers demeure pour la postérité l'auteur de médaillons de toutes les têtes connues de France et d'Europe. Très marqué par son éducation classique, François Rude s'en échappe par la puissance du mouvement, de l'élan, visibles notamment dans son *Départ des volontaires en 1792*, dit « la Marseillaise », qui orne l'Arc de triomphe (1837). Les bronzes animaliers d'Antoine Louis Barye apparaissent parfois comme les pendants des tableaux de Delacroix : le mouvement et la forme y cassent la rigueur figée des marbres classiques, annonçant Carpeaux et Rodin.

- *La musique*. Entre l'école lyrique italienne, perpétuée par les œuvres d'un Donizetti, d'un Cherubini, et surtout d'un Rossini qui enregistre de nombreux triomphes à Paris jusqu'à l'interruption de sa carrière en 1829, et l'école allemande, progressivement découverte en France (Beethoven, Weber, Schubert, Schumann), l'école française semble rester sous influence. Les apports de musiciens étrangers installés en France comme Chopin, Liszt ou Meyerbeer renforcent cette impression : l'œuvre des deux premiers représente l'apogée du piano romantique, alors que les opéras du troisième (*Robert le Diable*, *Les Huguenots*) remportent un franc succès à Paris. Les musiciens français vivent sur un répertoire d'opéras-comiques de Boieldieu, d'Auber, d'Halévy, d'Adam, d'Hérold ou d'opéras de facture classique, dans la lignée de Méhul ou de Le Sueur. Le seul compositeur de génie que la France connaît alors ne rencontre qu'un succès occasionnel, entrecoupé d'échecs et de sarcasmes, alors que l'Allemagne (avec l'appui de Liszt), l'Autriche ou la Russie l'accueillent avec enthousiasme. Hector Berlioz a pourtant laissé une œuvre majeure dans l'histoire de la musique : avec Delacroix, il représente l'esprit romantique par excellence, traduisant par des sons et des orchestrations ce que la palette du peintre produisait sur la toile. Les titres mêmes de ses compositions sonnent comme un résumé du romantisme : entre une *Scène héroïque de la révolution grecque* (1826) et *Les Troyens* (1855-1858), Berlioz produit notamment la *Symphonie fantastique* (1830), *Harold en Italie*, le *Requiem* (commande d'État), *Benvenuto Cellini*, *Roméo et Juliette*, la *Symphonie funèbre et triomphale* (1840, commande pour l'inauguration de la colonne de la Bastille) et la *Damnation de Faust*. Influençant Wagner, qu'il rencontre lors de son passage à Paris, Berlioz a également publié en 1844 un *Grand traité d'instrumentation et d'orchestration*.

4 La révolution de 1830 et les débuts de la monarchie de Juillet (1830-1835)

LA RÉVOLUTION DE JUILLET 1830

Appelée également « les Trois Glorieuses » — 27, 28 et 29 juillet 1830 — elle représente l'un des événements majeurs de l'histoire contemporaine de la France. Cette affirmation peut sembler contestable lorsqu'on examine les modifications survenues à la suite des Trois Glorieuses : mesuré à l'aune d'autres révolutions, le bilan peut sembler léger. Prenons garde cependant de ne pas oublier l'essentiel : le fait révolutionnaire lui-même. Renouant avec 1789, la France se débarrasse d'une dynastie en ripostant à un coup de force. Le soleil de juillet a vu aussi l'éclosion au grand jour du républicanisme : mais, pour des raisons qu'il faudra déterminer, la République ne put encore s'imposer.

Les Trois Glorieuses

• *La réaction aux ordonnances.* Dès le 26 juillet, des protestations se font entendre venant des milieux étudiants et du monde de l'imprimerie et du journalisme touché de plein fouet par le rétablissement de la censure. À la Bourse, la rente baisse de 4 F. La classe politique se montre discrète. Beaucoup de députés sont absents de Paris pour cause de vacances parlementaires. Ceux qui sont présents se réunissent et, constatant leur faible nombre, décident de reporter la réunion au lendemain chez Casimir Perier, l'un des chefs libéraux. Les journalistes, assemblés au siège du journal *Le National*, rédigent et signent — ils sont 44 à le faire — une protestation contre les ordonnances, idée de Thiers (voir encadré 15, p. 95).

Les patrons d'imprimerie donnent congé à leurs ouvriers qui, avec des étudiants, forment les premiers attroupements aux alentours du Palais-Royal. Des journaux décident de paraître le lendemain malgré les ordonnances et un arrêté du préfet de police.

• *Le 27 juillet 1830* est la journée décisive au cours de laquelle la protestation devient insurrection. Plusieurs journaux dont *Le National*, *Le Temps*, *Le*

Globe paraissent et publient la protestation des journalistes. Le préfet de police fait démonter leurs presses et lance des mandats contre les journalistes. Des étudiants armés rejoignent la rive droite où des ouvriers se rassemblent plus nombreux autour du Palais-Royal et de la place Vendôme, puis dans les faubourgs. Les premiers coups de feu sont tirés et, dans l'après-midi, un premier insurgé est tué. Des barricades sont ébauchées, des armureries pillées. Charles X décide de confier le commandement des troupes au maréchal Marmont, duc de Raguse. Choix malheureux : cet ancien dignitaire impérial traîne comme un boulet sa trahison de Napoléon en 1814. De plus, ses troupes, quoique en nombre suffisant, sont mal organisées, mal ravitaillées et mal reliées entre elles. Quant à la réunion des députés chez Casimir Perier, elle aboutit à la décision de rédiger une protestation, travail confié à Guizot qui adopte un profil très prudent. D'autres réunions ont lieu au siège de *La Tribune* et du *Globe* : mais partout les avis divergent et les chances de réussite de l'insurrection paraissent bien faibles. Les républicains — Cavaignac, Bastide, Guinard, membres de « Aide-toi, le ciel t'aidera » — poussent à l'action.

• *Le 28 juillet 1830*, Paris est en état d'insurrection. Étudiants, artisans, vieux soldats des armées impériales, gardes nationaux se retrouvent côte à côte sur les barricades qui se multiplient dans le Paris populaire. Les polytechniciens sortis de leur école en faisant le mur jouent volontiers le rôle de généraux de cette armée d'insurgés. On pille les postes de garde, on fabrique des balles, on chante la *Marseillaise*. Le drapeau tricolore apparaît sur les tours de Notre-Dame sous un soleil éblouissant. Les cris dominants sont ceux de « À bas les Bourbons ! » et de « Vive la Charte ! » L'Hôtel de Ville est pris après des combats acharnés : les victimes se comptent par centaines pour les morts, par milliers pour les blessés. Les premières défections de troupes se produisent. Marmont, conscient d'être confronté à une véritable révolution, décide de former quatre colonnes pour reprendre les quartiers insurgés. Les soldats progressent dans d'étroites rues, recevant une grêle d'objets divers. Ils sont ramenés autour du Louvre et des Tuileries. Réunis chez Bérard, en présence de La Fayette et de Laffitte, les députés envoient une délégation auprès de Marmont : ils lui proposent l'arrêt des combats en échange du retrait des ordonnances et du remplacement du ministère, ce à quoi se refuse Charles X. Une seconde réunion tenue chez Audry de Puyraveau témoigne de l'indécision persistante des parlementaires.

• *Le 29 juillet 1830*, plusieurs centaines de barricades sont dressées dans la capitale. Les insurgés visent maintenant le contrôle de deux objectifs stratégiques et symboliques qui marqueraient leur victoire définitive : le Louvre et les Tuileries. C'est chose faite en fin de matinée. Les jeunes républicains sont en première ligne dans ces combats. Marmont se replie sur les Champs-Élysées, puis passe la barrière de l'Étoile. Sur la rive gauche, la jeunesse des Écoles forme plusieurs colonnes qui s'emparent du Palais-Bourbon et de la caserne des Suisses, située rue de Babylone. Ce combat coûtera la vie à plusieurs étudiants et polytechniciens dont Vanneau. Le gouvernement se replie sur Saint-Cloud, où se trouve depuis le début le roi. Les députés, réunis chez Laffitte, comprennent que le moment est venu de passer à l'action pour éviter que les républicains ne s'emparent d'un pouvoir vacant. Ils nomment La Fayette chef de la garde nationale — rappel de 1789 — et le général Gérard chef des troupes de ligne. Une Commission municipale est formée qui s'installe à l'Hôtel de Ville : elle se compose de Laffitte, Casimir Perier, Audry de Puyraveau, Schonen, Mauguin et du général Mouton. Dès lors, la révolution de rues est terminée ; celle de palais peut commencer.

• *La course au pouvoir.* Plusieurs solutions sont envisageables, à commencer par le maintien de Charles X. Celui-ci, le 29 juillet en fin de journée, se résout au retrait des ordonnances et approuve la nomination du duc de Mortemart, un modéré, pour remplacer Polignac. On n'en est plus là à Paris : la Commission municipale, qui se considère comme un véritable gouvernement provisoire, et les députés écartent cette possibilité. Les orléanistes ont le vent en poupe : le 30 juillet, une proclamation s'étale sur les murs de Paris. Œuvre de Thiers, elle se livre à une vigoureuse apologie du duc d'Orléans (« un prince dévoué à la cause de la révolution », qui était à Jemmapes, a « porté au feu les couleurs tricolores ») et à une non moins vigoureuse attaque contre Charles X (qui « a fait couler le sang du peuple ») et la République (« qui nous exposerait à d'affreuses divisions » et « nous brouillerait avec l'Europe »). Réunis au Palais-Bourbon, les députés proposent la lieutenance-générale du royaume au duc d'Orléans qui accepte leur proposition. Si les bonapartistes ne pèsent pas lourd dans ce jeu d'intrigues, les républicains ont plus d'espoir : ils élaborent un programme qu'ils veulent soumettre à La Fayette (voir encadré 16, p. 96). Celui-ci demeure leur seul véritable atout par sa popularité et sa modération. Mais il refuse de les suivre et, le 31 juillet, c'est La Fayette qui accompagne le duc d'Orléans à l'Hôtel de Ville au milieu d'une foule hésitante, voire hostile à ce membre de la famille des Bourbons. C'est encore La Fayette qui fait pencher la balance en s'enroulant avec le duc dans un drapeau tricolore, tout en lui portant l'accolade, sur le balcon de la maison municipale. « La Charte sera désormais une vérité », proclame le duc d'Orléans. Plus que celle de l'intrigue, c'est la défaite du nombre, c'est l'absence d'un vaste soutien de ce peuple dont ils veulent l'émancipation qui ferment les portes du pouvoir aux républicains.

• *L'investiture du nouveau roi.* Charles X se replie sur le Trianon, puis le 1er août sur Rambouillet. Le 2 août, tentant une ultime manœuvre, il signe son abdication et celle du Dauphin, le duc d'Angoulême, en faveur du duc de Bordeaux, et charge le duc d'Orléans d'assurer la direction de la régence durant la minorité du nouveau roi. Le lieutenant-général ne donne pas suite à cette demande. Le lendemain, une expédition de volontaires part de Paris pour Rambouillet afin de contraindre Charles X à quitter la France (ce qu'il ne fera que le 16 août en direction de l'Angleterre). Le même jour, le duc d'Orléans, qui a déjà rétabli le drapeau tricolore et formé un gouvernement (Gérard à la Guerre, Dupont de l'Eure à la Justice, Guizot à l'Intérieur, le rassurant baron Louis aux Finances) paraît devant les Chambres réunies — 240 députés et 60 pairs —, annonce son programme et les réformes de la Charte qu'il souhaite. Les parlementaires se mettent au travail, sous la pression de manifestations républicaines qui culminent le 6 août. Le projet est achevé le 7 août : la Chambre le présente au lieutenant-général, ainsi que la résolution l'appelant au trône (219 députés pour, 33 contre et 97 abstentions ; chez les pairs, 114 sur 364 sont présents : 89 votent pour, 10 contre, 14 blanc et 1 nul). Le 9 août, le duc d'Orléans est intronisé au Palais-Bourbon, sous le nom de Louis-Philippe Ier, roi des Français, après avoir prêté serment de fidélité à la Charte modifiée. La monarchie de Juillet apparaît donc comme une monarchie élective et contractuelle.

• *La révolution en province.* Essentiellement parisienne, la révolution n'eut que peu de prolongements en province. Dans l'est de la France, assez libéral ou bonapartiste, elle fut accueillie avec un enthousiasme certain. L'Ouest ne bougea pas : pas de chouannerie dans les campagnes, et au contraire un fort mouvement de soutien au nouveau régime dans les villes où le drapeau tricolore fut rapidement hissé et les autorités compromises destituées. Peu de violences à remarquer, sauf à Nantes où des soldats de ligne furent tués lors d'affrontements avec des manifestants. Dans le Midi, et notamment dans le Gard, les souvenirs de la Terreur blanche étaient encore vifs. Le préfet dut intervenir pour empêcher que des violences entre catholiques et protestants ne dégénèrent. Le rôle des gardes nationales et des commissions municipales rapidement mises en place dans les grandes villes de province (Lyon, Toulouse, Bordeaux) fut déterminant pour endiguer tout risque d'affrontement. Parfois, des membres du clergé manifestant leur hostilité au nouveau roi ou jugés compromis avec l'ancien durent s'enfuir. Partout, de hauts fonctionnaires civils, surtout des magistrats, ou militaires démissionnèrent ou furent révoqués (mais l'armée d'Algérie se rallia, Bourmont étant remplacé par Clauzel), refusant de prêter serment à Louis-Philippe. Ils laissaient leurs places à une génération nouvelle qui s'en empara avec gourmandise. Le thème de la « curée » sera cher aux caricaturistes du début de la monarchie de Juillet.

15 – Protestation des journalistes contre les ordonnances, 26 juillet 1830

« On a souvent annoncé, depuis dix mois, que les lois seraient violées, qu'un coup d'État serait frappé. Le bon sens public se refusait à le croire. Le ministère repoussait cette supposition comme une calomnie. Cependant, *Le Moniteur* a publié enfin ces mémorables ordonnances qui sont la plus éclatante violation des lois. Le régime légal est donc interrompu, celui de la force est commencé. Dans la situation où nous sommes placés, l'obéissance cesse d'être un devoir. Les citoyens appelés les premiers à obéir sont les écrivains des journaux ; ils doivent donner les premiers l'exemple de la résistance à l'autorité qui s'est dépouillée du caractère de la loi.[…] Nous n'avons pas à tracer ses devoirs à la Chambre illégalement dissoute, mais nous pouvons la supplier, au nom de la France, de s'appuyer sur son droit évident et de résister autant qu'il sera en elle à la violation des lois. »

(*Le National*, 27 juillet 1830.)

Bilan de la révolution

Bilan humain. Du côté des insurgés, le chiffre de 504 tués dont les noms figurent sur la colonne de la Bastille est très inférieur à la réalité : il y eut au moins 800 tués et environ 4 000 blessés, parmi lesquels certains moururent plusieurs semaines après les combats ; du côté des troupes, environ 200 tués et 800 blessés. Net déséquilibre, donc, entre soldats de métier et insurgés courageux, mais victimes de leur manque d'expérience. Ces trois jours de combats ont donc provoqué au total la mort de 1 000 personnes et près de 5 000 furent blessées. L'origine sociale des victimes insurgées montre une forte prépondérance des milieux populaires : les métiers de l'artisanat représentent au moins les 2/3 des victimes, mais les étudiants, proportionnellement à leur nombre, ont été autant touchés. La thèse de David Pinkney — les métiers ont fait la révolution et non la bourgeoisie — semble exacte, mais réductrice. L'originalité de 1830 par rapport à juin 1848 ou à la Commune de 1871 est justement d'avoir réuni, l'une des rares fois avec février 1848, un peuple entier, fraternisant dans le combat et dans la mort pour des valeurs provisoirement partagées.

16 – LE PROGRAMME RÉPUBLICAIN EN 1830

« On voulait surtout que la forme du gouvernement quelle qu'elle fût demeurât soumise à la sanction définitive du peuple. [...] Alors fut rédigé et présenté le programme dont on parle. Ses principales dispositions étaient les suivantes :

1. La souveraineté nationale reconnue en tête de la constitution comme le dogme fondamental du gouvernement.
2. Point de pairie héréditaire.
3. Renouvellement complet de la magistrature.
4. Loi municipale et communale sur le principe le plus large de l'élection. Pas de cens d'éligibilité.
5. L'élection appliquée à toutes les magistratures inférieures.
6. Plusieurs autres dispositions touchant les privilèges et les monopoles qui paralysent l'industrie, etc.
7. Tout cela enfin adopté provisoirement et devant être soumis à la sanction de la nation seule capable de s'imposer le système de gouvernement qui lui conviendra. »

(Armand MARRAST, *Programme de l'Hôtel de Ville*.)

• *Louis-Philippe Ier*. En arrivant au pouvoir en juillet 1830, Louis-Philippe réussit là où ses ancêtres avaient échoué. Personnalité complexe, en vérité, que celle de Louis-Philippe dont le père, Philippe-Égalité, vota la mort de son cousin Louis XVI en 1793. Membre des jacobins en 1790, combattant à Valmy et à Jemmapes, il déserte au printemps 1793, mais se refuse à servir dans les rangs des armées d'émigrés. Son errance en Europe (Suisse, Allemagne, Scandinavie, Angleterre, Sicile après son mariage avec Marie-Amélie, fille du roi Ferdinand, puis de nouveau Angleterre) et aux États-Unis contribue à lui donner une connaissance du monde que peu de ses contemporains ont. Ne se réinstallant définitivement en France qu'en 1817, il récupère son patrimoine foncier qui en fait l'une des plus grosses fortunes de France, à l'abri de toutes les compromissions avec une dynastie qui, tout en lui rendant ses titres et en le faisant bénéficier largement du « milliard des émigrés », le tient soigneusement à l'écart. Menant une vie familiale et bourgeoise, inscrivant ses nombreux fils (il est père de 8 enfants, dont 5 garçons) dans les collèges publics de Paris, tenant bourse ouverte pour toutes les belles causes et salon ouvert pour le Tout-Paris de la politique, du journalisme et des arts appartenant de préférence à l'opposition, il cultive discrètement sa différence avec la branche aînée. La révolution de 1830 représente une occasion qu'il ne laisse pas passer. Mais Louis-Philippe n'est pas disposé à brader toutes les prérogatives du roi. Derrière une prudence et une affabilité appuyées, le nouveau souverain qui affecte de jouer le rôle de

« roi-citoyen » est un homme de caractère. La formule de Thiers — « Le roi règne mais ne gouverne pas » — ne lui convient guère.

• *Nature du nouveau régime.* Pour légères qu'elles paraissent, les modifications apportées à la Charte n'en constituent pas moins un ensemble qui, dans ses grandes lignes, donnait satisfaction à la bourgeoisie libérale. Que les républicains aient critiqué la timidité de ces modifications est naturel, mais leur poids politique fut alors insuffisant pour obtenir davantage. Les principaux changements sont la suppression du préambule de la Charte ; la religion catholique devient religion « professée par la majorité des Français » ; le drapeau tricolore est rétabli ; la censure de la presse est définitivement abolie ; l'article 14 est modifié pour retirer au roi le droit de prendre des ordonnances pour la « sûreté de l'État » ; les Chambres partagent avec le roi l'initiative des lois ; l'âge de l'éligibilité est abaissé à 30 ans et celui de l'électorat à 25 ans, une loi devant fixer la hauteur du cens. Malgré les pressions républicaines, l'hérédité des pairs fut — provisoirement — maintenue. Louis-Philippe prenait le titre de « roi des Français », expression qui implique un lien partagé entre le roi et le peuple, un « mariage civil » (J.-J. Chevallier) établi par un contrat. Si *de jure* le nouveau régime ne peut être considéré comme une authentique monarchie parlementaire, de fait il s'en approche : le roi n'est certes pas obligé de choisir un gouvernement au sein de la majorité parlementaire, mais c'est et ce sera une solution quasi obligatoire pour éviter ces blocages constitutionnels qui avaient conduit le pays à la révolution. En ce sens, on peut parler de « monarchie préparlementaire » (S. Rials).

• *Les réactions en Europe.* Les monarchies européennes accueillirent en général fort mal la nouvelle de la révolution de 1830. L'édifice construit péniblement en 1815 (l'Europe du congrès de Vienne) semblait s'effondrer et la France incorrigible renouer avec la tradition de 1789 et pourquoi pas de 1792… La tentation — réelle — d'intervenir militairement ne dura pourtant pas : Russes, Autrichiens, Prussiens (les Anglais sont plus modérés) craignaient un *remake* de la Grande Révolution et surtout des soulèvements dans leurs propres pays où les courants libéraux et nationaux, stimulés par le succès des Trois Glorieuses, redoublaient d'activité. Comme les républicains français, mais pour des raisons inverses, les Cours s'interrogent sur la légitimité du nouveau régime : un trône qui est « quelque chose d'hybride » pour Metternich, tête de cette résistance. Restait pourtant à reconnaître Louis-Philippe : ce fut fait de mauvais gré, l'Angleterre en premier — mais pas avant le 30 août —, la Russie en dernier et à la suite de démarches assez humiliantes de Louis-Philippe auprès de Nicolas Ier. Dans l'ensemble, les monarchies finirent par admettre que la solution orléaniste représentait un moindre mal. Les peuples, eux, reçurent avec enthousiasme la nouvelle de la révolution : Italiens et Allemands, Belges et Polonais allaient tenter d'obtenir leur unité nationale pour les premiers, leur indépendance pour les seconds, et un régime libéral pour tous.

Interprétations de juillet 1830

Que l'historiographie soit républicaine, (représentée notamment par Georges Weill et son *Histoire du parti républicain, 1814-1870*) et prolongée par les historiens américains (David Pinkney), ou marxiste, elle présente les Trois Glorieuses comme le prototype de la révolution inachevée. Accord donc sur cette notion d'inachèvement, qu'il soit social pour les marxistes ou politique pour les autres. « Après juillet 1830, il nous faut la chose républicaine et le mot monarchie », s'exclame Victor Hugo reflétant une tendance assez répandue. C'est dire que le gain principal des Trois Glorieuses est la liberté, une liberté qui n'entend pas dériver vers des revendications égalitaires, mais qui, appliquée aux domaines de l'association, de la presse, de l'expression en général, donnera à la France des années 1830-1835 une vitalité rarement atteinte, avant d'être brutalement effacée. 1830, c'est aussi la réintroduction à la fois officielle et populaire de 1789 dans l'histoire nationale. Par bien des côtés, la monarchie de Juillet représente la traduction politique d'un idéal théorique défini par les libéraux des années 1820 (voir encadré 17, p. 99).

« L'ÉPOQUE SANS NOM » (1830-1832)

L'expression traduit un sentiment d'incertitude, assez largement partagé, quant à la pérennité du régime, provoqué par l'âpreté des luttes politiques et la personnalité d'un souverain dont la légitimité (le « roi des barricades ») apparaît bien fragile aux yeux de ses adversaires, voire de ses partisans. Louis-Philippe est-il roi « parce que Bourbon » ou « quoique Bourbon » ?

Un état de grâce qui ne dure pas

• *Une épuration massive*. Elle témoigne à la fois de la volonté du nouveau régime de s'appuyer sur des hommes neufs, mais aussi de sa crainte de ne pouvoir compter sur le dévouement d'hommes liés à la Restauration. En plus des milliers d'individus qui démissionnèrent pour refus de serment à Louis-Philippe, on compte 65 officiers commandants de divisions militaires destitués sur 75 ; 65 colonels commandant un régiment ; 25 officiers de marine ; des milliers de soldats appartenant à la garde royale, aux régiments suisses, etc. ; 82 préfets sur 86 et 244 sous-préfets sur 277 ; 3 615 maires et 2 037 adjoints ; la quasi-totalité des ambassadeurs ; 74 procureurs ou avocats généraux. Il y eut bien un renouvellement en profondeur du personnel administratif, suscitant une véritable chasse aux places dans tous les ministères.

17 – « 1830 », RÉVOLUTION DE LA LIBERTÉ

« Il est clair qu'en cette affaire "1830" ne joue pas comme date économique approximative de la "révolution industrielle" — ne joue guère comme date sociale de la substitution de la domination capitaliste sur le féodalisme —, mais joue pleinement comme date politique, celle d'une explosion de liberté. [...] Comme toute révolution libérale, elle a mis en place des administrateurs improvisés et libéraux qui ont favorisé l'expression des idées et des groupes et qui, appelés le plus souvent à être révoqués bientôt pour laxisme ou incompétence, auront du moins présidé à quelques semaines ou quelques mois de liberté. En tant que révolution de 1830, par ce caractère propre, elle a remis à l'honneur 1789 et 1792, et les exemples d'émancipation et de mouvement qu'impliquaient ces souvenirs. En tant que révolution, toujours, elle a pour un temps exalté l'ouvrier combattant et vainqueur. Enfin, plus largement encore, on le sait bien, 1830 a ouvert à la liberté de la presse et à la liberté d'association quatre ou cinq années d'essor. [...] Les années qui vont de juillet 1830 à avril 1834 ou septembre 1835 ont été des années de liberté d'expression d'une fécondité extraordinaire. La naissance du mouvement ouvrier n'est que l'exemple le plus frappant des élargissements d'audience, des rencontres, des prises de conscience, des cristallisations qui s'opèrent alors et par rapport auxquelles les entraves prochaines seront dérisoires. Pour l'éveil de la démocratie au plein sens du mot, qui suppose que se rencontrent de façon plus qu'occasionnelle le peuple et la politique, ce furent peut-être les années les plus importantes du siècle. »

(Maurice AGULHON, « 1830 dans l'histoire du XIXe siècle », *Romantisme*, n° spécial sur 1830, 1980.)

• *Mouvement et résistance* : ces deux mots traduisent les deux grandes tendances politiques représentées à la Chambre des députés et « unies » dans le ministère constitué le 11 août 1830. Le « mouvement » ou libéralisme de gauche considère que Juillet 1830 constitue le point de départ de réformes limitées mais réelles, devant faire progresser la France sur le chemin de la démocratie ; ainsi en est-il de l'élargissement du droit de vote, sans pour autant aller jusqu'au suffrage universel. Les hommes du mouvement sont également partisans d'une politique extérieure plus interventionniste et, rejetant les traités de 1815, envisagent l'éventualité d'un soutien aux mouvements libéraux européens, la « Sainte-Alliance des peuples ». Parmi les chefs de cette tendance, appuyés par *Le National,* Dupont de l'Eure, ministre de la Justice, Laffitte, ministre sans portefeuille, et la figure quasi emblématique de La Fayette, chef de la garde nationale. Pour le courant fayettiste, de plus en plus critique face à l'évolution conservatrice du régime, le roi n'est « guère plus qu'un président de la République héréditaire » (L. Girard). Les partisans de la

« résistance » veulent refermer la parenthèse de la révolution de juillet 1830, allant jusqu'à dénier le caractère révolutionnaire des Trois Glorieuses. Il s'est agi d'une simple résistance à l'oppression, sanctionnée par la chute de Charles X et les modifications apportées à la Charte : « Il n'y a pas eu de révolution, il n'y a eu qu'un simple changement dans la personne du chef de l'État », soutient Casimir Perier. Sur le plan extérieur, ils tiennent au respect de l'équilibre européen défini en 1815. Leurs chefs sont Guizot, ministre de l'Intérieur, Casimir Perier, ministre sans portefeuille, Sébastiani, ministre de la Marine et des Colonies ; leur principal organe de presse, le *Journal des Débats*. Le ministère du 11 août ne dura pas longtemps : le 2 novembre, le roi nommait Laffitte président du Conseil, signe de la victoire temporaire du « mouvement ». Mais la situation était difficile pour ce banquier, ancien gouverneur de la Banque de France, patron de célèbres messageries et principal commanditaire du *National*. Chargé de rétablir l'ordre et de restaurer la confiance des milieux d'affaires, il dut affronter une crise économique de plus en plus grave, caractérisée par une baisse continue du cours de la rente qui chuta de 25 %, des troubles agraires dans des campagnes touchées de plein fouet par la hausse du prix du pain et la baisse des salaires et des troubles urbains provoqués par l'effondrement des prix industriels et un chômage croissant.

• *L'orléanisme existe-t-il ?* La question s'est posée, au regard de l'effondrement du régime en 1848 : sur qui et sur quoi s'appuyait cette monarchie née des barricades ? René Rémond a apporté une réponse qui, déjà ancienne et parfois discutée (*Les Droites en France*), reste globalement acceptée. L'orléanisme, c'est d'abord un changement qualitatif, l'accès aux postes importants d'une partie de la noblesse d'Empire et de la haute bourgeoisie qui se reconnaissent dans un régime libéral et censitaire. Mais l'orléanisme qui se voulait rassembleur, centriste, « juste milieu », à mi-chemin entre les hommes d'un passé révolu — les légitimistes — et ceux d'une utopie jugée sanguinaire — les républicains — va progressivement glisser à droite sur l'échiquier politique. Les premières années du régime seront décisives, avec l'échec du « mouvement » et l'affirmation de la « résistance » comme mode de gestion ordinaire des affaires politiques et sociales. Cela dit, l'orléanisme ne confisque pas à son profit la bourgeoisie et ne présente pas seulement un aspect de gouvernement de l'argent. René Rémond a montré avec justesse qu'il s'agit d'abord d'un « gouvernement des élites », ce mot devant être entendu au sens le plus large, incluant les élites intellectuelles. Reste une question essentielle : l'orléanisme a-t-il eu une assise populaire ? Ce point reste encore mal connu pour le monde rural ; mais pour les milieux urbains, la réponse est nuancée : incontestablement, une partie importante des milieux de l'artisanat et de la petite bourgeoisie a été sensible aux appels d'un gouvernement de l'ordre. Mais celui-ci n'a pas su répondre à une attente d'ouverture démocratique dont l'acuité s'est révélée fatale au régime lorsqu'il n'a plus été à même d'assurer la prospérité économique du pays.

• *Républicains et bonapartistes.* Arguant d'une révolution escamotée, les républicains continuent à lutter contre le nouveau régime dont ils souhaitent le renversement. Ils bénéficient d'une bonne implantation chez les étudiants, dans les professions libérales et au sein de la garde nationale. Ils se regroupent dans la Société des Amis du peuple, fondée dès le 30 juillet 1830, où tous les chefs du mouvement républicain — Cavaignac, Trélat, Raspail... — se retrouvent, organisent des réunions publiques, publient des brochures et disposent de journaux ou de revues amis comme la *Tribune des départements* ou la *Revue républicaine*. Partisans de la guerre contre les rois et du suffrage universel, très influencés par la Grande Révolution de 1789, et notamment par les chefs de la Convention montagnarde auxquels ils vouent un véritable culte, ils commencent timidement à se tourner vers un monde ouvrier largement touché par la grave crise économique qui sévit. Tout au long de l'automne 1830, ils harcèlent le pouvoir, souvent au côté des bonapartistes. Ceux-ci placent leur idéal en Napoléon II, l'Aiglon, pensionnaire du château de Schönbrunn, que seule une guerre européenne permettrait de placer à la tête de la France. Sensibles à la réhabilitation du Premier Empire par le régime (le 28 juillet 1833, la statue de Napoléon est replacée sur la colonne Vendôme), ils n'en considèrent pas moins Louis-Philippe comme un Bourbon et demeurent pour beaucoup dans une opposition intransigeante et patriotique, appuyée par une vigoureuse propagande.

• *Les carlistes.* Quant aux carlistes — partisans de Charles X — ou légitimistes, ils relèvent la tête dans leurs bastions traditionnels, notamment l'Ouest et le Midi, où il existe un véritable légitimisme populaire, et refusent tout compromis avec les représentants du nouveau roi. Mais doivent-ils jouer le jeu d'une opposition parlementaire ? Dans la négative, c'est se considérer comme un émigré de l'intérieur, lecteur passionné mais passif de la *Gazette de France* ou de *La Quotidienne*. Dans l'affirmative (*cf.* Berryer), il leur faut alors prêter serment de fidélité au nouveau roi, barrière insurmontable pour les plus déterminés. Ils placent leur espoir dans le duc de Bordeaux, appelé Henri V après la mort de Charles X en 1836, et en sa mère, la duchesse de Berry, véritable chef de clan des Bourbons. Mais pour la plupart des « henriquinquistes », le légitimisme se résume à une sociabilité de la fête symbolique (21 janvier, 14 février, Saint-Louis ou Saint-Henri) et à une vague activité complotiste que la police n'a aucun mal à surveiller, lorsqu'elle ne juge pas utile, même, de la provoquer. Pourtant, à l'occasion, le « parti » légitimiste sait innover, militant pour une monarchie plus libérale (Chateaubriand), voire plus démocratique, en élargissant le droit de suffrage (Berryer, Genoude). Mais sa division sur ces questions essentielles reste sa principale faiblesse.

• *L'Europe en ébullition.* La révolution de 1830 fait tache d'huile. Des nations constituées en États (Angleterre, Suisse, Espagne, Portugal) enregistrent un regain d'activité des libéraux qui poussent à plus de démocratie. L'Allemagne et l'Italie, morcelées politiquement et géographiquement, connaissent de 1830 à 1832 des mouvements libéraux et nationaux qui, au bout du compte, seront vaincus, condamnant leurs chefs ou leurs partisans à l'exil (Heinrich Heine, Giuseppe Mazzini). L'implacable volonté de Metternich et des différents souverains concernés empêcha tout succès durable. Mais ces mouvements seront à l'origine du développement d'un sentiment patriotique qui s'exprimera dans la « Jeune Allemagne » ou dans la « Jeune Italie » et dans un travail de réappropriation de l'histoire et de la littérature de ces deux nations.

- *Naissance de la Belgique.* Le 25 août 1830, Bruxelles se soulève contre le souverain des Pays-Bas, Guillaume Ier. Celui-ci envoie des troupes rétablir l'ordre, sans succès. La Belgique proclame son indépendance le 4 octobre et propose la couronne à un fils de Louis-Philippe. L'affaire devenant internationale, une conférence eut lieu à Londres : les Anglais réussirent à imposer leur candidat, un Saxe-Cobourg, comme roi de Belgique (il épousa une fille de Louis-Philippe), en échange de la reconnaissance du nouvel État, proclamé neutre et placé sous la sauvegarde des grandes puissances. Seul le tsar Nicolas Ier était partisan d'une intervention, mais mobilisé par la révolte polonaise, il n'y donna pas suite. Guillaume Ier refusa de reconnaître la Belgique et attaqua ses anciens sujets en août 1831. La France se porta au secours du nouveau royaume et joua un rôle décisif dans la reprise d'Anvers à l'automne 1832.

- *La nouvelle mort de la Pologne.* Depuis ses trois démembrements successifs de la fin du XVIIIe siècle, la Pologne n'existait plus comme État — sauf pendant la brève période napoléonienne du duché de Varsovie. Le pays était partagé entre la Prusse, l'Autriche et la Russie. Le 21 novembre 1830, un soulèvement éclata à Varsovie contre la Russie. Les insurgés remportèrent quelques succès et formèrent une diète qui, le 25 janvier 1831, proclama la déchéance de Nicolas Ier. L'insurrection polonaise suscita un extraordinaire mouvement de sympathie en France (manifestations, souscriptions) en l'honneur des « Français du Nord ». La question devint un enjeu de politique intérieure. La Pologne constitua le cheval de bataille du « mouvement » et plus encore des républicains et des bonapartistes qui faisaient pression sur Louis-Philippe pour que la France intervienne militairement. Mais le roi ne céda pas. Peu à peu, les troupes russes encerclèrent Varsovie qui tomba le 8 septembre 1831, provoquant une large vague d'émigration à destination de la France. Lorsque la nouvelle fut connue à Paris, elle entraîna de violentes manifestations, exacerbées par les propos maladroits de Sébastiani, ministre des Affaires étrangères, affirmant : « l'ordre règne à Varsovie ». Tous les mouvements échouèrent donc, sauf en Belgique, seul pays qui connut un soutien militaire étranger, en l'occurrence français. Mais Louis-Philippe évita toute confrontation avec les monarchies européennes. Retenons aussi la naissance d'un sentiment européen de solidarité chez les jeunes générations intellectuelles et libérales de cette période, qui trouvera un prolongement plus marqué en 1848.

• *Le procès des ministres.* Avec la question polonaise, le procès des ministres constitue la grande affaire de l'automne et de l'hiver 1830-1831. Tous les « partis » politiques sont d'accord pour juger les ex-ministres de Charles X, rôle dévolu à la Chambre des pairs, mais ne le sont pas quant à leur sort. Les républicains souhaitent la peine de mort : ils le clament, moins par esprit sanguinaire que pour tester Louis-Philippe sur sa volonté réelle de rompre avec le régime d'avant 1830. Le procès s'ouvre le 15 décembre dans un Paris en état de quasi-insurrection : déjà mobilisés pour les funérailles de Benjamin Constant trois jours auparavant, les adversaires de Louis-Philippe n'ont pas désarmé à l'annonce de la loi instituant la décoration de Juillet pour les combattants des Trois Glorieuses. Les étudiants de la Société de l'ordre, de la liberté et du progrès dirigée par Jules Sambuc, les Amis du peuple, une partie de la garde nationale encerclent le Luxembourg où siègent les pairs. L'annonce de la condamnation à la prison des ex-ministres déclenche une véritable insurrection qui sera pourtant assez facilement maîtrisée. Elle coûtera son poste à La Fayette, jugé responsable des débordements de la garde nationale, et une partie de son crédit à Laffitte. Sorte d'appendice de la révolution de 1830, le procès des ministres constitue le premier tournant, négocié avec succès, du règne de Louis-Philippe.

La victoire de la « résistance »

Le procès des ministres donna lieu à une offensive en règle des adversaires de Laffitte, reprochant à ce dernier son laxisme. Reproches aggravés par la persistance des troubles. En janvier 1831, des étudiants protestant contre la condamnation de certains d'entre eux, arrêtés en décembre, envahissent les bureaux de la Sorbonne et conspuent le ministre de l'Instruction publique, Barthe. En février, de graves troubles anticléricaux, qui ont des antécédents ou des prolongements en province, aboutissent au sac de l'église Saint-Germain-l'Auxerrois, où les carlistes ont organisé un service funèbre à la mémoire du duc de Berry, et de l'archevêché de Paris, sans que les autorités ne réagissent. L'anticléricalisme régnant, qui pousse les clercs les plus compromis avec le régime renversé, comme l'archevêque de Paris Mgr de Quelen ou l'archevêque de Nancy Mgr de Forbin-Janson, à fuir les représailles, constitue une dérivation utile pour le pouvoir. En mars se produisent de violentes manifestations en faveur de la Pologne. Débordé et minoritaire, Laffitte démissionne et est remplacé le 13 mars par Casimir Perier. Ce sera la fin de sa carrière politique — il mourra par ailleurs ruiné —, mais aussi la fin du « mouvement », pris en tenaille entre les oppositions extraparlementaires et la pression croissante de la « résistance ». Celle-ci dominera désormais la vie politique jusqu'à la fin du régime et sans alternance.

• *Le ministère Casimir Perier.* L'homme qui prend en charge l'Intérieur a un programme simple : « Au-dedans l'ordre sans sacrifice pour la liberté; au dehors la paix sans qu'il en coûte rien à l'honneur ». Casimir Perier, homme d'autorité issu d'une grande famille d'industriels et de banquiers enrichis sous la Révolution et l'Empire, s'entoure de ministres (Sébastiani aux Affaires étrangères, Barthe à la Justice, Soult à la Guerre, Montalivet à l'Instruction publique) dont il exige une obéissance absolue, tout comme des fonctionnaires. De même, il n'entend pas se faire dicter sa politique par le roi, réunissant ses ministres hors de sa présence et évinçant le duc d'Orléans du Conseil. Il mène une guerre sans relâche contre la presse républicaine et carliste. Les lois de mars organisant les élections municipales (élargissement du corps électoral par l'adjonction de capacités : membres des cours et tribunaux, officiers de la garde nationale, médecins, avocats, anciens élèves de l'École polytechnique...) et ouvrant la garde nationale à tous ceux qui paient l'impôt sont dues à son prédécesseur. Mais c'est Casimir Perier qui est à l'origine de la loi du 19 avril sur les élections législatives : le double vote est supprimé, la patente réintroduite dans le calcul du cens, le cens électoral abaissé à 200 F (et même à 100 F pour certaines catégories appelées « capacités », comme les membres de l'Institut ou les officiers en retraite) et le cens d'éligibilité à 500 F. Cela permit de faire passer le nombre d'électeurs de 90 000 à 166 000 environ — 241 000 à la fin du régime. Progrès modeste et qui ne rompt pas le lien entre niveau de fortune et droits politiques, mais progrès plus sensible qu'il n'y paraît : de nombreux membres de la moyenne bourgeoisie se trouvent dotés d'un droit dont ils étaient privés jusqu'alors. Ils allaient en user en faveur de celui qui le leur avait concédé, aux élections de juillet 1831. Provoquées par la dissolution de la Chambre en mai, elles donnèrent une nette majorité aux partisans de la « résistance ». En décembre 1831, une loi supprima l'hérédité de la pairie. Sur le plan de la politique extérieure, Casimir Perier, fidèle à ses idées, s'interdit toute intervention dans les affaires polonaises. Mais outre le corps expéditionnaire français envoyé en Belgique, il décida d'occuper la ville d'Ancône en février 1832 pour contrer la présence autrichienne à Bologne : sans vouloir aider les mouvements libéraux italiens, la France n'entendait pas laisser les affaires de la péninsule à la discrétion de Metternich.

• *La révolte des canuts lyonnais.* L'automne 1831 va connaître une grave crise sociale marquée par l'insurrection des canuts lyonnais. Devant la persistance de la crise économique, les artisans et les ouvriers de tous les métiers connaissent une baisse des salaires et un fort taux de chômage. La voix ouvrière se fait entendre pour réclamer un salaire minimum, ce à quoi gouvernement et patronat, arguant de la liberté d'entreprise, se refusent. À Lyon, pourtant, la pression des ouvriers de la soie — les canuts — fut assez forte pour contraindre les patrons (qui fournissent la matière première et fixent les tarifs) à accepter le principe d'un salaire minimum. Le préfet jouant les médiateurs, une commission mixte se réunit et aboutit à une entente sur les tarifs. Mais devant le refus d'une partie des patrons de les appliquer, les canuts se mirent en grève, puis se révoltèrent du 20 au 22 novembre aux cris de : « Vivre en travaillant ou mourir en combattant ! » Lyon connut des combats meurtriers. Casimir Perier décida d'envoyer une armée commandée par le duc d'Orléans, fils aîné du roi, et Soult.

La répression fut impitoyable : nombreuses arrestations, occupation militaire de la ville, licenciement de la garde nationale, abrogation des tarifs et révocation du préfet. Première grande insurrection sociale du XIXe siècle, la révolte des canuts allait ouvrir une fracture entre une gauche modérée, libérale ou républicaine, jouant la carte de la réforme, mais hostile à toute intervention des classes ouvrières dans la vie politique, et une gauche extrémiste et socialisante, se rappelant de 1793 ou du babouvisme, qui allait rapidement se placer sur le terrain du social et se rapprocher des « prolétaires », un titre que Blanqui revendique comme sien (voir encadré 18, p. 107).

- *L'émergence du saint-simonisme.* Cette doctrine fut élaborée par le comte de Saint-Simon (voir *infra* chap. 6, p. 145), de jeunes intellectuels comme Auguste Comte, Augustin Thierry, Philippe Buchez, ses disciples qui allaient poursuivre son œuvre à travers des journaux comme *Le Producteur* ou *L'Organisateur*, puis, après juillet 1830, *Le Globe* devenu le journal des saint-simoniens. Ceux-ci organisent une véritable société saint-simonienne qui, sous la direction de Bazard, Rodrigues et Enfantin, tient des réunions, recrute des adhérents, notamment parmi la jeunesse bourgeoise, échafaude des projets économiques et sociaux, tente de réinventer une spiritualité, agit comme un forum d'idées. Après la scission de 1831, Enfantin fonde une communauté sur les hauteurs de Ménilmontant : chef charismatique de ce qui devient une secte mystique, voire quasi religieuse, il prône également la libération de la femme, présentée comme le Messie. Les autorités ferment la communauté et condamnent Enfantin à un an de prison en août 1832. Mais les idées saint-simoniennes trouveront un prolongement concret par le biais de l'action de jeunes polytechniciens tels que Michel Chevalier ou Hippolyte Carnot, ou d'entrepreneurs, comme les frères Pereire ou les frères Talabot. Une partie des membres de la société ira s'implanter en Égypte, là-même où plus tard Ferdinand de Lesseps entreprendra de creuser le canal de Suez.

Un printemps décisif

Le printemps 1832 allait être décisif pour le régime. Aucune amélioration économique n'était en vue. Les complots républicains, bonapartistes, carlistes se succédaient, tous découverts par la police ; les procès se multipliaient. Les républicains passent-ils en jugement ? En avril 1831 (19 républicains arrêtés pour avoir participé aux émeutes du procès des ministres) comme en janvier 1832 (15 membres de la Société des Amis du peuple), ils transforment le prétoire en tribune politique et sont acquittés par des jurys compréhensifs.

- *L'épidémie de choléra.* Au mois de mars, les premiers cas sont enregistrés à Paris. Le carnaval va s'emparer de la maladie et « Choléra-morbus » devenir l'un des personnages majeurs de la fête. La Seine, la Seine-et-Oise et la Seine-et-Marne apparaissent comme « l'épicentre de l'épidémie » (P. Bourdalais, J.-Y. Raulot). La maladie se répand dans les quartiers populaires des villes, déjà touchés par la crise économique, et crée un véritable état de psychose collective. Les rumeurs parcourent la ville, attisant les soupçons y compris envers les médecins. Des innocents sont massacrés, pris pour des empoisonneurs. Les mesures de salubrité arrêtées par le gouvernement provoquent la colère des chiffonniers de Paris. Au total, plus de 100 000 personnes mourront du choléra, dont environ 20 000 à Paris, entre le printemps et l'été 1832. L'une des plus célèbres victimes sera Casimir Perier, décédé le 16 mai.

• *L'échec de la duchesse de Berry et la mort du duc de Reichstadt.* On apprit au même moment le débarquement de la duchesse de Berry en Provence, avec l'intention de constituer une armée de légitimistes. Ayant échoué dans le Sud, la duchesse se rendit en Vendée : mais là encore, rares furent les paysans qui s'engagèrent dans ses maigres troupes, facilement dispersées au début de juin. Quant à la duchesse, elle poursuivit son errance avant d'être arrêtée en novembre à la suite d'une trahison. Ayant donné naissance à un enfant en prison — alors qu'officiellement non remariée —, elle fut discréditée et, pour un temps, son parti également. Le danger carliste parut écarté après l'échec de cette tentative qui élargit le fossé entre la monarchie de Juillet et les légitimistes. Le danger bonapartiste fut également écarté avec la mort du duc de Reichstadt, l'Aiglon, au mois de juillet : le neveu de Napoléon Ier, Louis-Napoléon Bonaparte, devint le prétendant.

• *L'insurrection de juin 1832.* Restaient les républicains. Actifs et déterminés, ils songeaient depuis un certain temps à déclencher une insurrection qui aurait renversé Louis-Philippe. L'occasion fut fournie par l'enterrement du général Lamarque, l'un des meilleurs orateurs de l'opposition à la Chambre. Le 5 juin, un imposant cortège rassemblant toutes les sociétés républicaines et bonapartistes de Paris suivit le convoi. Certains étaient venus armés. L'apparition soudaine d'un cavalier brandissant un drapeau rouge marqua le début de l'insurrection. Aux cris de « Vive la République ! », les insurgés se retranchèrent dans les quartiers populaires, notamment dans les rues étroites entourant l'église Saint-Merri. Le roi vint en personne superviser le commandement des troupes chargées de rétablir l'ordre. L'opposition parlementaire (Laffitte, Odilon Barrot, La Fayette) se rangea du côté du roi. Les députés les plus proches des républicains (Garnier Pagès, Cabet, Voyer d'Argenson) restèrent dans l'expectative. Même les chefs du mouvement républicain (Cavaignac, Carrel) étaient divisés. Les derniers insurgés furent tués ou se rendirent le 6 juin. La garde nationale avait joué un rôle important dans les combats, montrant sa fidélité au régime.

Le bilan chiffré des victimes de ces deux jours d'insurrection fait état de 70 morts et de 326 blessés du côté des forces de l'ordre, de 80 à 100 morts et d'environ 200 blessés du côté des insurgés. Mais pour ces derniers, il faut ajouter quelque 80 combattants pris les armes à la main et fusillés immédiatement. Cette insurrection, qui a servi de cadre à la dernière partie des *Misérables* de Victor Hugo, a vu la conjonction des classes populaires, majoritaires, et des classes moyennes (étudiants, polytechniciens) sur les barricades. Elle constitue le deuxième tournant important du régime qui, victorieux, sort renforcé de l'épreuve.

18 – Trois jugements sur la révolte des canuts de novembre 1831

Saint-Marc-Girardin :
« Il ne faut rien dissimuler ; car à quoi bon les feintes et les réticences ? La sédition de Lyon a révélé un grave secret, celui de la lutte intestine qui a lieu dans la société entre la classe qui possède et celle qui ne possède pas [...]. Les barbares qui menacent la société ne sont point au Caucase ni dans les steppes de la Tartarie ; ils sont dans les faubourgs de nos villes manufacturières. » (*Journal des Débats*, 8 décembre 1831.)

Armand Carrel :
« Les événements de Lyon viennent de prouver ce qui ressortait déjà assez de nos belles journées de Juillet, savoir que le peuple est désormais associé à toutes les idées de liberté, à tous les désirs de bien-être que la classe moyenne crut seule faire valoir contre le régime de la Restauration ; qu'entre les lumières, le courage, l'intelligence, les sentiments moraux de la classe moyenne, et ceux de la classe ouvrière, il y a peu de différence, et, comme le nombre est de beaucoup en faveur de cette dernière, que si on ne lui fait point équitablement sa part, elle voudra se la faire, et qu'elle peut y réussir. » (*Le National*, 28 novembre 1831.)

Auguste Blanqui :
« Quel abîme les événements de Lyon viennent de dévoiler aux yeux ! Le pays entier s'est ému de pitié à la vue de cette armée de spectres à demi consumés par la faim, courant sur la mitraille pour mourir au moins d'un seul coup. Et ce n'est pas seulement à Lyon, c'est partout que les ouvriers meurent écrasés par l'impôt. Ces hommes, si fiers naguère d'une victoire qui liait leur avènement sur la scène politique au triomphe de la liberté, ces hommes auxquels il fallait toute l'Europe à régénérer, ils se débattent contre la faim, qui ne leur laisse plus assez de force pour s'indigner de tant de déshonneur ajouté au déshonneur de la Restauration. » (Défense d'Auguste Blanqui au procès des Quinze, 12 janvier 1832.)

LA CONSOLIDATION DU RÉGIME (1832-1835)

Le roi règne et gouverne

L'état de siège proclamé durant les combats est levé le 29 août. Les prisons politiques, comme Sainte-Pélagie, sont pleines. La Société des Amis du peuple est dissoute. Les procès — républicains, saint-simoniens, insurgés de juin, presse — se succèdent sans relâche. Une statistique montre que du 2 août 1830 au 1er octobre 1834, il y eut 520 procès politiques à Paris, avec une fréquence accrue dans les années 1832-1834, la grande majorité touchant les associations ou les journaux républicains.

• *Le grand ministère d'octobre 1832*. Ayant dans un premier temps conservé l'équipe réunie par Casimir Perier, non remplacé à la présidence du Conseil, le roi décide de changer de ministère au mois d'octobre. Dans ce grand ministère qui durera jusqu'en juillet 1834, la présidence du Conseil et la Guerre reviennent à Soult, l'un des héros d'Austerlitz, homme dévoué à Louis-Philippe. Il s'agit donc moins de militariser le régime que de faire vibrer la corde patriotique et, pour le roi, de s'assurer plus de liberté dans la direction des affaires. Parmi les autres ministres, Thiers, qui représente l'aile gauche, à l'Intérieur, puis au Commerce et aux Travaux publics, Barthe à la Justice, Broglie aux Affaires étrangères et Guizot à l'Instruction publique — ils représentent l'aile droite. Ministère de combat, qui travailla à la consolidation du régime et qui, après son renvoi, sera suivi d'une période d'instabilité ministérielle chronique : de juillet 1834 à octobre 1840, pas moins de 11 ministères se succéderont, dont 3 pour la seule année 1834. Signe des temps, au mois de novembre 1832, une première tentative de régicide a lieu contre le roi qui en sort indemne. Mais des signes concordants de reprise économique se font sentir : liés à la prise d'Anvers en décembre 1832, ils renforcent la popularité et la légitimité du monarque.

• *La politique scolaire de Guizot*. Plusieurs lois importantes furent votées durant la session de 1833. L'une d'entre elles organisa les élections des conseillers généraux et d'arrondissements sur des principes analogues à ceux des élections des conseillers municipaux. Le 28 juin 1833, Guizot, qui fut ministre de l'Instruction publique pratiquement sans interruption d'octobre 1832 à janvier 1836, fait adopter une loi sur l'instruction primaire. Première grande loi scolaire postrévolutionnaire, elle admet le principe de la liberté de l'enseignement primaire — que la loi Falloux de 1850 étendra à l'enseignement secondaire —, oblige chaque commune ou groupe de communes à entretenir une école élémentaire, gratuite pour les indigents, et à nommer et rémunérer un instituteur laïque ou ecclésiastique, sous le contrôle du préfet (voir encadré 19, p. 109).

L'instituteur, mal payé — 200 F, plus une éventuelle rétribution municipale —, mal formé, se trouvait, en outre, assujetti au maire qui était son employeur. Cette loi, qui ne comporte aucune clause d'obligation scolaire, ce qui en limita la portée, fut pourtant suivie d'un essor important du nombre d'enfants scolarisés qui doubla pratiquement entre 1833 et 1848, avec un net déséquilibre au détriment des filles. On peut y voir la première étape du long processus de scolarisation des jeunes Français qui devait trouver son achèvement dans les lois républicaines de Jules Ferry.

• *Poursuite de la colonisation algérienne* : décidée à Paris après une période d'incertitude — que faire de ce « legs onéreux de la Restauration » ? — et de débats entre colonialistes et anticolonialistes, elle fut l'œuvre du général Clauzel, successeur de Bourmont, qui entreprit un début de colonisation des terres conquises et poursuivit la conquête territoriale de l'Algérie, créant les unités de zouaves, menant une politique de protectorat et d'alliances avec les chefs locaux. Après la nomination d'une commission d'enquête parlementaire qui se

19 – LA LOI GUIZOT DU 28 JUIN 1833 SUR L'INSTRUCTION PRIMAIRE

***Titre I* – De l'instruction primaire et de son objet :**
« 1 — L'instruction primaire est élémentaire ou supérieure. L'instruction élémentaire comprend nécessairement l'instruction morale et religieuse, la lecture, l'écriture, les éléments de la langue française et du calcul, le système légal des poids et mesures. L'instruction primaire supérieure comprend nécessairement, en outre, les éléments de la géométrie et ses applications usuelles, spécialement le dessin linéaire et l'arpentage, des notions des sciences physiques et de l'histoire naturelle applicables aux usages de la vie, le chant, les éléments de l'histoire et de la géographie, et surtout de l'histoire et de la géographie de la France. »

***Titre II* – Des écoles primaires privées :**
« 4 — Tout individu âgé de 18 ans accomplis pourra exercer la profession d'instituteur primaire et diriger tout établissement quelconque d'instruction primaire sans autres conditions que de présenter préalablement au maire de la commune où il voudra tenir école : 1) un brevet de capacité obtenu, après examen, selon le degré de l'école qu'il veut établir ; 2) un certificat constatant que l'impétrant est digne, par sa moralité, de se livrer à l'enseignement. »

***Titre III* – Des écoles primaires publiques :**
« 8 — Les écoles primaires publiques sont celles qu'entretiennent, en tout ou en partie, les communes, les départements ou l'État.
9 — Toute commune est tenue, soit par elle-même, soit en se réunissant à une ou plusieurs communes voisines, d'entretenir au moins une école primaire élémentaire.
10 — Les communes chefs-lieux de département, et celles dont la population excède 6 000 âmes, devront avoir en outre une école primaire supérieure.
11 — Tout département sera tenu d'entretenir une école normale primaire, soit par lui-même, soit en se réunissant à un ou plusieurs départements voisins. »

rendit en Algérie pour apprécier la valeur potentielle du territoire, on proclama son annexion en 1834, et on créa le poste de gouverneur général des Possessions françaises du nord de l'Afrique. Mais seules les villes côtières — Oran, Alger, Bône, Bougie, Mostaganem — étaient sous contrôle français. Environ 10 000 colons européens vivaient en Algérie vers 1834, Français pour une moitié, Espagnols et Italiens pour l'autre, dont quelques dizaines d'agriculteurs installés dans la Mitidja. Peu à peu une armée d'Afrique se forma, marquée par des personnalités comme celles des généraux Lamoricière ou Bedeau, Danrémont ou Bugeaud. Mais, dès 1835, la personnalité de l'émir Abd el-Kader se révèle. D'abord allié de la France, il devient rapidement son principal adversaire, unifiant Arabes et Berbères au nom de l'Islam, héros d'une résistance qui ne cessera qu'en décembre 1847. Pour lutter contre Abd el-Kader qui inflige de lourdes défaites à l'armée française (défilé de la Macta, juin 1835), Clauzel, de retour en Algérie, entreprend une politique d'occupation étendue que poursuivra Bugeaud. (Voir carte p. 110.)

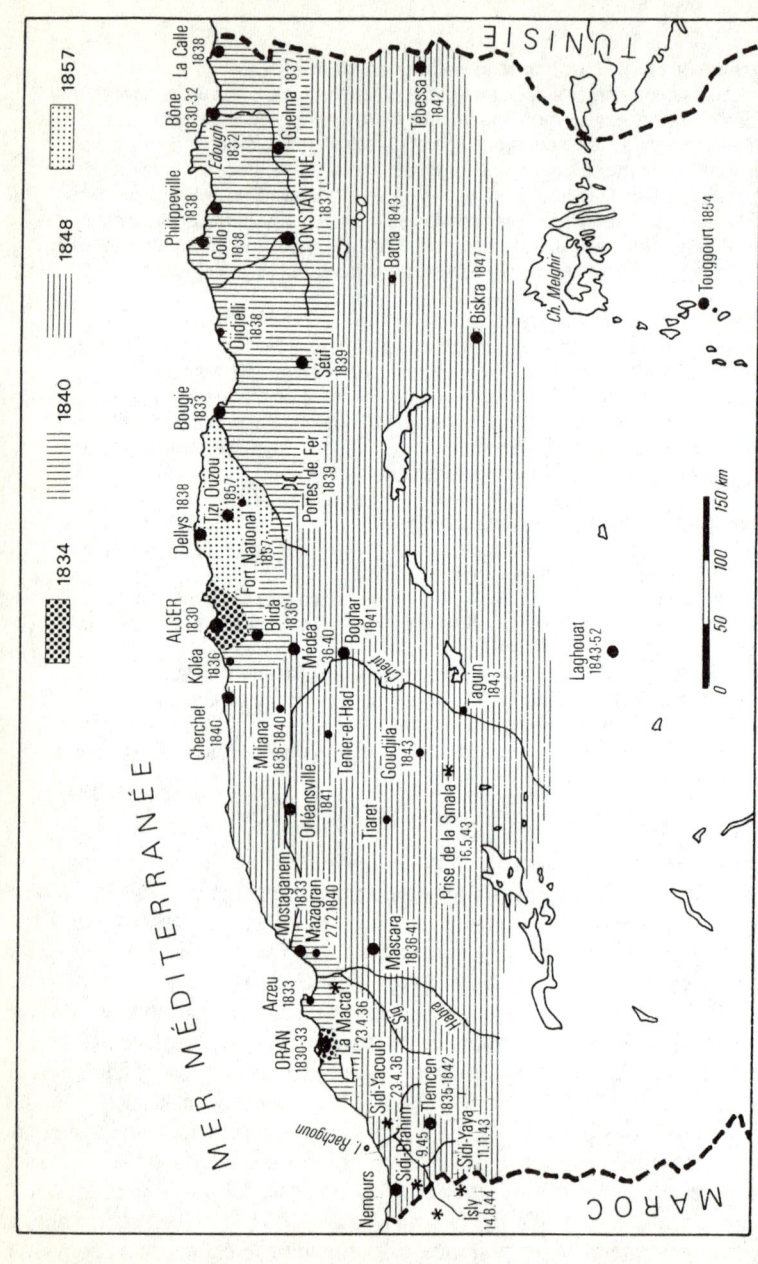

(Jean Martin, *L'Empire renaissant - 1789-1871*, coll. « L'aventure coloniale de la France », Denoël, 1987, p. 122.)

Derniers sursauts républicains

• *La Société des droits de l'homme et du citoyen.* Après la dissolution de la Société des Amis du peuple, la tendance robespierriste ou jacobine des républicains se regroupa dans la Société des droits de l'homme. Issue de sections ouvrières primitivement rattachées aux Amis du peuple, cette nouvelle société divergeait de la précédente sur trois points importants : son ancrage résolu dans le monde ouvrier (artisans qualifiés essentiellement), même si peu d'entre eux se trouvaient dans les cadres de la société dirigée par Cavaignac, Guinard, Lebon, Trélat, etc. ; son programme inspiré par les théories sociales de Robespierre et de Babeuf, où, à côté des points traditionnels (suffrage universel, droit d'association…), voisinaient des revendications d'ordre social visant à l'émancipation de la classe ouvrière (meilleure division du travail et répartition équitable des produits du travail, droit de propriété limité) ; sa division en sections de moins de 20 personnes pour contourner l'article 291 du Code pénal interdisant le droit d'association. L'influence de Buonarroti se fait sentir par ses écrits et par ses amis, parmi lesquels Charles Teste et Voyer d'Argenson. On estime que la société regroupa environ 4 000 adhérents, dont plus de 3 000 à Paris, le reste dans les grandes villes industrielles de l'est de la France et surtout à Lyon, ville pionnière dans l'association ouvrière, où le souvenir de l'insurrection des canuts de novembre 1831 restait vif.

• *L'insurrection d'avril 1834.* Le gouvernement n'entendait pas laisser se développer librement la Société des droits de l'homme. À Paris, le préfet de police Gisquet menait une lutte sans répit, infiltrant ses sections. Une loi de janvier 1834 soumit les crieurs publics à autorisation révocable. En mars 1834, une nouvelle loi interdit les associations de moins de 20 personnes. Les républicains décidèrent alors une nouvelle épreuve de force avec le gouvernement. Elle se produit à Lyon : depuis février, des grèves sporadiques d'ouvriers canuts éclatent, dirigées par les mutuellistes — ouvriers membres de sociétés de secours mutuels — pour lutter contre la réduction continue des tarifs des travaux à façon. Six mutuellistes sont arrêtés et doivent être jugés le 9 avril. Ce jour là, alors que la ville est quadrillée par 10 000 hommes de troupe, une manifestation dégénère en insurrection : des barricades sont érigées, une véritable bataille se déroule entre soldats et ouvriers du 9 au 12 avril, s'achevant par un bain de sang. Quelques villes de province sont touchées par le mouvement, sans conséquence notable. À Paris, les républicains tentent de prendre le relais des ouvriers lyonnais le 13 avril : quelques barricades sont dressées, mais le préfet Gisquet, averti du mouvement, a procédé à de nombreuses arrestations préventives. Les troupes sont commandées par Bugeaud. Le 14 avril, à la suite d'un coup de feu tiré d'une fenêtre, tous les habitants d'un immeuble de la rue Transnonain sont massacrés. Au total, environ 2 000 personnes furent arrêtées dont 800 à Paris, et 164 passèrent en jugement devant la Cour des pairs.

• *Un pays acquis à la monarchie de Juillet ?* Avec l'échec de l'insurrection d'avril 1834 prend fin l'activité publique du mouvement républicain. Désormais, les plus militants et extrémistes d'entre eux vont s'engager dans des sociétés secrètes — Société des saisons ou des familles — et mener une activité de complot, comptant non sur la masse des ouvriers, mais sur une avant garde soigneusement sélectionnée. Ce sera l'œuvre d'hommes comme Auguste Blanqui, Armand Barbès ou Martin Bernard, issus d'une nouvelle génération républicaine teintée de socialisme. Symbole de ce passage de témoin, la mort du général La Fayette en mai 1834. Qu'ils procèdent par des voies légalistes de plus en plus étroites ou par la force, les républicains de toutes tendances travaillent au renversement de Louis-Philippe. Pour l'heure, celui-ci savoure sa victoire et l'exploite. Les élections législatives de juillet 1834 lui donnent une majorité renforcée à la Chambre : environ 320 députés soutiennent le gouvernement, contre moins d'une centaine d'opposants, le reste flottant entre les deux, au gré des événements. Députés républicains ou de la gauche libérale sont nettement battus, alors qu'émerge un « Tiers Parti » alliant modération et opportunisme. Le pays semble désormais largement acquis à la dynastie et à son souverain, d'autant que la prospérité économique est de retour. Mais c'est pourtant une période d'instabilité ministérielle qui s'ouvre : une fois le danger républicain écarté, les différentes tendances fidèles à la dynastie s'affrontent pour le contrôle du pouvoir. Se succèdent ainsi, de juillet 1834 à mars 1835, les ministères Gérard, Maret, Mortier et enfin Broglie qui réussira à constituer un gouvernement sinon homogène — on y trouve aussi bien Thiers que Guizot —, du moins plus stable. Le poids du roi sur les affaires apparaît renforcé. En mai 1835, s'ouvre le procès des insurgés d'avril 1834, émaillé d'incidents de séance provoqués par la combativité des accusés et de leurs avocats qui veulent faire de ce procès celui du régime. 28 accusés, dont Cavaignac, réussiront à s'évader de la prison de Sainte-Pélagie au mois de juillet. Mais le « parti » républicain est bien décapité, et son principal journal, *La Tribune*, disparaît sous le poids des amendes et des condamnations en mai 1835.

• *L'attentat de Fieschi et les lois de septembre 1835*. L'attentat de Fieschi fut la plus meurtrière des tentatives de régicide entreprises contre Louis-Philippe. Organisée par 3 républicains — Fieschi, Pépin, Morey — agissant de leur propre chef, elle consista à installer une machine infernale composés de fusils assemblés sur le passage du roi, boulevard du Temple. Celui-ci célébrait ce jour là, 28 juillet 1835, le cinquième anniversaire des Trois Glorieuses. La fusillade n'atteignit pas le roi, mais 18 personnes furent tuées, dont le maréchal Mortier. Arrêtés, les 3 responsables de l'attentat furent condamnés à mort et exécutés en janvier 1836. Par la suite, d'autres tentatives de régicide seront perpétrées, mais toutes échoueront. Dans l'immédiat, la tentative de Fieschi provoqua une réunion extraordinaire de la Chambre des députés, à qui le gouvernement, exploitant l'émotion soulevée par l'attentat, soumit des projets de lois visant à réprimer davantage la liberté d'expression. Celle-ci demeurait vive et s'exprimait notamment dans une presse satirique particulièrement mordante : le *Charivari*, *La Caricature*. Le talent de dessinateurs comme Daumier, Philipon, Monnier s'exerçait avec verve sur le personnel politique, voire sur le roi lui-même. Charles Philipon fut ainsi condamné pour avoir, dans une série de dessins, transformé la tête du roi en poire (voir croquis, p. 113).

LES POIRES,

Faites à la cour d'assises de Paris par le directeur de la CARICATURE.

Vendues pour payer les 6,000 fr. d'amende du journal le *Charivari*.

Si, pour reconnaître le monarque dans une caricature, vous n'attendez pas qu'il soit désigné autrement que par la ressemblance, vous tomberez dans l'absurde. Voyez ces croquis informes, auxquels j'aurais peut-être dû borner ma défense :

Ce croquis ressemble à Louis-Philippe, vous condamnerez donc ?

Alors il faudra condamner celui-ci, qui ressemble au premier.

Puis condamner cet autre, qui ressemble au second.

Et enfin, si vous êtes conséquens, vous ne sauriez absoudre cette poire, qui ressemble aux croquis précédens.

Ainsi, pour une poire, pour une brioche, et pour toutes les têtes grotesques dans lesquelles le hasard ou la malice aura place cette triste ressemblance, vous pourrez infliger à l'auteur cinq ans de prison et cinq mille francs d'amende ! ! !
Avouez, Messieurs, que c'est là une singulière liberté de la presse ! !

(Charles PHILIPON, « Les Poires », croquis parus dans le journal *La Caricature*.)

20 – LA LOI DU 9 SEPTEMBRE 1835 SUR LA PRESSE

« *Art. 2 :* L'offense au Roi […], lorsqu'elle a pour but d'exciter à la haine ou au mépris de sa personne ou de son autorité constitutionnelle, est un attentat à la sûreté de l'État.

Art. 4 : Quiconque fera remonter au Roi le blâme ou la responsabilité des actes de son Gouvernement sera puni d'un emprisonnement d'un mois à un an et d'une amende de cinq cents à cinq mille francs.

Art. 5 : L'attaque contre le principe ou la forme du Gouvernement établi par la Charte de 1830 […] est un attentat à la sûreté de l'État, lorsqu'elle a pour but d'exciter à la destruction ou au changement du Gouvernement.

Art. 7 : Seront punis des peines prévues par l'article précédent, ceux qui auront fait publiquement acte d'adhésion à toute autre forme de gouvernement, soit en attribuant des droits au trône de France aux personnes bannies à perpétuité par la loi du 10 avril 1832, Charles X et sa famille et les parents de Napoléon, ou à tout autre que Louis-Philippe Ier et sa descendance ; soit en prenant la qualification de républicain ou toute autre incompatible avec la Charte de 1830 ; soit en exprimant le vœu, l'espoir ou la menace de la destruction de l'ordre monarchique constitutionnel ou de la restauration de la dynastie déchue.

Art. 10 : Il est interdit aux journaux et écrits périodiques de rendre compte des procès pour outrages et injures […].

Art. 20 : Aucun dessin, aucunes gravures, lithographies, médailles et estampes, aucun emblème de quelque nature et espèce qu'ils soient, ne pourront être publiés, exposés ou mis en vente sans l'autorisation préalable du ministre de l'Intérieur à Paris et des préfets dans les départements.

Art 21 : Il ne pourra être établi, soit à Paris, soit dans les départements, aucun théâtre ni spectacle, de quelque nature qu'ils soient, sans l'autorisation préalable du ministre de l'Intérieur à Paris et des préfets dans les départements. La même autorisation sera exigée pour les pièces qui y seront représentées. »

Après une série de vifs débats parlementaires, la Chambre adopta un corpus de textes appelé « lois de septembre », dont la plus importante muselait la presse et d'autres moyens d'expression considérés comme responsables d'un climat jugé révolutionnaire (voir encadré 20, ci-dessus). La loi exigeait un cautionnement de 100 000 F pour les quotidiens, dont les gérants devaient posséder le tiers en propre. Elle donnait un coup d'arrêt radical à la liberté d'expression et, partant, à la vie politique. La presse fut touchée de plein fouet : au moins une trentaine de journaux d'opposition disparurent.

Ceux qui survécurent, comme *Le National*, durent faire preuve de beaucoup de prudence : « On n'écrit pas tout ce qu'on pense, et l'on ne publie pas même tout ce que l'on écrit », témoigne Armand Carrel. Plus que la censure, c'est l'autocensure qui fut pratiquée. Sur le plan des forces politiques en présence, le terme de républicain étant proscrit, on utilisa désormais celui de radical.

Conclusion : une monarchie affermie

Les lois de septembre ferment la première période de la monarchie de Juillet. Il ne s'agit pas d'un découpage quelque peu factice : les contemporains eux-mêmes eurent clairement conscience que le régime était désormais assuré d'une stabilité politique renforcée par la prospérité économique qui lui valait le large soutien des classes bourgeoises. Le débat politique allait désormais se focaliser sur la question de la réforme électorale : c'est le cheval de bataille de l'opposition radicale, peu représentée à la Chambre, mais progressivement aussi, avec une interprétation et des objectifs divergents, de l'opposition dynastique. Quant à l'opposition extraparlementaire, elle s'exprime par le biais de complots ou de tentatives d'insurrection, doublés par des initiatives individuelles de régicide. Mais Louis-Philippe apparaît désormais pour une large majorité des Français dans toute sa légitimité, moins due aux barricades de juillet 1830 qu'à l'épreuve du feu dont il était sorti victorieux en juin 1832, en avril 1834 ou en juillet 1835. L'« époque sans nom » s'achève, la monarchie de Juillet, règne de la France des notables, s'affirme.

5 Le triomphe de la société bourgeoise

LA « BELLE-ÉPOQUE » DE LA MONARCHIE DE JUILLET

Encadrée par deux périodes de troubles politiques et révolutionnaires, doublées de crises économiques et sociales, la période 1836-1846 apparaît bien comme la « Belle-Époque » d'un régime stabilisé. Ce qui est vrai dans les grandes lignes nécessite naturellement des ajustements conjoncturels ou structurels : la croissance ne fut pas continue et la prospérité générale. Mais elle fut suffisamment forte et régulière pour permettre au régime de faire l'économie de réformes politiques (extension du suffrage). Période dominée par des personnalités comme Adolphe Thiers, publiciste faiseur de roi en 1830, et surtout, à partir de 1840, François Guizot, chantre d'une bourgeoisie économiquement entreprenante et politiquement conservatrice.

Les forces en présence

La vie politique française n'est pas éteinte et les effets réels des lois de septembre n'empêchèrent pas le débat de se poursuivre, portant aussi bien sur des questions de politique intérieure (le suffrage universel, le droit d'association) que sur des questions de politique extérieure (conquête de l'Algérie, colonisation, relations avec l'Angleterre, question d'Orient).

• *Légitimistes et radicaux*. Aux extrêmes de la Chambre, subsistent deux minorités faiblement représentées. Les légitimistes, partisans d'Henri V, disposent d'un orateur exceptionnel en la personne du député de Marseille, l'avocat Berryer, mais n'influent guère sur la marche des affaires. Pourtant, s'ils sont peu représentés électoralement parlant, beaucoup de candidats potentiels se refusant toujours à prêter serment de fidélité au roi, leur implantation reste forte dans le monde de la noblesse foncière, sensible au thème de la décentralisation et prête à fournir les cadres d'un éventuel « parti de l'ordre ». Certains, comme Genoude, n'hésitent pas à prôner une réconciliation entre les idéaux de 1789 et ceux de 1815 et l'extension du droit de suffrage. Leurs principaux organes de presse sont *La Quotidienne* et la *Gazette de France* (respectivement environ 3 200 et 5 200 exemplaires en 1840). À l'autre extrémité, les radicaux, qui ne peuvent plus se dire républicains, ou démocrates sont encore moins nombreux, mais disposent eux aussi d'orateurs et d'hommes de talent en la personne de François Arago, savant réputé, ou de Garnier-Pagès, député de la Sarthe qui, dès 1840, demande l'adoption du suffrage universel. Mais sa mort prématurée en 1841, suivie de celle de Godefroy Cavaignac en 1845, laissera le « parti » radical quelque peu affaibli : ni son frère utérin, portant le même nom que lui, ni Ledru-Rollin qui le remplace comme député du Mans n'auront la même envergure. Un clivage de plus en plus sensible se fait sentir dans le « parti démocratique » entre partisans d'une République sociale (Raspail) qui s'appuient sur les thèmes de l'égalité ou du droit au travail et ceux qui prennent bien soin, comme Lamartine, de tracer une ligne de démarcation entre République et suffrage universel d'un côté, socialisme de l'autre. *Le National* d'Armand Carrel, tué en duel en 1836 par Émile de Girardin, directeur de *La Presse*, et d'Armand Marrast reste le grand journal radical du temps (tirage entre 4 500 et 5 500 exemplaires), mais est dépassé sur sa gauche par *La Réforme*, fondé en 1843 par Flocon et Ledru-Rollin, l'aile gauche du radicalisme (tirage moins de 2 000 exemplaires).

• *Une majorité divisée.* La majorité des députés, orléaniste, est divisée en familles rivales. À une extrémité, on trouve la gauche dynastique, représentée par Odilon Barrot et Laffitte (mort en 1844) et le journal *Le Siècle*, fondé en 1836, qui devient rapidement le premier quotidien français par son tirage (de 35 000 à 40 000 exemplaires). Héritiers du « mouvement », la gauche dynastique se rallie à l'idée d'une réforme électorale limitée en faveur de la petite bourgeoisie. Vient ensuite le centre gauche incarné par Thiers et *Le Constitutionnel* (dont le tirage chuta à moins de 3 500 exemplaires avant que le docteur Véron n'en reprenne les rênes et ait la bonne idée d'y publier *Le Juif errant* d'Eugène Sue en feuilleton) ou *Le Temps* (2 000 exemplaires en 1840) qui défendent l'idée d'une monarchie parlementaire à l'anglaise, avec un rôle limité pour le roi, et parfois une politique extérieure assez agressive. Au centre... du centre, un Tiers Parti assez large, affublé ironiquement du titre de « Juste Milieu », sorte de nouveau « marais » indispensable pour former une majorité et qui en profite pour obtenir des faveurs. L'avocat Dupin, proche de Louis-Philippe et président de la Chambre de 1832 à 1840, représente assez bien cette famille dont le rôle décrut pourtant avec l'affirmation du centre droit. Conservateurs guidés par le souci de préserver le caractère censitaire de la monarchie, les prérogatives du roi et la paix extérieure, les chefs du centre droit — Guizot, Molé — deviennent peu à peu l'élément principal de la majorité dynastique. Leurs idées trouvent un relais dans le *Journal des débats* des frères Bertin (environ 10 000 exemplaires), et dans *La Presse* d'Émile de Girardin, premier journal « moderne » du XIXe siècle (prix abaissé à 10 centimes, ouverture à la publicité, feuilleton, tirage en 1840 : 10 000 exemplaires, 1845 : 22 000 exemplaires).

• *Gouvernement du roi ou gouvernement de la Chambre?* Les années 1836-1840 sont marquées par un conflit parfois sourd, parfois ouvert entre le roi qui aspire à diriger personnellement les affaires du royaume, et une partie importante de la Chambre, pour qui le président du Conseil doit avoir les mains libres. Ce conflit se traduit par des renversements d'alliances fréquents et une certaine instabilité ministérielle.

Thiers, une victoire éphémère

Après avoir été plusieurs fois ministre (Intérieur, Commerce et Travaux publics), Adolphe Thiers est nommé président du Conseil et ministre des Affaires étrangères par deux fois (1836 et 1840). Ambitieux, voire arriviste et opportuniste, Thiers est d'abord une intelligence. Juriste de formation, ce Marseillais « monté » à Paris pour, à l'instar d'un Rastignac, en faire la conquête, se fera connaître par l'histoire (*Histoire de la Révolution*), par le journalisme (*Le National*), par la politique et par un riche mariage, sans parvenir jamais à effacer cette image de parvenu que ses adversaires — et parfois ses alliés — lui renvoyaient. Jouant comme ministre de l'Intérieur un rôle important dans la répression antirépublicaine, mais aussi anticarliste (c'est lui qui obtint l'arrestation de la duchesse de Berry), il se veut l'un des plus chauds partisans d'une monarchie qu'il considère un peu comme son œuvre. Cet homme de petite taille mais de grande éloquence (« Mirabeau-Mouche ») travaille beaucoup et apprend vite.

- *Le premier ministère Thiers (fév.-sept. 1836).* Devenu le rival de Guizot après l'éclatement de la « résistance » marqué par la fin du ministère Broglie, Thiers se positionne comme chef du centre gauche. Le roi le nomme président du Conseil le 22 février 1836. Peu de grandes personnalités dans un ministère que Thiers, s'appuyant sur le Tiers Parti, entend diriger avec fermeté. Peu d'actes importants aussi dans ce bref passage aux affaires : un remaniement des tarifs douaniers dû au ministre du Commerce, Hippolyte Passy — abaissement des droits sur les laines et les métaux anglais —, et une loi améliorant le réseau des chemins vicinaux en sont les points forts. Thiers décide l'achèvement des travaux de l'Arc de triomphe, entendant faire vibrer la corde patriotique. Sur le plan extérieur, après avoir tenté sans succès un rapprochement avec l'Autriche (le duc d'Orléans, fils aîné du roi, fera un mariage allemand et protestant), il veut lancer la France dans une intervention en Espagne : à l'inverse de celle de 1823, il s'agit cette fois de soutenir les libéraux dans la guerre civile qui touche le pays. Devant une Chambre hésitante et un refus catégorique du roi, Thiers démissionne.

Molé : l'homme du roi aux affaires (septembre 1836-mars 1839)

Le comte Molé était un proche de Louis-Philippe. Cela lui valut les critiques acerbes de ses adversaires, qui lui reprochaient aussi d'être pair de France : le roi n'avait donc pas choisi, pour la première fois, son principal ministre au sein de la Chambre des députés. Molé cumula la présidence du Conseil et les Affaires étrangères dans deux ministères successifs. La présence du roi se fit plus forte : jamais peut-être Louis-Philippe n'a autant marqué de son empreinte la politique française. En témoigne le choix des ministres fait par Molé : Gasparin ou Montalivet à l'Intérieur, Persil ou Barthe à la Justice, Guizot ou Salvandy à l'Instruction publique se montrent respectueux des prérogatives royales.

Le triomphe de la société bourgeoise

- *Le premier échec du prétendant bonapartiste.* Pendant le premier ministère Molé, les Français apprirent avec surprise l'existence d'un prétendant bonapartiste. Celui-ci avait tenté de soulever la garnison de Strasbourg, sans succès et sans susciter de réaction particulière dans le pays. Louis-Napoléon Bonaparte, né en 1808, fils de Louis Bonaparte, frère de Napoléon Ier, ancien roi de Hollande, et d'Hortense de Beauharnais, fille de Joséphine, mena une vie d'exil avec sa mère après l'écroulement de l'Empire. Il vécut essentiellement en Suisse où il fit ses études. Affilié au carbonarisme, il partit combattre aux côtés des libéraux italiens de Romagne avec son frère aîné qui perdit la vie (1831). À la mort du duc de Reichstadt, il devint le prétendant de la dynastie. Après l'échec de Strasbourg, il fut conduit à Lorient et embarqua pour les États-Unis. Revenu en Suisse en 1837, il dut, sous la pression des autorités françaises, se réfugier en Angleterre où il publia un opuscule intitulé *Idées napoléoniennes.*

- *Sociétés secrètes et tentatives de régicide.* Après la dislocation de la Société des droits de l'homme qui suivit l'insurrection d'avril 1834, des républicains socialisants comme Blanqui ou Barbès entreprirent de constituer une autre société, moins nombreuse (1 200 membres dont 750 opérationnels) et plus militarisée. Recrutant chez les étudiants et chez les ouvriers, la Société des familles se constitua en groupes de 5 personnes pour cloisonner ses activités. La police réussit pourtant, à l'occasion de la mise au jour d'un complot (affaire dite « des Poudres »), à procéder à une vaste rafle. Décapitées, les Familles furent remplacées en juin 1837 par la Société des saisons, organisée selon des principes analogues et par les mêmes chefs, mais avec une radicalisation de son idéologie et de ses modes d'action qui éloigna d'elle une bonne partie de la jeunesse étudiante. Quant aux tentatives de régicide (Alibaud, Meunier, Darmès, Henry), elles suivent leur cours, échouant invariablement. L'amnistie du 8 mai 1837 illustre la force d'un régime qui infiltre les sociétés secrètes, repousse le prétendant bonapartiste comme les régicides. Elle intervient dans un contexte de pouvoir royal fort, qui peut se permettre, à l'initiative de Molé, de concéder une amnistie à tous les condamnés pour crimes et délits politiques depuis la révolution de 1830 — c'est également sept ans après le coup d'État du 2 décembre 1851 que Napoléon III concédera une amnistie générale.

- *La Chambre des députés de 1837.* Au mois d'octobre, Molé dissout la Chambre, espérant obtenir une majorité renforcée aux élections anticipées. Celles-ci, qui ont lieu en novembre, reconduisent les 2/3 des 459 députés de la Chambre précédente. Grâce aux travaux de L. Girard, W. Serman, E. Cadet et R. Gossez, on connaît bien les paramètres de ces députés : 2/3 de bourgeois contre 1/3 de nobles (dont la moitié d'ancienne noblesse) ; 45 % de fonctionnaires et parmi les 55 % de non-fonctionnaires, près de 13 % d'avocats et 17 % de professions de l'industrie et du commerce ; une moyenne d'âge de 48 ans contre 53 ans en 1827, 46 ans en 1831 et 49 ans en 1846 ; 38 % des députés paient moins de 1 000 F de cens contre 3 % en 1827 et 10 % en 1831 ; enfin, 54,5 % sont membres de la Légion d'honneur. On notera le poids essentiel des députés-fonctionnaires dans la Chambre : continuant à percevoir leur traitement (alors qu'il n'existe pas d'indemnité parlementaire), ils peuvent prétendre à une promotion plus rapide, mais sont totalement inféodés au ministère en place auquel ils sont étroitement liés. Sur le plan politique, les ministériels sont au départ 249 sur 457, ce qui laisse à Molé une marge de manœuvre appréciable. Mais très vite, Guizot et un groupe d'une trentaine de doctrinaires font sécession, rejoignant la « Coalition » hostile au « ministère de la Cour ». Celle-ci, dirigée par Thiers et Odilon Barrot — centre gauche et opposition dynastique —, compte environ 130 députés. Trois groupes enfin sont de poids équivalent : les radicaux, le Tiers Parti (14 députés chacun) et les légitimistes (22 députés) ; il demeure une trentaine d'indéterminés.

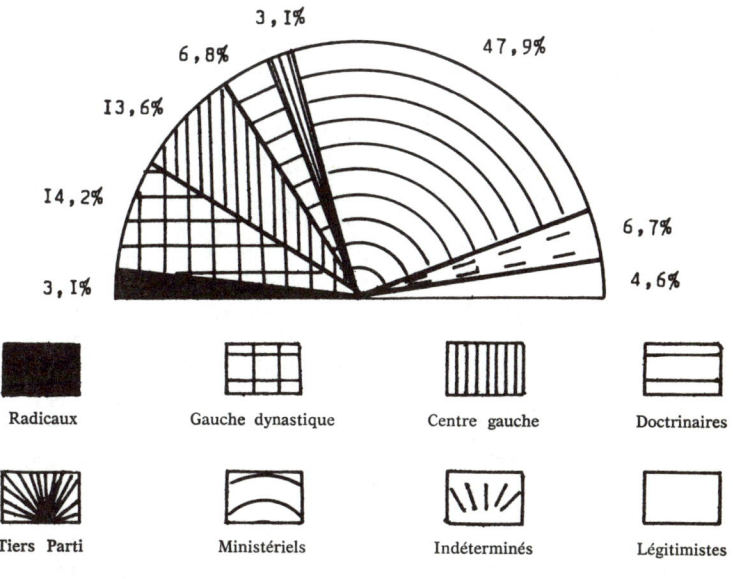

La Chambre des députés de 1837 : les forces politiques en présence

(E. CADET, L. GIRARD, R. GOSSEZ, W. SERMAN, *La Chambre des députés en 1837-1839*, Publications de la Sorbonne, 1976, p. 39.)

Le triomphe de la société bourgeoise

Seule une alliance temporaire des « contre », à laquelle vont travailler Thiers, Guizot et Barrot, peut permettre le renversement du ministère. L'année 1838 va précisément être celle de la mise en place de cette alliance qui se manifeste dès le mois de février en faisant barrage à un projet ministériel de construction de sept lignes de chemin de fer (4 400 km au total). Sur le plan de la politique extérieure, les troupes françaises évacuent Ancône en octobre 1838, à la suite de l'évacuation de Bologne par les troupes autrichiennes.

Les crises de l'année 1839

• *La crise ministérielle*. Lorsque la Chambre, en réponse au discours du Trône, discuta puis vota l'adresse, il ne se trouva que 221 voix pour l'approuver et 208 contre. Cette faible majorité témoigne de la rapidité avec laquelle Molé a perdu son crédit politique. Toutes les nuances autres que ministérielles forment un front commun contre le ministère. Devant ce quasi-désaveu, le roi prit l'initiative de dissoudre la Chambre en février 1839 et d'organiser des élections. Si l'on n'est pas dans un système de monarchie parlementaire, on s'en approche, ce que devaient confirmer les élections de mars. Le ministère étant nettement battu — il ne recueillit que 200 sièges environ —, Louis-Philippe dut trouver une autre combinaison. Tant les discordes qui survinrent entre les alliés d'hier que les intrigues du roi appliquant une politique du « diviser pour régner » aboutirent à une paralysie de l'action gouvernementale. Un ministère Gasparin, formé le 31 mars 1839, fut remplacé dès le 12 mai par un second ministère Soult, dans un contexte de crise.

• *L'insurrection des 12 et 13 mai 1839* a surpris la police. La Société des saisons jeta dans les rues des quartiers populaires — faubourgs Saint-Denis et Saint-Martin — quelques centaines de ses affiliés sous les ordres d'Auguste Blanqui, d'Armand Barbès et de Martin Bernard. Les Saisons pensaient mobiliser des ouvriers touchés par une sensible dégradation de la situation économique et une aggravation du chômage qui avaient déjà provoqué d'importantes manifestations. Mais, dans l'ensemble, les classes populaires ne vinrent pas se greffer sur l'action insurrectionnelle. Les combats furent brefs et violents. Le nouveau ministère Soult réagit vivement et le 13 mai tout était terminé. Les trois chefs furent arrêtés et Barbès, accusé du meurtre d'un officier, condamné à mort. À cette nouvelle, la Jeunesse des Écoles décida d'organiser une manifestation pour obtenir sa grâce : « le 13 juillet, vers le milieu du jour, on vit arriver sur la place Vendôme, se dirigeant vers la chancellerie, près de 3 000 élèves des écoles de droit et de médecine. [...] Sur la place, ils s'étendirent en cercle, et deux d'entre eux, se détachant, montèrent chez le garde des Sceaux. Ils allaient demander, au nom de la jeunesse de Paris, l'abolition de la peine de mort en matière de politique et, pour Barbès, une commutation de peine [...]. Puis la colonne reprit sa marche silencieuse et grave à travers la population attristée. Dans le même temps, [...] une autre colonne de citoyens, formée sur le boulevard Bonne-Nouvelle, se dirigeait vers le Palais-Bourbon. Mais elle avait dans ses rangs, celle-là, des hommes en blouse, des ouvriers : à peine atteignait-elle le pont de la Concorde qu'une charge de cavalerie vint, qui la heurta violemment et la dispersa. » (Louis Blanc, *Histoire de dix ans*.) Le roi céda et Barbès gracié fut transféré à la prison du mont Saint-Michel.

• *Le second ministère Soult (mai 1839-fév. 1840)* pouvait être considéré, au départ, comme une expérience sans lendemain. Profitant du regain de solidarité des partisans de la dynastie autour du roi à la suite de l'insurrection des Saisons, Soult, qui cumulait les Affaires étrangères avec la présidence du Conseil, composa une équipe relativement homogène (Teste à la Justice et aux Cultes, Duchâtel à l'Intérieur, Dufaure aux Travaux publics, Villemain à l'Instruction publique), excluant Thiers et Guizot. Mais bien peu de mesures importantes furent adoptées : les chefs des grandes tendances attendaient la suite des événements. Ceux-ci se présentèrent sous la forme de deux questions que Soult ne parvint pas à résoudre : la question d'Orient en politique extérieure et la question de la dotation du second fils du roi, le duc de Nemours, en politique intérieure. Celui-ci ayant conclu un mariage avec une princesse de Saxe-Cobourg, Soult déposa un projet de loi pour doter le prince de 500 000 F. En janvier 1840, la Chambre refusa le projet sans même en débattre par 226 voix contre 220. Soult présenta sa démission au roi : l'heure de Thiers était revenue.

Le deuxième ministère Thiers (mars-octobre 1840)

Guère plus long que le premier, il s'en distingue pourtant pour plusieurs raisons. D'abord par les ambitions de Thiers : celui-ci entend bien agir et faire plier le roi devant ses décisions. Par le personnel dont il s'entoure : beaucoup d'hommes nouveaux, à part Cubières à la Guerre, et faisant figure de « jeunes loups » de la politique comme Rémusat à l'Intérieur, Cousin à l'Instruction publique, Vivien de Goubert à la Justice et aux Cultes ou Jaubert aux Travaux publics. La moyenne d'âge du gouvernement est de 45,9 ans contre 53,4 ans pour le ministère Soult. Par le contexte enfin : la situation internationale apparaît tendue et la crise économique perdure avec ses effets — chômage, manifestations, grèves — dans les classes populaires urbaines.

• *Le retour des Napoléon.* En symbiose avec le roi qui en espérait des retombées positives pour le régime, Thiers, comme en 1836, joua de la corde nationale en ranimant la flamme bonapartiste. Projetant, par ailleurs, d'écrire une *Histoire du Consulat et de l'Empire*, qui commença à paraître en 1845, il annonça au mois de mai, avec l'accord de l'Angleterre de la jeune reine Victoria, le retour des cendres de Napoléon Ier de Sainte-Hélène pour être placées sous le dôme des Invalides. Le prince de Joinville, troisième fils de Louis-

Philippe, s'embarqua sur la *Belle-Poule*, chargé de cette mission. Thiers pouvait compter sur le soutien d'une large partie de l'opinion publique : la légende napoléonienne battait son plein. C'est précisément le moment que choisit un autre Napoléon, de chair et non de cendres celui-là, pour tenter un deuxième coup de force. Venant d'Angleterre où il vivait en exil, Louis-Napoléon Bonaparte débarqua à Boulogne le 6 août avec quelques compagnons, dont Persigny. Aussitôt arrêté et emprisonné, il fut condamné à la détention perpétuelle au fort de Ham, où il rédigea *L'Extinction du paupérisme* avant de s'évader (1846), en empruntant les habits d'un maçon du nom de Badinguet. Louis-Philippe célébra également avec faste le dixième anniversaire des Trois Glorieuses au mois de juillet : à cette occasion, on inaugura la colonne de la Bastille, sous laquelle furent solennellement transférés les restes des combattants de Juillet 1830, aux accents de la musique de Berlioz. Le 15 décembre 1840, alors que Thiers n'était déjà plus ministre, le transfert des cendres de Napoléon Ier se fit au cours d'une cérémonie grandiose (voir encadré 21, p. 125).

- *Thiers et la politique intérieure.* Le président du Conseil affectait de réunir ses ministres en dehors de la présence du roi, puis de traiter avec celui-ci des grands problèmes. Il laissa Guizot ambassadeur à Londres, éloignant ainsi son principal rival. Ce dernier dut affronter une situation difficile, les rapports entre la France et l'Angleterre se dégradant rapidement sur la question d'Orient. Parmi les mesures importantes prises par Thiers, figure le projet de fortifications autour de Paris, dont certains prétendaient qu'elles seraient autant tournées vers un peuple révolutionnaire que vers un éventuel ennemi. Sur le plan des transports, pour la première fois l'État se porta garant pour la construction d'une ligne de chemin de fer (Paris-Orléans) et une ligne commerciale de navigation à vapeur entre Le Havre et New York fut ouverte. Mais la coalition qui avait permis à Thiers d'arriver au pouvoir s'effrita. La gauche dynastique d'Odilon Barrot menait, en accord avec les radicaux, une vigoureuse campagne pour la réforme électorale : des banquets étaient organisés à travers la France, modérés ou beaucoup plus radicaux. Des pétitions réclamant le droit de vote pour tout garde national recueillirent près de 200 000 signatures, soit l'équivalent du corps électoral français. Le 16 mai, Arago prononça à la Chambre des députés un virulent plaidoyer en faveur du suffrage universel, évoquant au passage le thème de l'organisation du travail, titre d'une brochure publiée par Louis Blanc avec grand succès l'année précédente. Le discours d'Arago ne suscita en dehors de son camp que des protestations ou des ricanements. Mais, sur la réforme politique, vint se greffer la question sociale : les manifestations ouvrières de l'automne 1840 furent les plus nombreuses et les plus violentes que le gouvernement ait eu à affronter depuis 1834 ; elles s'étendirent en province, également touchée par des émeutes agraires sévèrement réprimées, provoquant l'inquiétude des notables. Thiers apparut incapable, au-delà des mots, de maintenir un ordre dont

21 – LE TRANSFERT DES CENDRES DE L'EMPEREUR AUX INVALIDES

« Trois hommes du peuple, de ces pauvres ouvriers en haillons, qui ont froid et faim tout l'hiver, marchent devant moi tout joyeux. L'un d'eux saute, danse et fait mille folies en criant : "Vive l'Empereur!" De jolies grisettes parées passent, menées par leurs étudiants. Des fiacres se hâtent vers les Invalides [...]. Le char de l'Empereur apparaît. Le soleil, voilé jusqu'à ce moment, reparaît en même temps. L'effet est prodigieux. On voit au loin, dans la vapeur et dans le soleil, sur le fond gris et roux des arbres des Champs-Élysées, à travers de grandes statues blanches qui ressemblent à des fantômes, se mouvoir lentement une montagne d'or. On n'en distingue encore rien qu'une sorte de scintillement lumineux qui fait étinceler sur toute la surface du char tantôt des étoiles, tantôt des éclairs. Une immense rumeur enveloppe cette apparition. On dirait que ce char traîne après lui l'acclamation de toute la ville comme une torche traîne sa fumée [...]. Les spectateurs des estrades n'ont cessé de battre la semelle qu'au moment où le char-catafalque a passé devant eux. Alors seulement les pieds font silence. On sent qu'une grande pensée traverse cette foule. Cependant je ne suis pas content d'elle; pas une acclamation. [...] En ce moment, un spectateur qui arrive des Champs-Élysées raconte que le peuple, le vrai peuple, a été tout autre. Les bourgeois des estrades ne sont déjà plus le peuple. Il a crié : "Vive l'Empereur!" Il voulait dételer les chevaux et traîner le char. Une compagnie de la banlieue s'est mise à genoux; hommes et femmes baisaient les crêpes du sarcophage. Il y a eu aussi des dialogues politiques : "À bas Guizot!", criait l'un. "Et à bas Thiers!", répliquait l'autre. [...] Il est certain que toute cette cérémonie a eu un singulier caractère d'escamotage. Le gouvernement semblait avoir peur du fantôme qu'il évoquait. On avait l'air tout à la fois de montrer et de cacher Napoléon. On a laissé dans l'ombre tout ce qui eût été trop grand ou trop touchant. »

(Victor HUGO, *Choses vues*, 15 décembre 1840.)

la quasi-totalité des députés dynastiques, toutes tendances confondues, appuyée par la presse conservatrice, jugeait le retour indispensable.

• *La question d'Orient : la chute de la maison Thiers.* Ce fut sur une question de politique extérieure que Thiers devait chuter. La question d'Orient, apparue à l'occasion des luttes d'indépendance des Grecs, resurgit avec cette interrogation : que faire de l'Empire ottoman, cet « homme malade » de l'Europe ? Toutes les puissances européennes suivaient avec intérêt l'émergence de l'Égypte du pacha Méhemet-Ali et de son fils Ibrahim, qui, de plus en plus, imposait ses vues au sultan. Par deux fois (1832 et 1839) les troupes égyptiennes avaient écrasé les troupes turques et conquis la Syrie, menaçant Constantinople. L'affaiblissement des Ottomans réjouissait la Russie de Nicolas Ier, mais inquiétait l'Autriche de Metternich, hostile à toute modification de l'équilibre trouvé en 1815, et surtout l'Angleterre de Palmerston, très inquiète de la percée de la Russie en direction de la Méditerranée, via les détroits du Bosphore et des Dardanelles. La France, quant à elle, soutenait l'Égypte avec laquelle elle entretenait des rapports économiques et militaires. Mais c'est sans la France que quatre grandes puissances — Angleterre, Autriche, Russie, Prusse — se réunirent à Londres pour y signer un traité (15 juillet 1840) reconnaissant l'intégrité de l'Empire ottoman et sommant l'Égypte de la respecter, au besoin par la force. Ce traité, œuvre de Palmerston, fit l'effet d'une bombe à Paris : la France paraissait isolée et son action en Égypte entravée. Thiers, soutenu par la quasi-totalité de la presse, à l'exception notable du journal de Girardin, *La Presse*, parla de guerre, entreprit la fortification de Paris, rappela aux Cours européennes l'histoire des années 1792 et des suivantes. Mais passé l'explosion de colère, rien ne fut mis à exécution : personne n'envisageait sérieusement l'éventualité d'une guerre pour l'Égypte et le roi freina l'impulsivité de Thiers, d'autant plus que l'Autriche et la Confédération germanique voyaient d'un très mauvais œil ce réveil patriotique français qui semblait menacer la frontière du Rhin (voir encadré 22, p. 127). À l'anglophobie galopante qui se répandait en France répondait une gallophobie croissante au-delà du Rhin. Désavoué, Thiers donna sa démission le 29 octobre.

• *L'œuvre de Thiers*. Les jugements sont dans l'ensemble défavorables et les deux ministères qu'il dirigea n'ont guère trouvé de défenseurs. Thiers ne retrouvera plus la direction des affaires : pressenti pour remplacer Guizot au soir du 23 février 1848, il n'aura ni le temps ni l'envie de sauver un régime déjà condamné. L'homme était ambitieux et opportuniste : mais pas plus que d'autres. Son principal échec fut de ne pas réussir à instaurer en France une véritable monarchie parlementaire sur le modèle anglais et de ne pas pouvoir concilier capitalisme, patriotisme, souvent utilisé de manière très politique, et libéralisme — aller vers les classes moyennes en élargissant le droit de suffrage. Il fut parallèlement très habile dans l'utilisation des groupes parlementaires et prisonnier d'un jeu stérile lui interdisant finalement de suivre une ligne politique clairement définie. Pris entre des revendications populaires qu'il savait ne pouvoir satisfaire et le conservatisme de notables hostiles à toute réforme politique, Thiers fut d'une certaine manière le meilleur allié de Guizot dans sa conquête du pouvoir.

22 – 1840, LE RÉVEIL DES NATIONALISMES EN FRANCE ET EN ALLEMAGNE

Nicolas Becker, « Le Chant du Rhin » :

« Ils ne l'auront pas,
Le libre Rhin allemand,
Quoique semblables à des corbeaux avides,
Ils s'enrouent à le réclamer,
Aussi longtemps que roulant paisiblement,
Il portera sa robe verte,
Aussi longtemps qu'avec un bruit clair, une rame
Frappera ses flots ! […]
Ils ne l'auront pas,
Le libre Rhin allemand,
Jusqu'à ce que les flots aient enseveli
Les ossements du dernier homme. »

La réponse d'Alfred de Musset :

« Nous l'avons eu, votre Rhin allemand.
Il a tenu dans notre verre.
Un couplet qu'on s'en va chantant
Efface-t-il la trace altière
Du pied de nos chevaux, marqué de votre sang ? […]
S'il est à vous, votre Rhin allemand,
Lavez-y donc votre livrée ;
Mais parlez-en moins fièrement.
Combien au jour de la curée
Étiez-vous de corbeaux contre l'Aigle expirant ?
Qu'il coule en paix votre Rhin allemand.
Que vos cathédrales gothiques
S'y reflètent modestement.
Mais craignez que vos airs bachiques
Ne réveillent les morts de leur repos sanglant. »

Lamartine pacifiste : la « Marseillaise de la Paix »

« Roule libre et superbe entre tes larges rives,
Rhin ! Nil de l'Occident ! Coupe des nations !
Et des peuples assis qui boivent tes eaux vives
Emporte les défis et les ambitions ! […]
Et pourquoi nous haïr et mettre entre les races
Ces bornes ou ces eaux qu'abhorre l'œil de Dieu ?
De frontières au ciel voyons-nous quelques traces ?
Sa voûte a-t-elle un mur, une borne, un milieu ? […]
Déchirez ces drapeaux ; une autre voix vous crie :
L'égoïsme et la haine ont seuls une patrie,
La fraternité n'en a pas ! »

Politique algérienne — 1836-1840

À la montée en puissance de l'émir Abd el-Kader répondit une politique de conquêtes de grande envergure en Algérie. Mais Clauzel, ayant échoué devant Constantine en décembre 1836, fut remplacé par Damrémont. Malgré l'envoi de troupes plus nombreuses (on passe de 23 000 à 43 000 soldats), Molé n'envisagea pas d'étendre les conquêtes françaises comme il l'expliqua à Danrémont dans ses instructions du 22 mai 1837 : « Le but que le gouvernement se propose n'est pas la domination absolue ni l'occupation effective de la Régence. Ce que la France a surtout en vue, c'est son établissement maritime, c'est la sécurité et l'extension de son commerce, c'est l'accroissement de son influence dans la Méditerranée. La guerre est un obstacle à tous ces résultats. Le gouvernement ne l'accepte que comme une nécessité dont il désire, dont il croit pouvoir hâter le terme. La France a surtout intérêt à être maîtresse du littoral. Les principaux points à occuper sont Alger, Oran et Bône avec leurs territoires. Le reste doit être abandonné à des chefs indigènes. La pacification est désormais l'objectif principal à atteindre. La guerre n'est que le moyen de l'obtenir aux conditions les plus avantageuses, moyen auquel il ne faut avoir recours qu'à la dernière extrémité. »

Le traité de la Tafna signé par Bugeaud, gouverneur d'Oran, avec Abd el-Kader en mai 1837 accordait à ce dernier la souveraineté sur la plus grande partie de l'Oranais et de l'Algérois. À l'est, Constantine fut prise en octobre 1837 — Damrémont fut tué — et le port de Philippeville construit l'année suivante. De l'automne 1837 à l'automne 1839, l'Algérie connut deux ans de paix pendant lesquels Abd el-Kader forma un véritable État arabe, créant une armée et une police, levant des impôts, battant monnaie, établissant des relations diplomatiques, y compris avec l'Angleterre. Mais en novembre 1839, prétextant une violation de frontières, Abd el-Kader rompit la trêve et lança ses troupes à l'assaut de la Mitidja, massacrant les colons européens, menaçant directement Alger. L'heure de Bugeaud était arrivée : elle allait correspondre à celle de Guizot.

LE « MOMENT GUIZOT »

Guizot peut être considéré comme l'homme des records : par la durée de son passage aux affaires — c'est lui qui gouverne de fait la France de l'automne 1840 à la révolution de février 1848 —, mais aussi par le mépris, pour ne pas dire la haine, dont il fut l'objet de la part de ses adversaires. À la différence de Thiers, sa disparition de la scène politique fut définitive jusqu'à sa mort, en 1874. Il a pourtant marqué profondément la France de son empreinte durant son gouvernement, ce « moment Guizot » qu'évoque Pierre Rosanvallon correspondant, avant la crise des années 1846-1848, aux années les plus épanouies de la monarchie de Juillet.

Un intellectuel en politique

• *Guizot, les origines.* Né en 1787 dans une famille protestante du Gard, élevé à Genève, Guizot commence sa carrière sous l'Empire comme professeur d'histoire moderne à la Sorbonne. Son mariage avec Pauline de Meulan, de quatorze ans son aînée, facilite son entrée dans le monde de la politique. Royaliste convaincu, il suit Louis XVIII à Gand — ce que ses adversaires lui reprocheront toujours — et poursuit une carrière politique et administrative sous la Restauration libérale du ministère Decazes. Guizot apparaît alors comme une tête de file du groupe des doctrinaires. La chute de Decazes provoque la sienne : chassé du Conseil d'État puis de la Sorbonne (1822), il se tourne vers la recherche historique et publie notamment une *Histoire de la révolution d'Angleterre* (1826-1827). Quelque peu atypique, ce bourgeois protestant, dont le père avocat avait été guillotiné en l'an II, manifestera toujours une grande répugnance pour les mouvements révolutionnaires. Il fonde et anime la société « Aide-toi, le ciel t'aidera » qui joue un rôle important dans le succès libéral aux élections de 1827, provoquant le départ de Villèle. Le ministère Martignac lui rend son poste au Conseil d'État et sa chaire à la Sorbonne où il forme avec Cousin et Villemain une sorte de triumvirat intellectuel et moral auprès de la jeunesse étudiante. Élu député de Lisieux en janvier 1830, il adopte une position très prudente pendant les Trois Glorieuses : à la différence d'un Thiers ou d'un Laffitte, il se contenterait d'un maintien de la dynastie en place avec un gouvernement libéral et ne joue pas un grand rôle dans la mise en place de la solution orléaniste.

• *Guizot et la monarchie de Juillet.* Par tempérament, Guizot se situe d'emblée dans le camp de la « résistance » animé par Casimir Perier dont il partage le tempérament hautain et autoritaire. Il mène avec constance le combat oratoire contre tous ceux qui parlent de démocratie et d'élargissement du droit de suffrage. Brièvement ministre de l'Intérieur dans le premier gouvernement du régime, il ne revient aux affaires qu'en octobre 1832 dans le cabinet Soult. Broglie et Thiers sont ses collègues dans ce triumvirat politique qui dirige la France. Ministre de l'Instruction publique, Guizot fait alors voter la loi portant son nom, mais ce grand travailleur est également à l'origine du rétablissement de l'Académie des sciences morales et politiques, promeut les études historiques et s'inquiète de la mise en valeur du patrimoine national. Après la chute du ministère Soult, il s'oppose à Thiers, reprend brièvement l'Instruction publique dans le premier ministère Molé, avant de devenir un opposant irréductible à ce dernier au sein de la Coalition qu'il forme avec Thiers et Barrot. Nommé ambassadeur à Londres en février 1840, cet anglophile convaincu y demeure sous le second ministère Thiers, au pire moment de la querelle franco-britannique relative à la question d'Orient. Il ne parvient pas à empêcher la signature du traité de Londres, dont la France est exclue. Son attitude pacifiste et son soutien constant à Louis-Philippe lui vaudront d'être appelé aux Affaires étrangères dans le cabinet Soult du 29 octobre. Personne ne s'y trompe : c'est bien lui qui va diriger le ministère pour une période que même ses plus vifs partisans ne pensaient pas devoir être si longue.

- *Guizot, les idées*. Qu'est-ce qui sépare, finalement, un Thiers d'un Guizot ? Peu de chose au total. Si l'on s'appuyait sur leur amour partagé de la constitution anglaise pour les distinguer, on pourrait dire que le premier est plus proche des Whigs et le second des Tories. Guizot s'affirme hautement conservateur. Tout ce qui nuit à la cohésion sociale est rejeté. Pour Pierre Rosanvallon, Guizot poursuit trois objectifs : clore le chapitre de la Révolution, construire un gouvernement représentatif stable, garantir les libertés. La Charte de 1830 est son horizon, le système censitaire son credo, les classes moyennes la base de son système. Quant aux notions d'ordre et d'autorité, thèmes récurrents du discours guizotiste, elles ne sont pas moins absentes du discours de tous les ministres qui l'ont précédé. Guizot excelle aussi à opposer Paris, ville traversée par une agitation perpétuelle, et la province, attachée au calme et à la stabilité. Surtout, à la différence d'un Laffitte ou d'un Thiers, Guizot se montre comme Casimir Perier partisan inébranlable de la paix à l'extérieur — « la paix à tout prix », disent ses détracteurs. Ni les affaires internationales ni les agitations libérales ne lui semblent devoir entraîner la France dans des guerres dont l'historien qu'il est craint peut-être les retombées intérieures. Ce n'est pas caricaturer Guizot que d'affirmer que la citation, peut-être apocryphe, qu'on lui attribue : « Enrichissez-vous par le travail et par l'épargne » résume sa pensée politique. Le travail et l'épargne, vecteurs d'enrichissement, donnent accès au corps électoral (celui-ci passe d'environ 200 000 électeurs en 1840 à 241 000 à la fin du régime). Guizot ne parle pas du suffrage comme d'un droit, mais comme d'une fonction accouplée à l'exercice de responsabilités économiques. L'électeur est plus qu'un citoyen, il est membre d'une classe politique qui forme un rempart contre l'anarchie. Mais, ce faisant, Guizot se condamne à dépendre d'une conjoncture de croissance économique qui lui fera finalement défaut.

- *Guizot, les méthodes*. Elles sont d'un classicisme désarmant et d'une efficacité reconnue. Guizot exige une obéissance absolue de ministres choisis autant pour leur docilité que pour leurs capacités : Martin du Nord à la Justice et aux Cultes, Teste aux Travaux publics, Duchâtel à l'Intérieur. Villemain puis Salvandy se montrèrent à la hauteur de leur prédécesseur à l'Instruction publique. Cunin-Gridaine, seul ministre d'authentique origine populaire, fut nommé à l'Agriculture et au Commerce, poste qu'il occupait déjà dans le cabinet du 12 mai 1839. L'ascendant grandissant de Guizot sur le ministère, comparable à celui d'un Casimir Perier, en diffère pourtant sur le chapitre des rapports avec le roi. Respectueux des prérogatives royales, Guizot travaille avec Louis-Philippe qui assiste au Conseil et collabore à toutes les grandes décisions. Guizot, enfin, applique une politique de contrôle étroit de tous les hauts fonctionnaires, à Paris et en province, épurant et distribuant les places sans état d'âme par le biais de son ministre de l'Intérieur, Duchâtel, s'achetant ainsi par la corruption une majorité parlementaire qu'il lui fut, paradoxalement, toujours assez difficile de réunir, sauf à la fin du régime.

La politique intérieure de la France — 1840-1846

- *Croissance économique et agitation sociale.* La France connaît une situation de croissance économique assez régulière, quoique limitée. S'il n'y a pas à proprement parler de *take off* ou de « révolution industrielle » comparable, avec un décalage chronologique, au modèle anglais, il n'en reste pas moins que les années 1840-1846 peuvent être présentées comme ces *decisive years* étudiées par D. Pinkney. Avec une croissance annuelle moyenne de la production industrielle de 3 à 3,5 % et du revenu national de 2 %, l'économie française dépend largement, il est vrai, du secteur agricole. Cependant, les grandes manifestations ouvrières des années 1839-1842, doublées parfois d'émeutes agraires, indiquent que la croissance économique connaît des soubresauts et des laissés-pour-compte. La conjonction d'une forte croissance démographique, de la concurrence de la grande industrie naissante et d'un exode rural venant grossir la population des faubourgs ne plaide pas en faveur de la hausse des salaires, bien au contraire. Le gouvernement manquant d'argent doit recourir à l'emprunt pour financer la guerre en Algérie, le développement de la marine ou la construction des chemins de fer. Mais grâce au développement du système bancaire, et notamment des caisses d'épargne et des comptoirs d'escompte — celui lancé par Jacques Laffitte fait pourtant faillite —, le crédit revient à un niveau satisfaisant et permet un redémarrage de l'économie. Situation fragile : des projets de loi comme celui du ministre des Finances, Human, visant à recenser l'ensemble des propriétés immobilières pour améliorer la répartition de l'impôt foncier entre les départements, provoquent une levée de boucliers à la Chambre et une agitation antifiscale parfois violente en province (Toulouse, Lille, Clermont-Ferrand).

- *La question de la réforme électorale.* Guizot entend gouverner en constituant un « parti » conservateur, regroupant tout le centre droit et le Tiers Parti, débauchant à l'occasion des députés d'autres groupes, et s'opposant au « parti » de la réforme, regroupant le centre gauche de Thiers et la gauche dynastique d'Odilon Barrot, avec parfois l'appui des radicaux. Ces derniers sont divisés entre partisans du *National*, modérés, et de *La Réforme*, plus avancés. Pour l'opposition, le combat prioritaire reste la réforme électorale, abordée néanmoins de façon divergente : si les radicaux plaident pour le suffrage universel, Thiers et Odilon Barrot ne souhaitent qu'un élargissement limité du corps électoral, soit aux membres de la garde nationale, soit aux capacités comme le proposa le député de Bordeaux, Ducos, en février 1842 (jurés, fonctionnaires nommés par le roi, gradués des facultés, notaires, officiers de la garde nationale, conseillers municipaux ou conseillers généraux). L'opposition demanda également l'interdiction du cumul de fonctions publiques avec le mandat de député. Invariablement, Guizot répondit par la négative, suivi par une majorité de députés moins forte pourtant qu'on aurait pu le croire : ainsi, en 1842, le projet Ducos ne fut repoussé que par 234 voix contre 193. Guizot décida de dissoudre la

Chambre au mois de juin 1842 ; les élections du mois suivant lui donnèrent une majorité renforcée, avec 266 sièges sur 459. La solution parlementaire à la question de la réforme électorale s'éloignait. Les années passant, la notion de stabilité chère à Guizot semblait se transformer en un immobilisme politique paradoxal dans une société qui connaissait de profondes mutations sociales : « La France s'ennuie ! », s'exclama un Lamartine rallié à l'opposition.

• *Découverte de la question sociale.* L'émergence de la grande industrie s'est accompagnée d'un besoin de main-d'œuvre nombreuse et peu qualifiée. Les campagnes ont fourni cette force de travail d'autant plus exploitée et précaire que la concurrence était rude. La France des notables, chrétienne de religion et charitable à l'occasion, s'émut parfois de la situation de ce prolétariat dont elle découvrit l'existence avec la révolte des canuts lyonnais de novembre 1831. De nombreuses enquêtes furent réalisées sur la prostitution, l'hygiène, le paupérisme aussi bien à Paris que dans les grandes villes de province. En 1834, l'Académie des sciences morales et politiques dégagea un crédit suffisant pour permettre à deux hommes, le docteur Villermé et Benoiston de Châteauneuf, de « constater, aussi exactement qu'il est possible, l'état physique et moral de toutes les classes ouvrières ». Au terme d'une longue et scrupuleuse enquête, Villermé publia en 1840 un *Tableau de l'état physique et moral des ouvriers employés dans les manufactures de coton, de laine et de soie.* Sans remettre en question le libéralisme économique ni le développement de la grande industrie, Villermé soulevait la question des conditions de vie et de travail effroyables des adultes et des enfants, et de la surmortalité qui en découlait dans les régions de manufactures. (Voir encadré 23, p. 134.) Son enquête trouva un écho à la Chambre des députés. Le 22 mars 1841 fut votée la première loi limitant le travail des enfants dans les manufactures : interdiction pour les moins de 8 ans, pas plus de huit heures par jour pour ceux de 8 à 12 ans avec obligation de scolarisation le reste du temps, et pas plus de douze heures pour ceux de 13 à 16 ans ; pas de travail de nuit pour les moins de 13 ans. Loi importante, mais dont les modalités d'application ne permirent pas une réelle efficacité.

• *La loi sur les chemins de fer est la grande loi* économique du ministère Guizot et l'une des grandes lois de l'histoire contemporaine de la France. La question du développement des chemins de fer n'était pas nouvelle. La France devait surmonter, par rapport à l'Angleterre, novatrice en ce domaine, un triple retard :

– technique : elle fit longtemps appel à des hommes et à des machines venus d'outre-Manche ;

— politique : seule une décision politique pouvait donner un coup de fouet à l'industrie du chemin de fer, grande dévoreuse de capitaux ;
— financier : il fallait trouver une solution nouvelle pour que capitaux privés et fonds publics soient associés dans l'entreprise.

Face aux résistances d'une bonne partie de la classe politique qui ne voyait pas l'intérêt du chemin de fer, des saint-simoniens, souvent polytechniciens et passés par les Ponts-et-Chaussées, comme Paulin Talabot, jouèrent un rôle important, technique, financier et culturel, pour faire aboutir le projet de loi. Depuis 1823, quelques lignes avaient été ouvertes, d'initiatives privées et principalement pour un usage industriel. Dès 1835, le gouvernement concédait à Émile Pereire une première concession pour la ligne de Paris à Saint-Germain. En 1838, Molé prévoyait 7 lignes en étoile autour de Paris. Thiers et Arago grondèrent contre un projet jugé inutile et coûteux, voire contre une invention, le chemin de fer, néfaste pour la santé. Une grave catastrophe ferroviaire survenue le 8 mai 1842 sur la ligne de Saint-Germain (l'amiral Dumont d'Urville y trouva la mort) semblait donner raison aux adversaires du chemin de fer. Pourtant, il se trouva une majorité de députés pour voter la loi du 11 juin 1842 qui établissait un premier réseau national de voies ferrées, et définissait les modalités de construction de 9 lignes dont 7 partant de Paris. Le principe de la loi prévoyait la concession à bail — 99 ans au maximum — de l'exploitation des lignes à des compagnies privées chargées de la fourniture de tout le matériel ferroviaire (rails, trains, entretien...), l'État prenant en charge 1/3 des dépenses provoquées par les indemnités d'expropriation et les constructions d'infrastructure (ponts, tunnels, etc.), les 2/3 restants étant à la charge des départements et des communes intéressés. Les débats furent vifs entre partisans de la concession à des compagnies privées, soutenus par les milieux d'affaires, et partisans des fonds publics, essentiellement les radicaux et, en dehors de la Chambre, les socialistes. La direction seule des lignes étant indiquée par la loi (vers la Belgique, l'Angleterre, l'Espagne, l'océan Atlantique, la Méditerranée, etc.), les communes se livrèrent parfois à une âpre rivalité pour obtenir le passage de la voie ferrée. Le ministère sut en tirer parti pour acquérir le soutien de députés achetés au prix d'une gare. Les effets de la loi de 1842 furent importants sur le développement du réseau ferroviaire (environ 590 km en 1840, contre 1 850 km fin 1847) et sur l'économie française en général, donnant un véritable coup de fouet à l'industrie sidérurgique, aux mines et aux échanges en désenclavant de nombreuses régions et leurs productions, drainant l'épargne, multipliant le nombre des actionnaires, donnant naissance à de puissantes compagnies comme la Compagnie du Nord où s'associèrent les banques Rothschild et Pereire, ou la Compagnie des chemins de fer du Midi, ancêtre du PLM, dominée par Talabot. Quant aux cours des actions, ils progressèrent de manière spectaculaire dès l'émission (jusqu'à + 75 %) avant de connaître une lente érosion qui les ramena à leur cours initial au moment de la révolution de 1848.

23 – L'enquête Villermé : les ouvriers de l'industrie cotonnière du Haut-Rhin

« Les seuls ateliers de Mulhouse comptaient, en 1835, plus de 5 000 ouvriers logés dans les villages environnants. Ces ouvriers sont les moins bien rétribués. Ils se composent principalement de pauvres familles chargées d'enfants en bas âge, et venues de tous côtés, quand l'industrie n'était pas en souffrance, s'établir en Alsace, pour y louer leurs bras aux manufactures. Il faut les voir arriver chaque matin en ville et en partir chaque soir. Il y a, parmi eux, une multitude de femmes pâles, maigres, marchant pieds nus au milieu de la boue, et qui, faute de parapluie, portent renversé sur la tête, lorsqu'il pleut, leur tablier ou leur jupon de dessus, pour se préserver la figure et le cou, et un nombre encore plus considérable de jeunes enfants non moins sales, non moins hâves, couverts de haillons tout gras de l'huile des métiers tombée sur eux pendant qu'ils travaillent. Ces derniers, mieux préservés de la pluie par l'imperméabilité de leurs vêtements, n'ont pas même au bras, comme les femmes dont on vient de parler, un panier où sont les provisions pour la journée ; mais ils portent à la main ou cachent sous leur veste, ou comme ils le peuvent, le morceau de pain qui doit les nourrir jusqu'à l'heure de leur rentrée à la maison. Ainsi, à la fatigue d'une journée déjà démesurément longue, puisqu'elle est au moins de quinze heures, vient se joindre pour ces malheureux celle de ces aller et retour si fréquents, si pénibles. »

• *Le problème de la succession.* L'année 1842 fut également marquée par un événement dont les conséquences ne furent pas sans importance. Le 13 juillet 1842, le duc d'Orléans se tuait accidentellement, les chevaux de la voiture qu'il conduisait s'étant emballés. Au-delà du premier effet de cette mort — un resserrement de l'opinion autour du roi et des députés autour du ministère —, se posa la question de la succession. La mort du duc d'Orléans fut ressentie comme une perte grave par les partisans de la dynastie : le fils aîné de Louis-Philippe passait pour un esprit libéral, ouvert et, de surcroît, bon vivant. Il représentait l'avenir de la monarchie de Juillet, un avenir d'ouverture précieux dans un contexte de conservatisme fermé. Le duc d'Orléans avait un fils, le comte de Paris, né en 1838 et donc trop jeune pour régner au cas où Louis-Philippe, qui entrait dans sa soixante-dixième année, viendrait à mourir. Il fallait désigner un régent : ce fut l'enjeu de l'affrontement entre la gauche dynastique et le centre gauche — mais pas Thiers —, favorables à la duchesse d'Orléans, princesse allemande protestante que l'on disait libérale, et Guizot, soutenu par le roi, favorable au second fils de Louis-Philippe, le duc de Nemours, qui partageait les vues de son père. Cette dernière solution prévalut. Le conservatisme du régime se trouva *de facto* accentué et le « système Guizot » conforté.

24 – Deux points de vue sur la liberté de l'enseignement

Charles de Montalembert :
« Vous le savez, Messieurs, y a-t-il un seul établissement de l'Université où un enfant catholique puisse vivre dans sa foi ? "Le doute contagieux, l'impiété froide et tenace" [citation de Lamennais] ne règnent-ils pas sur toutes ces jeunes âmes qu'elle prétend instruire ? Ne sont-elles pas toutes ou souillées, ou pétrifiées, ou glacées ? [...] Catholiques, nous sommes las de ces sacrifices impies, nous sommes las de prostituer ainsi à la créature de la Convention et de l'Empire ce que nous aimons le plus au monde ; nous vous redemandons nos enfants, nous vous redemandons leur honneur, leur pureté, leur foi, leur vertu. Vous n'oseriez refuser à des juifs, à des protestants le fruit de leur amour, vous n'oseriez rester sourds au cri de leur cœur. Pourquoi faut-il que nous, catholiques, nous soyons sans refuge et sans secours ? Vos lois nous proclament la majorité du peuple français : Ah ! pour Dieu, ôtez-nous ce vain titre, et rendez-nous à ce prix les libertés que nul n'a le droit de contester à la minorité la plus chétive. » (Défense devant la Chambre des pairs, 19 septembre 1831.)

Victor Cousin :
« La liberté d'enseignement sans garanties préalables est contraire, en principe, à la nature des choses ; et, comme tout ce qui est faux en soi, elle ne peut produire dans la pratique que des conséquences désastreuses. L'éducation, livrée ainsi à l'aventure, tourne contre sa fin. Qu'est-ce en effet que l'éducation ? L'apprentissage de la vie qui nous attend au sortir de l'école, soit dans les professions particulières auxquelles la famille nous destine, soit dans ces fonctions générales d'homme et de citoyen, auxquelles Dieu et la patrie nous appellent. [...] Il appartient donc à la société d'intervenir dans l'éducation et de la faire un peu à son image, pour que l'éducation lui rende ce que la société lui a donné ; autrement, c'est la société qui sème de ses propres mains l'inquiétude, le mécontentement, les révolutions. À ce point de vue, qui est le vrai, le droit d'enseigner n'est ni un droit naturel de l'individu, ni une industrie privée ; c'est un pouvoir public. » (Discours devant la Chambre des pairs, 22 avril 1844.)

• *L'enseignement secondaire, enjeu politique.* Il existait en France de nombreux établissements qui, de fait, fonctionnaient comme des établissements privés d'enseignement secondaire : institutions ou pensions, dont les élèves suivaient en partie les cours d'établissements publics, et petits séminaires, ceux-là même dont Martignac avait voulu limiter les effectifs à 20 000 élèves en 1828. Des voix de plus en plus nombreuses demandaient la légalisation d'un enseignement secondaire privé. Formidable enjeu politique : c'est l'enseignement secondaire qui, après les rudiments fournis par l'enseignement primaire, modelait les cœurs et les esprits de citoyens dont un certain nombre était appelé à intégrer le corps électoral. Le nombre d'élèves de l'enseignement secondaire doubla entre la Restauration et la monarchie de Juillet, passant de 45 000 à 90 000 environ (mais au même moment, il y a près de 3,2 millions d'élèves dans l'enseignement primaire). Depuis le tournant des années 1840, un rapprochement s'était opéré entre l'Église et le roi, avec comme conséquence de rapprocher également les milieux catholiques et légitimistes d'un régime toujours à la recherche d'une majorité parlementaire stable. Cependant, pour ces milieux, subsistait la question de la liberté de l'enseignement pour laquelle la Charte prévoyait expressément l'établissement d'une législation. Dès 1831, Montalembert et Lacordaire avaient ouvert une école sans autorisation (aussitôt fermée, ses directeurs étant condamnés) avec le soutien de *L'Avenir* et de Lamennais. Ce dernier, après sa rupture avec Rome et l'Église, fut condamné à un an de prison en décembre 1840, pour la publication d'un ouvrage intitulé *Le Pays et le Gouvernement*. Lacordaire, soumis à Rome, devint l'un des directeurs de conscience de la jeunesse étudiante et se rendit célèbre par ses conférences à Notre-Dame.

• *Les fils de croisés contre les fils de Voltaire.* Montalembert, quant à lui, se positionna en champion de la cause de la liberté de l'enseignement secondaire. Constatant une désaffection croissante pour la religion au sein de la société en général et de l'Université en particulier, il revendiqua le droit pour les familles catholiques de donner un enseignement confessionnel à leurs enfants. Ce jeune pair né en 1810 se servit bientôt de la tribune de la Chambre haute pour attaquer sans relâche l'Université, appelant les catholiques à la mobilisation. Devenu un ardent défenseur de l'ultramontanisme, il publia en 1844 *Du devoir des catholiques dans la question de la liberté de l'enseignement* et s'opposa à Villemain, dont le second projet de liberté de l'enseignement secondaire fut jugé trop restrictif (1844). Deux projets avaient déjà été repoussés, mais pour des raisons opposées : celui de 1836-1837 de Guizot et celui de 1841 de Villemain, par une Chambre hostile aux congrégations, agacée de la pression exercée par l'Église. Même Salvandy, pourtant favorable à la cause défendue par Montalembert, ne réussira pas à faire aboutir son projet en 1847. C'est que le combat devient de plus en plus polémique et change bientôt de nature. Montalembert tente d'organiser un « parti des catholiques », avec des formules politiquement très engagées : « Nous sommes les fils des croisés et nous ne céderons pas devant les fils de Voltaire. » *L'Univers*, le grand journal catholique fondé par l'abbé Migne en 1833, se lança dans la bataille par la voix de Louis Veuillot. Le roi, plutôt voltairien, s'irritait parfois de l'outrance de ces attaques. Débat d'autant plus politique qu'au même moment (1843), les légitimistes, partisans d'Henri V, relevaient la tête et faisaient le voyage de Londres pour rendre hommage à leur prétendant.

• *L'Université se mobilise.* La réaction des fils de Voltaire ne se fit pas attendre. La défense de l'Université fut d'abord l'œuvre de ses professeurs. Victor Cousin, le grand philosophe de la période, se prononça pour le monopole universitaire, y compris en tant que ministre de l'Instruction publique de Thiers, et publia en 1842 sa *Défense de l'Université*. Quinet et Michelet, professeurs au Collège de France, s'associèrent pour publier *Des jésuites* en 1843, Michelet publiant seul *Du prêtre, de la femme et de la famille* en 1844.

La presse républicaine prit le relais avec virulence. La réaffirmation d'un anticléricalisme très voltairien se manifesta en diverses circonstances : inauguration de la fontaine Molière en janvier 1844, funérailles de Jacques Laffitte en mai 1844 ou de Godefroy Cavaignac en 1845. Les étudiants se rangèrent aux côtés de Michelet et de Quinet, dont le cours fut supprimé sur ordre de Guizot en décembre 1845. Ce dernier, soucieux de ne pas mécontenter une Chambre des députés hostile aux congrégations, négocia parallèlement avec le pape Grégoire XVI la fermeture des collèges dirigés par des jésuites. La défense de l'Université provoqua une sorte d'union sacrée de la gauche parlementaire : radicaux, gauche dynastique, centre gauche, de Ledru-Rollin à Thiers en passant par Odilon Barrot. L'Église contre l'Université : telles sont les dimensions d'une querelle qui dépasse la seule question scolaire pour devenir un affrontement idéologique entre deux conceptions opposées de la société. (Voir encadré 24, p. 135.)

• *Le rôle de l'État dans un régime libéral.* Tant la politique économique que la politique scolaire menées par le ministère Guizot posent la question du rôle de l'État dans un régime libéral. Apogée du libéralisme, a-t-on dit pour définir les années Guizot. Certes, mais davantage dans le discours que dans les faits. Ceux-ci montrent à l'évidence que le développement d'une politique libérale sinon intégrale — le cas ne s'est jamais produit —, tout au moins en accord avec la doctrine guizotiste, fut loin d'être réalisé. Sur le plan scolaire, la loi Guizot de 1833 apparaît comme une limite à ne pas dépasser : c'est la IIe République, certes dans sa phase conservatrice et réactionnaire, qui accorda la liberté de l'enseignement secondaire. La loi sur le travail des enfants de 1841 pourrait apparaître comme une ébauche du rôle de protection sociale de l'État et donc comme une atteinte à la liberté d'entreprise, argument majeur de ses adversaires. Mais les conditions d'application de la loi ne remirent pas en cause l'inégalité régnant entre classes sociales et la suprématie du droit du propriétaire-employeur sur le producteur-employé. L'État continuait à garantir *de facto* les privilèges d'une caste qui représentait le principal soutien du régime. Sur le plan économique, la France demeure un État essentiellement protectionniste, à la demande des producteurs eux-mêmes, et se refuse à affronter la concurrence extérieure. L'État intervient même (1843) au détriment de ses producteurs intérieurs de sucre de betterave, en alignant les taxes pesant sur celui-ci avec celles pesant sur le sucre de canne des Antilles. Mesure significative d'une économie envisagée avant tout en termes de marché intérieur. La loi de 1842 sur les chemins de fer montre aussi le rôle moteur de l'État sur le plan politique et économique. En restant maître ou arbitre de décisions dont le caractère politique, voire politicien, est avéré, le gouvernement de Guizot fut un frein à des changements pourtant jugés indispensables. Prisonnier d'un système naviguant entre autoritarisme gouvernemental et influence des groupes de pression aux intérêts parfois divergents, Guizot s'aligna trop souvent sur une politique de « juste milieu », de demi-mesures qui firent, au total, plus de mécontents que de satisfaits.

• *L'abolition de l'esclavage : les raisons d'un échec.* Symbole de cette résistance et de ces hésitations, l'échec de toutes les tentatives menées entre 1844 et 1847 pour abolir l'esclavage, mesure adoptée par l'Angleterre depuis 1834. Guizot, une majorité de la Chambre et de l'opinion publique y sont favorables. De nombreux journaux se mobilisent, comme le *Journal des écoles* qui organise une pétition signée par les étudiants. Dès 1830, Victor Schoelcher commence une campagne en faveur de l'abolition : il effectue deux voyages aux Caraïbes et publie *Abolition de l'esclavage. Examen critique des préjugés contre la couleur des Africains et des sang-mêlé*, ouvrage couronné en 1840 par la Société des Amis des Noirs, et *Colonies françaises. Abolition immédiate de l'esclavage* (1842). Schoelcher adopte une position plus radicale que la Société française pour l'abolition de l'esclavage fondée en 1834 et favorable à une abolition progressive. Mais la minorité de députés hostiles à cette mesure, activés par le *lobby* des planteurs esclavagistes, réussit à bloquer le processus avec le soutien de publicistes antiabolitionnistes comme Granier de Cassagnac. À la veille de l'abolition de l'esclavage (4 mars 1848), il restait plus de 260 000 esclaves dans les colonies françaises dont 60 % dans les îles de la Martinique et de la Guadeloupe et près de 25 % dans l'île de la Réunion.

La politique extérieure de la France à l'époque de Guizot — 1840-1846

Soucieux de préserver la paix et l'équilibre européen défini en 1815, Guizot dut pourtant affronter un certain nombre de crises. C'est sous son ministère que la France se lança dans une politique de large conquête et de colonisation de l'Algérie et jeta les bases de ce qu'il est convenu d'appeler un second Empire colonial.

• *La politique européenne.* Le rapprochement avec l'Angleterre, souhaité par Guizot comme par Louis-Philippe, se fit sur des bases d'apaisement des tensions soulevées par la question d'Orient. Celle-ci fut définitivement réglée par la signature de deux conventions à Londres en juillet 1841 : la première — non signée par la France — rendait au sultan les terres conquises par le pacha d'Égypte (Syrie, Arabie, Crète); la seconde, dite « convention des Détroits », neutralisait ceux-ci en temps de paix, assurant un *statu quo* dans la rivalité anglo-russe. Une première Entente cordiale avait brièvement suivi la révolution de 1830 : l'Angleterre avait été la première à reconnaître Louis-

Philippe. Mais la tentative avait achoppé sur plusieurs difficultés : niveau élevé des tarifs douaniers français, différences d'appréciation sur les luttes entre libéraux et conservateurs dans la péninsule Ibérique, Algérie où la présence française indisposait l'Angleterre, question d'Orient surtout. Thiers avait même recherché sans succès l'alliance autrichienne. Mais rares étaient les Cours européennes prêtes à s'engager auprès d'un pays décidément bien agité et d'une monarchie issue d'une révolution. Rares aussi étaient en France les partisans d'une entente avec le pays qui avait mené la lutte contre Napoléon Ier et déporté celui-ci à Sainte-Hélène, au moment où le pays venait de communier dans la ferveur impériale du retour des cendres. Guizot, de fait, allait à contre-courant d'une bonne partie de l'opinion publique en décidant de jouer la carte d'une seconde Entente cordiale. L'Angleterre, dirigée par les Whigs, donna la majorité aux Tories aux élections de 1841 : le cabinet Peel arriva aux affaires, et Aberdeen remplaça Palmerston au Foreign Office. L'heure était venue d'un rapprochement que Guizot, anglophile avoué et ancien ambassadeur à Londres, souhaitait pour sortir la France de son isolement diplomatique. Aucun traité pourtant ne vint concrétiser ce rapprochement : ce fut plutôt une entente cordiale des souverains anglais et français, déjà liés par le biais de la famille des Saxe-Cobourg (Victoria avait épousé Albert, et la fille de Louis-Philippe l'oncle de celui-ci, Léopold, roi des Belges). En 1843 et en 1845, Louis-Philippe reçut au château d'Eu la visite de la reine Victoria, premier souverain étranger à fouler le sol français depuis 1815 et premier souverain anglais depuis Henri VIII et le camp du Drap d'or en 1520! Le roi des Français lui rendit sa visite au château de Windsor en 1844 : « the first French monarch ever to set foot voluntarily on English soil », comme le rappelle avec humour David H. Pinkney. Mais cette entente personnelle restait fragile et, en France comme en Angleterre, fournissait à l'opposition matière à ses plus violentes et parfois ses plus détestables attaques contre les gouvernements en place.

- *Rivalités franco-anglaises, suite*. Rivales, la France et l'Angleterre l'étaient depuis longtemps et s'apprêtaient à le rester pour longtemps. Les questions d'Europe centrale, incluant l'Italie, sorte de prolongement de l'Autriche en direction de la Méditerranée, ne posaient pas de problème dans les relations franco-anglaises : l'influence autrichienne et, à un moindre degré, celles de la Prusse et de la Russie, s'y exerçaient sans partage. Malgré la signature d'un traité de commerce avec le Piémont et la Sardaigne en 1843, la France resta largement en retrait. Mais pour d'autres régions, il en allait autrement : ainsi de l'Égypte convoitée par les deux puissances, de la péninsule Ibérique ou de la Suisse en pleine ébullition, et bien entendu des colonies dont chacun des deux pays — mais à des échelles différentes — commençait à mesurer l'importance. Cette rivalité coloniale particulièrement vive en Océanie (Nouvelle-Zélande, Polynésie) déboucha sur l'affaire Pritchard qui, en France comme en Angleterre, suscita une bouffée de nationalisme et de xénophobie particulièrement vive dans les deux Parlements et dans la presse. Le pasteur méthodiste Pritchard, consul britannique à Tahiti où la France venait de faire reconnaître son protectorat (1842), fut expulsé en 1843 par les autorités françaises qui lui reprochaient de pousser les Tahitiens à la révolte. Le Premier ministre Peel exigea des excuses et le paiement d'indemnités : pour y avoir consenti, Guizot reçut un torrent d'injures de la presse et de l'opposition françaises, mettant en cause son patriotisme. Le qualificatif de « pritchardiste » devint l'injure à la mode. Au même moment, la France, luttant contre Abd el-Kader en Algérie, poussait son engagement militaire en direction du sultanat du Maroc dont le souverain accordait l'asile à l'émir. L'Angleterre avertit solennellement la France qu'elle ne saurait tolérer que l'intégrité du Maroc soit menacée, ce qui n'était pas dans les intentions françaises. En Méditerranée orientale, en Égypte comme en Grèce, diplomates et hommes d'affaires des deux puissances se livraient à une sourde lutte d'influence pour contrôler la politique de ces deux États neufs.

• *Les mariages espagnols et la guerre du Sonderbund.* Français et Anglais s'opposèrent de nouveau en 1846 sur l'affaire des mariages espagnols. L'Espagne connaissait depuis une dizaine d'années une situation de guerre civile entre les partisans de don Carlos, frère du roi Ferdinand VII mort en 1833, héritier légitime selon la coutume des Bourbons, et les partisans de la reine Marie-Christine, femme de Ferdinand VII et présentement régente, et de sa fille Isabelle en faveur de laquelle le roi défunt avait modifié la loi de succession. Anglais et Français étaient unis pour soutenir Marie-Christine, qui avait l'appui des libéraux espagnols. Mais don Carlos battu en 1839, les partisans de la régente se divisèrent. Les libéraux les plus radicaux, dont le chef, Espartero, était soutenu par l'Angleterre, prirent le pouvoir, forçant Marie-Christine à abdiquer. En 1843, Espartero, confronté à l'opposition croissante des partisans de la régente, dut s'enfuir en Angleterre. Marie-Christine et Isabelle, soutenues par la France, reprirent le pouvoir. Devenue majeure, Isabelle II formait un parti de choix. En 1846, toutes les Cours européennes avancèrent un prétendant : l'Angleterre, un Saxe-Cobourg, présenté par Palmerston revenu au pouvoir et bien décidé à freiner l'influence française en Espagne ; la France, François d'Assise, de la famille des Bourbons napolitains, cousin de la reine Isabelle. De plus Guizot avait négocié le mariage du duc de Montpensier, dernier fils de Louis-Philippe, avec la sœur de la reine. La solution française prévalut, provoquant la colère de Palmerston et un certain refroidissement dans l'Entente cordiale, encore aggravé par les positions divergentes prises lors de la guerre du Sonderbund qui affectait la Suisse. La France soutint les cantons catholiques et conservateurs auxquels elle livra des armes, alors que l'Angleterre appuya les cantons protestants, radicaux et libéraux qui, victorieux, prononcèrent l'expulsion des jésuites et firent voter une réforme de la Constitution fédérale (1847). Quelque peu désabusé, Guizot chercha à se rapprocher de Metternich, pilier apparemment inébranlable du conservatisme. Les deux pays s'étaient déjà retrouvés côte à côte en Suisse derrière les cantons catholiques. Guizot laissa écraser puis annexer par l'Autriche la petite république de Cracovie, qui s'était soulevée en 1846, et ne soutint évidemment aucun des mouvements libéraux qui, de l'Allemagne à l'Italie, commençaient à battre en brèche la domination autrichienne. Ni Guizot ni Metternich ne comprirent la gravité du danger qui les menaçait l'un comme l'autre.

- *Conquête et colonisation de l'Algérie 1840-1848.* Les années Guizot ont été décisives dans l'affirmation de la présence française en Algérie. La position définie par Molé — l'occupation restreinte — perdait chaque jour du terrain devant la résistance acharnée que menait Abd el-Kader. Après l'attaque de l'émir dans la plaine de la Mitidja, les militaires firent entendre leur voix. Parmi eux, se détache la personnalité de Bugeaud. Caporal à Austerlitz, colonel en 1815, il se retira sur ses terres périgourdines sous la Restauration. Rappelé par Louis-Philippe qui le fit maréchal de camp, il fut élu député et, en 1834, se signala en tuant en duel Dulong, député de l'opposition. La même année, il commanda les troupes chargées de réprimer l'insurrection républicaine. Envoyé en Algérie en 1836, il y signa le traité de la Tafna avec Abd el-Kader et se montra alors partisan d'une conquête limitée. Mais après la reprise des hostilités, nommé gouverneur général de l'Algérie en décembre 1840, il se prononça pour une conquête totale. Guizot donna son accord et Louis-Philippe vit l'occasion de dorer son blason grâce à des faits d'armes, largement exploités par la presse, auxquels participèrent ses fils.

- *La méthode Bugeaud.* Bugeaud, qui avait mené durant cinq ans une guerre de partisans en Espagne sous l'Empire, modifia les méthodes de guerre de l'armée française, décidé à ne laisser aucun répit à Abd el-Kader. Face aux 10 000 hommes des troupes régulières de son adversaire, aidé par des troupes plus irrégulières venant d'autres tribus, Bugeaud disposait de 60 000 soldats en 1840, 90 000 en 1844, 108 000 en 1847. Organisant des colonnes mobiles traquant l'ennemi, détruisant les récoltes et raflant le bétail, Bugeaud s'engagea dans une guerre totale incluant de sanglantes représailles (enfumade, voire emmurement de villageois). De plus, il entreprit une colonisation des campagnes algériennes, songeant à ressusciter l'idée de soldats-paysans de l'Empire romain (sa devise était *« Ense et aratro »*, par l'épée et par la charrue). En mai 1843, le duc d'Aumale s'empara de la smala ou camp itinérant d'Abd el-Kader. À la fin de l'année, l'émir était un homme traqué, abandonné par de nombreuses tribus. Il trouva refuge au Maroc avec l'accord du sultan, son beau-père, qu'il entraîna dans la guerre. Mais les troupes marocaines furent écrasées par Bugeaud en août 1844 à la bataille de l'Isly, tandis que la flotte française bombardait Tanger et Mogador. Par le traité de Tanger de septembre 1844, le sultan fermait son pays à son gendre, de plus en plus isolé. Abd-el Kader combattit encore pendant trois ans avec l'aide de partisans, menant une véritable guerre sainte contre l'occupant. En dépit de quelques succès, il se rendit au général Lamoricière, puis au duc d'Aumale, nouveau gouverneur général de l'Algérie, le 23 décembre 1847. Quant à Bugeaud, fait maréchal en 1843 et duc d'Isly en 1844, il demanda à être relevé de ses fonctions, à la satisfaction de nombreux fonctionnaires et colons civils, n'ayant pas été suivi dans son projet de colonisation par des soldats-laboureurs.

• *L'Algérie à la fin de la monarchie de Juillet.* En 1840, près de 30 000 colons européens sont installés en Algérie. Ils sont 110 000 fin 1847 dont un peu plus de la moitié de Français, suivis d'un tiers d'Espagnols, puis d'Italiens, de Maltais, d'Allemands et de Suisses. La plupart sont des citadins, on ne dénombre que 15 000 colons ruraux. À elle seule, la ville d'Alger, érigée en évêché, regroupe plus de 40 000 Européens. Divisé en trois provinces en 1845 (Alger, Oran, Constantine), le territoire algérien connaît trois régimes administratifs : civil, militaire et mixte. Véritable maître de la colonie, le gouverneur général est secondé par un directeur général des Affaires civiles avec lequel les relations ne sont pas toujours cordiales. Bugeaud recréa des bureaux arabes et prit bien garde de conserver la structure hiérarchique des tribus conquises. Restait le délicat problème de la colonisation : les terres nécessaires furent attribuées à la suite de l'annexion des anciennes propriétés foncières du beylicat, mais aussi de confiscations qui soulevèrent de vives protestations de la part des tribus spoliées. De plus, on mena une politique de sédentarisation des tribus nomades. 200 000 hectares furent ainsi annexés au domaine. La superficie des terres concédées aux colons moyennant 1 500 F (et autant comme caution) n'excédait pas 12 hectares. Vaincu par la force et soumis par la contrainte, le peuple arabe (la Kabylie ne sera conquise que sous le Second Empire) fut relégué dans un statut administratif d'infériorité et dans une dépendance économique croissante envers la puissance colonisatrice (voir encadré 25, p. 143).

Dernier effet de la conquête de l'Algérie : la formation d'une armée fière d'elle-même, habituée à une grande autonomie et ne professant qu'une estime très mesurée pour les civils, les « pékins ». Parmi les officiers marquants de cette armée, un Lamoricière, un Changarnier, un Bedeau, un Saint-Arnaud, un Eugène Cavaignac, tous acteurs importants de la IIe République, mais pas forcément dans le même camp, cette fois.

25 – ALEXIS DE TOCQUEVILLE VOYAGEUR EN ALGÉRIE

« Pour ne parler que de l'état présent, la population indigène est pour le moment complètement soumise et dans un état d'abattement complet. Vous pouvez en juger par le fait même de notre voyage. Nous marchions entourés de goums armés [soldats autochtones supplétifs de l'armée française] trois fois plus nombreux que nous et j'ai pu sans péril traverser avec 25 personnes le Dahra dont nous avons décimé la population, il y a six mois. Ce qui ajoute à la soumission des Arabes, c'est leur extrême misère. De tous côtés, on venait demander du grain. La famine règne dans la province d'Alger et sévit d'une manière horrible dans celle d'Oran. Vivre est le seul soin qui préoccupe en ce moment ces pauvres gens-là; ils ne songent qu'à se procurer des semences et à cultiver. On labourait de tous côtés sur notre passage. Je ne crois pas que d'ici à la récolte prochaine on ait aucune insurrection à craindre. C'est le calme. Mais ce n'est pas la paix. La haine qui règne entre les deux races, surtout dans les pays qui viennent d'être agités, est bien pénible à voir; le mépris et la colère remplissent encore le cœur de nos officiers et on voit clairement qu'à leurs yeux les Arabes sont comme des bêtes malfaisantes. La mort de chacun d'eux leur paraît un bien. »

(Lettre à F. de Corcelle, 1er décembre 1846, citée par Jean MARTIN in *L'Empire renaissant — 1789-1871.*)

- *Naissance d'un Empire colonial 1840-1848.* Les traités de 1815 avaient rendu à la France l'essentiel de ses colonies : Martinique et Guadeloupe et leurs dépendances (mais pas Sainte-Lucie, Trinité et Tabago), Saint-Pierre-et-Miquelon, Guyane, comptoirs du Sénégal, Réunion ou île Bourbon (mais pas l'île de France ou île Maurice, gardée par les Anglais) et ses dépendances malgaches, comptoirs indiens. Des projets de colonisation de l'Afrique noire avaient vu le jour, mais le naufrage de la *Méduse* en juillet 1816 y avait porté un coup d'arrêt. En 1825, le ministère Villèle reconnaissait l'indépendance de Saint-Domingue, proclamée depuis 1804. La fin de la Restauration et le début de la monarchie de Juillet furent surtout marqués par la conquête de l'Algérie. Mais, en France comme en Angleterre, un « parti » colonialiste se développa. À partir de 1839, les choses s'accélèrent : des implantations de colons ont lieu en Afrique noire, au niveau du Gabon et de la Côte d'Ivoire. L'année suivante, la France est devancée par l'Angleterre en Nouvelle-Zélande, mais l'amiral Dumont d'Urville effectue une exploration du continent antarctique et prend possession de la Terre Adélie. En 1841, la France s'empare des îles de Nossi-Bé et Nossi-Komba dans l'océan Indien puis, en 1842-1843, de Mayotte. Au même moment, la présence française dans l'océan Pacifique s'affirme avec la conquête des îles Tahiti, Gambier, Marquises et Wallis et Futuna. Partout, des missionnaires catholiques s'établissent en concurrence avec des missionnaires britanniques protestants — on sait l'émotion soulevée par l'affaire Pritchard des deux côtés de la Manche. Rivaux dans toutes les parties colonisables du monde, Anglais et Français se retrouvèrent aussi en Chine, que les deux pays tentaient de pénétrer pour y développer leur commerce. Le traité de Wampoah accorda à la France les mêmes facilités qu'à l'Angleterre.

Conclusion : des années décisives ?

La formule déjà évoquée de David H. Pinkney (« *decisive years* ») couvre les années 1840 à 1847. L'auteur y voit un tournant capital dans l'histoire contemporaine de la France : le pays passe définitivement de l'Ancien Régime à la modernité tant sur le plan économique que sur le plan social, par le développement de la centralisation, la recherche de nouvelles identités professionnelles, le foisonnement du mouvement des idées politiques ou artistiques, l'essor colonial. Tout cela n'aurait pas vu le jour sans la conjonction d'une accumulation de richesses, de progrès techniques et de volonté humaine. La France est marquée par le développement de la grande industrie et du chemin de fer. Sur un plan politique, le régime semble stabilisé : la légitimité du roi n'est plus remise en cause que par une minorité radicale ou républicaine, d'ailleurs bien discrète sur ce sujet, et par un mouvement socialiste naissant, dont l'écho reste très limité. Quant à Guizot, il semble plus puissant que jamais, ainsi que le démontrent les élections législatives d'août 1846. La France s'ennuie peut-être, comme l'affirme Lamartine, mais elle ne le manifeste pas. Les classes moyennes savourent une prospérité économique qui contraste avec la situation des années 1827-1832. Rien n'annonce la crise économique et sociale que la France va connaître dès la fin de 1846 et dont la conséquence ultime sera la révolution de 1848 et l'écroulement de la monarchie de Juillet.

6 La crise de la monarchie de Juillet et la révolution de 1848

LE MOUVEMENT DES IDÉES

Les années de monarchie censitaire comptent parmi les plus riches de l'histoire contemporaine pour l'histoire des idées politiques, économiques et sociales. Au lendemain de la période 1789-1815 au cours de laquelle la France a enchaîné à un rythme soutenu différentes expériences, le temps est venu de fonder durablement. Après les secousses qui ont mis à bas les structures de la monarchie d'Ancien Régime, il faut réfléchir à ce que sera la société de demain. Car si la Restauration et la monarchie de Juillet conservent à leur tête un roi, nul ne doute que la société française a changé dans ses fondements. L'alternative ne se pose pas seulement entre partisans et adversaires de la monarchie, de la démocratie ou de la République. Ne s'agit-il pas d'imaginer les structures d'une nouvelle Cité et, pour certains, d'inventer en définitive une nouvelle religion ? La rudesse de la tâche couplée à une volonté de dimension universaliste explique la forme parfois déroutante de projets visionnaires, ambitieux et généreux.

Les courants socialistes et communistes

C'est en France que sont apparus des courants de pensée bientôt baptisés socialistes ou communistes. Ils se rattachent à une vieille tradition d'égalitarisme, puisée notamment dans un christianisme relu comme la religion de l'égalité et de la fraternité, dans la pensée philosophique du siècle des Lumières et dans les expériences de la Révolution française. Le champ d'action de ces courants ne se limite pas au politique : l'objet de leurs attentions est moins la forme du régime que les rapports sociaux et économiques qui régissent la vie de la société.

• *Saint-Simon et le saint-simonisme.* Claude Henri de Rouvroy, comte de Saint-Simon (1760-1825), est peut-être la plus forte personnalité de ces penseurs qui devaient donner naissance au « socialisme utopique ». Ce témoin de deux époques venu de la vieille noblesse a été l'homme dont la pensée a eu le plus d'influence, par ses écrits, par ses journaux et revues (*L'Industrie*, *Le Catéchisme industriel*...) et par ses disciples dont les positions sociales parfois élevées ont permis de donner une suite concrète au projet saint-simonien. De celui-ci, retenons tout d'abord le mot de producteur. Pour Saint-Simon, celui qui ne produit pas est un oisif dont la société subit le coût sans en retirer de bénéfice. Nullement socialiste dans le sens où nous l'entendons de nos jours, Saint-Simon envisage la société comme un ensemble dont les éléments sont en état d'interdépendance. Les « industriels » (les manufacturiers et les banquiers, les savants et les artistes, les ouvriers et les paysans) apportent par leur industrie un enrichissement du corps social (voir encadré 26 p. 147).

Progressivement, il en vient à considérer que le but principal de toute action politique est l'amélioration du sort des prolétaires, ouvriers et paysans, classe la plus utile, mais aussi la plus nombreuse et la moins aisée. Développant le rôle interventionniste de l'État, Saint-Simon se fait le chantre d'un travail sanctifiant, marque peut-être la plus évidente de son appartenance au XIXe siècle. Il se montre également un précurseur de l'idée européenne, publiant dès 1814, en collaboration avec Augustin Thierry, un ouvrage intitulé *De la réorganisation européenne : de la nécessité et des moyens de rassembler les peuples de l'Europe en un seul corps politique en conservant à chacun son indépendance nationale*. Après avoir imaginé une Société scientifique européenne exerçant une sorte de direction spirituelle de l'Europe, Saint-Simon rêve de voir la naissance d'un véritable parlement européen dont la France et l'Angleterre réconciliées et l'Allemagne unifiée seraient les fers de lance. Après sa mort, ses disciples — Rodrigues, Bazard, Enfantin — ont diffusé sa pensée par la presse (*L'Organisateur*, *Le Producteur*, *Le Globe*) et par la constitution d'une société saint-simonienne dont les positions vont plus loin dans la voie socialiste que celles de Saint-Simon : « Le saint-simonisme est moins la création de Saint-Simon, mort en 1825 dans l'isolement, que celle des saint-simoniens » (Philippe Régnier). La jeunesse des Écoles et l'ensemble de ces « capacités », mal ou pas reconnues dans la société, se pressent aux conférences saint-simoniennes dont le rituel déroutant, pourtant, provoque étonnements, moqueries ou ruptures. Les saint-simoniens imaginent la formule : « À chacun selon ses capacités, à chaque capacité selon ses œuvres » et condamnent la pratique de l'héritage des instruments de production. Très vite, la rupture s'installe entre les plus radicaux, minoritaires groupés autour de Bazard et les plus économistes, groupés autour d'Enfantin, plus spiritualistes aussi, développant l'idée de la femme comme avenir de l'humanité. Mais la propagande saint-simonienne se heurte au nouveau régime : la communauté réunie à Ménilmontant par Enfantin pour y vivre selon des principes d'ascèse et de travail est dispersée en 1832 et le Père condamné à la prison. Ce sera ensuite le départ vers un Orient mythique, où les saint-simoniens tenteront de créer des colonies — Égypte, Algérie — et imagineront des projets qui, comme le percement de l'isthme de Suez, aboutiront plus tard.

26 – LA « PARABOLE » DE SAINT-SIMON

« Nous supposons que la France perde subitement ses 50 premiers physiciens, ses 50 premiers chimistes, ses 50 premiers physiologistes, ses 50 premiers mathématiciens, ses 50 premiers poètes, ses 50 premiers peintres, ses 50 premiers sculpteurs, ses 50 premiers musiciens, ses 50 premiers littérateurs ; ses 50 premiers mécaniciens, ses 50 premiers ingénieurs civils et militaires, ses 50 premiers artilleurs, ses 50 premiers architectes, ses 50 premiers médecins, ses 50 premiers chirurgiens, ses 50 premiers pharmaciens, ses 50 premiers marins, ses 50 premiers horlogers ; ses 50 premiers banquiers, ses 200 premiers négocians, ses 600 premiers cultivateurs, ses 50 premiers maîtres de forges, ses 50 premiers fabricants d'armes, ses 50 premiers tanneurs, ses 50 premiers teinturiers, etc., et les 100 autres personnes de divers états non désignés, les plus capables dans les sciences, dans les beaux-arts et dans les arts et métiers, faisant en tout les 3 000 premiers savants, artistes et artisans de France. Comme ces hommes sont les Français le plus essentiellement producteurs, ceux qui donnent les produits les plus importants, ceux qui dirigent les travaux les plus utiles à la nation et qui la rendent productive dans les sciences, dans les beaux-arts et dans les arts et métiers, ils sont réellement la fleur de la société française ; ils sont de tous les Français les plus utiles à leur pays, ceux qui hâtent le plus sa civilisation et sa prospérité. La nation deviendrait un corps sans âme si elle les perdait [...]. Passons à une autre supposition. Admettons que la France [...] ait le malheur de perdre, le même jour, Monsieur frère du roi, Mgr le duc d'Angoulême, Mgr le duc de Berry, Mgr le duc d'Orléans [...] ; qu'elle perde en même temps tous les grands officiers de la Couronne, tous les ministres d'État, tous les conseillers d'État, tous les maréchaux, tous les cardinaux, archevêques, évêques, grands vicaires et chanoines, tous les préfets et sous-préfets, tous les employés dans les ministères, tous les juges, en sus de cela les 10 000 propriétaires les plus riches parmi ceux qui vivent noblement. Cet accident affligerait certainement les Français, parce qu'ils sont bons, parce qu'ils ne sauraient voir avec indifférence la disparition subite d'un aussi grand nombre de leurs compatriotes. Mais cette perte de 30 000 individus réputés les plus importants de l'État ne leur causerait de chagrin que sous un rapport sentimental, car il n'en résulterait aucun mal politique pour l'État. »

(*L'Organisateur*, n° 1, 1819.)

27 – Trois jugements critiques de Flora Tristan

Sur Cabet et les icariens :

« Pauvre bonhomme de Père Cabet — tel maître, tels disciples. — Un tel homme c'est-à-dire une monstruosité de personnalité vaniteuse et vide ne pouvait enfanter que choses ridicules et inconvenantes. — Aussi tous les Icariens pur-sang sont-ils ainsi. Cependant il faut rendre justice à cet homme, il a fait du bien. Ainsi avec son roman d'Icarie, dont le fond et la forme font grincer des dents à l'ouvrier tant soit peu nerveux, il s'est emparé de cette partie d'ouvriers essentiellement ignorants et inertes sur laquelle aucune doctrine n'avait pu mordre. » (Lyon, 22 mai 1844.)

Sur les fouriéristes :

« Enfin j'ai vu des fouriéristes ! J'en ai vu jusqu'à trois. M. Reynier avait réuni chez lui des fouriéristes et autres hommes, j'ai retrouvé là les mêmes hommes qu'à Chalon — des patrons, des bourgeois défendant le capital : la propriété était l'arche sainte à laquelle on ne doit pas toucher ! Des gens sans portée, sans profondeur, ne distinguant pas le droit d'avec le fait, la cause d'avec le résultat. » (Lyon, 2 juin 1844.)

Sur les saint-simoniens :

« Je suis ici depuis deux jours, horriblement malade et je n'ai pu voir encore un seul ouvrier. En revanche, j'ai vu des bourgeois, et des mieux — quels fadasses que ces gens-là ! — c'est-à-dire que je ne peux plus voir un bourgeois, cela me fait l'effet d'un navet bouilli pour la troisième fois. Ils ne connaissent rien, ne savent rien de ce qui se passe dans leur ville, ils sont d'une bêtise qui me laisse toujours dans le plus grand étonnement [...] Ce sont de ces saint-simoniens imbéciles qui n'ont pas compris le quart de la pensée saint-simonienne. De ces gens nuls qui se servent à chaque phrase du mot « religion » sans en comprendre le sens. » (Toulon, 30 juillet 1844.)

(*Le Tour de France*, journal inédit 1843-1844.)

• *Fourier et le fouriérisme*. La personnalité de Charles Fourier (1772-1837) est de loin la plus déroutante dans cette galerie de portraits des « inventeurs » du socialisme. Natif de Besançon, fils d'un drapier aisé, il est rapidement ruiné et survit de modestes travaux d'écritures commerciales, ce qui lui laisse le temps de réfléchir et d'écrire. Le fonctionnement de l'économie (commerce, salaires, centralisation) attire son attention. Fourier veut remédier aux inégalités de la société, mais récuse tant les idées d'Owen que celles de Saint-Simon et se montre partisan du respect intégral de la propriété et de l'héritage. S'il attache également la plus grande importance à l'industrie, c'est-à-dire aux producteurs,

Fourier en arrive à une vision globalisante du monde dont il veut rationaliser l'architecture. Ses publications (*Théorie des quatre mouvements et des destinées générales*, 1808 ; *Traité de l'association domestique agricole*, 1822, devenu *Théorie de l'unité universelle* en 1841 ; *Le Nouveau Monde industriel et sociétaire*, 1829) témoignent de sa volonté d'élaborer le plan d'une communauté idéale, en dehors de toute intervention de l'État, notion délaissée chez Fourier, à la différence de Saint-Simon. Les solutions qu'il préconise apparaissent à juste titre comme des élucubrations sociométaphysiques si on les suit à la lettre : ainsi des 13 passions humaines recensées qui donnent 810 combinaisons différentes, d'où la nécessité de grouper 1 620 hommes et femmes dans une coopérative de production et de consommation appelée phalanstère, dirigée par des sociétaires élus. Mais au-delà d'une expression parfois confuse et d'une tendance à la monomanie, l'homme se révèle porteur d'une grande richesse d'analyse. C'est plus par les questions posées, inscrites dans un monde nouveau issu de la Révolution française et contemporain de la révolution industrielle, que l'œuvre de Fourier importe. L'analyse du fonctionnement de cette nouvelle société produit son lot de solutions pour mettre en accord l'homme et le monde. Ainsi de la recherche de l'harmonie, mot clef de l'œuvre, entre le producteur et le travail ou entre l'homme et la femme, de la mise en évidence de la collaboration du capital, du talent et du travail dans toute production, de la division du travail et de l'accent mis sur la décentralisation. La notion de communauté fut bien reçue dans le monde ouvrier qui la comprit comme la nécessité de former des associations de travailleurs. Flora Tristan témoigne, dans son *Tour de France* entrepris en 1843-1844, de la diffusion du fouriérisme dans les grandes villes ouvrières du royaume (voir encadré 27, p. 148). Pourtant, toutes les tentatives de communauté fouriériste furent des échecs (à Condé-sur-Vesgre, en Algérie ou en Amérique). Les disciples de Fourier, Jules Le Chevalier, Just Muiron, Abel Transon, Victor Considérant surtout, propagèrent la doctrine du maître dans *Le Phalanstère*, publié à partir de 1832.

- **P. J. Proudhon, L. Blanc, P. Leroux.** Si la majeure partie de l'œuvre de Pierre Joseph Proudhon (1809-1865) s'élabore au-delà de 1848, c'est par un coup de tonnerre que ce typographe malheureux en affaires (il échoue dans un projet d'imprimerie en 1836) se fait connaître. En 1840, il publie *Qu'est-ce que la propriété ?*, question majeure, dans l'air du temps. Mais sa réponse, soigneusement extraite de l'ouvrage et de son contexte par ses adversaires, l'est moins : « la propriété, c'est le vol », affirme Proudhon, en fait défenseur acharné de la petite propriété et témoin révolté du climat d'affairisme et de l'élaboration de fortunes industrielles et bancaires sous la monarchie de Juillet. Ce natif de Besançon, comme Fourier, bachelier à 29 ans, en grande partie autodidacte, va entreprendre une grande enquête sur les rapports sociaux et économiques de son temps. À la différence des saint-simoniens, il pense le capital et le travail incompatibles, se prononce pour un État minimum et dénonce toute religion comme aliénante. Par la dimension européenne de sa réflexion (il est en contact avec Marx et Bakounine, réfugiés en France), par la multiplicité de ses centres d'intérêt, il va devenir le plus grand penseur socialiste français. Il publie en 1846 un *Système des contradictions économiques ou Philosophie de la misère*, cruellement épinglé par Marx dans *Misère de la philosophie*. La rupture ne se fait pas qu'entre les deux hommes, elle se fait aussi entre deux socialismes qui, désormais, ne se retrouveront plus. Pour Proudhon, hostile aux saint-simoniens, aux fouriéristes et aux communistes, en fait à tout ce qui rappelle une communauté contraignante, la société idéale est une société de petits producteurs basée sur l'échange. En 1847, il lance un journal, *Le Représentant du peuple*. Ses positions en faveur du mutuellisme, sa vigoureuse défense de la décentralisation, le développement d'une pensée fédéraliste, son individualisme enfin en font l'un des fondateurs de l'anarchie. Plus récemment, le rappel de sa misogynie brutalement exprimée a quelque peu terni son image.

Louis Blanc (1811-1882) a laissé moins de traces dans la postérité. Pourtant, cet homme cultivé, journaliste et historien admirateur de la Grande Révolution, a représenté l'un des courants socialistes les plus novateurs et les plus populaires dans les années 1840. Sa brochure sur *L'Organisation du travail* (1839) annonce le socialisme quarante-huitard. Revendiquant le droit au travail et prônant l'association ouvrière, Louis Blanc imagine la création d'ateliers sociaux sous l'égide de l'État et financés par emprunt. Ce pourfendeur de l'égoïsme de la bourgeoisie synthétise la pensée socialiste dite « utopique » avec la formule : « À chacun selon ses besoins ; de chacun selon ses facultés. » Un rôle majeur est dévolu à l'État, moteur d'une économie de petits producteurs, d'où la concurrence serait progressivement éliminée. Le crédit, les assurances, les grandes industries et les chemins de fer seraient nationalisés, et des colonies agricoles fondées pour la paysannerie. La pensée de Louis Blanc remporta une forte adhésion populaire auprès d'artisans qualifiés, menacés de voir leur type de production disparaître. L. Blanc tenta sans succès de donner une forme concrète à ses idées en 1848, lorsqu'il fut nommé président de la Commission du Luxembourg. Il publia également une *Histoire de dix ans*, analyse à chaud, militante, des premières années de la monarchie de Juillet (1841) et collabora à différents journaux ou revues comme la *Revue indépendante* de Pierre Leroux et George Sand.

Pierre Leroux (1797-1871) commença de brillantes études qui le menèrent à l'École polytechnique, mais, à la suite de problèmes familiaux, il se fit maçon et typographe (inventeur du piano-type). Collaborant au *Globe* dès la Restauration, il suivit l'orientation saint-simonienne du journal après la révolution de 1830. Mais resté fidèle au christianisme, il définit progressivement une pensée originale dans laquelle les idées de progrès, d'égalité et surtout d'humanité tiennent une place prépondérante : un de ses ouvrages majeurs, publié en 1840, s'intitule *De l'humanité, de son principe et de son avenir*. Avec Cabet et Buchez, Leroux est l'un de ceux qui ont tenté le syncrétisme le plus poussé entre le christianisme et le socialisme, le premier étant relu comme précurseur du second. Ce républicain avoué, hostile au clergé et à la religion catholiques qui ont, pour lui, dévoyé le sens originel du christianisme, a conscience d'élaborer une nouvelle religion, expliquée parfois par des paraboles qui développent une vision très universaliste du progrès humain. À la différence de Proudhon, il croit aux vertus de l'État appelé à devenir propriétaire de tous les moyens de production, les travailleurs devenant de fait des fonctionnaires. S'installant à Boussac (Creuse), il fonde une imprimerie égalitaire et voit son autorité morale grandir, à la fois auprès d'une élite ouvrière et d'une élite intellectuelle : ainsi George Sand, avec laquelle il fonde en 1841 *La Revue indépendante*, ou Victor Hugo qui le tenait pour l'un des maîtres à penser du XIXe siècle, appréciant son pacifisme et son projet d'Union européenne. En 1845, il fonde *La Revue sociale*. Mais, comme la plupart des penseurs socialistes, il vivra 1848 comme un douloureux échec.

- *Cabet et le communisme*. Étienne Cabet (1788-1856) a un parcours original : issu d'un milieu populaire, il réussit à devenir avocat, et milite dans la Charbonnerie. La révolution de 1830 le fait procureur général. Mais ses vives critiques contre le nouveau régime lui valent une destitution rapide. Désormais positionné à l'extrême gauche républicaine, Cabet amorce une réflexion politique, économique et sociale qui l'amène à formuler, dans son journal *Le Populaire*, les fondements d'un système communiste vulgarisés dans une sorte de roman philosophique à la manière de *L'Utopie* de Thomas More : *Voyage en Icarie*. La Cité idéale se place sous l'autorité matérielle et morale d'un État ou de la Communauté égalitaire en tenant lieu qui, propriétaire de tous les moyens de production, définit les objectifs économiques et satisfait les besoins de la population, dont elle assure l'éducation. L'harmonie régnant, nul besoin d'affrontement idéologique. Collectivisation, planification : Cabet a été le premier à définir aussi nettement le communisme. Mais, à la différence de Blanqui, il ne croit pas à la révolution. Par de multiples brochures (*Comment je suis communiste*), il explique à la classe ouvrière le rôle de communautés modèles. Cabet s'appuie aussi sur la doctrine chrétienne, évoquant Jésus comme le premier socialiste. En 1847, à l'instar de Robert Owen, Cabet décide de fonder une colonie au Texas. Les premiers colons partent le 3 février 1848. Très rapidement, l'expérience tourne au désastre. Rivalités, affrontements et scissions émaillent la vie de la colonie icarienne. De Cabet, on peut dire, avec Fernand Rude, qu'il est l'un des jalons de la pensée communiste et de la pensée totalitaire (voir encadré 27, p. 148).

Il faudrait également citer parmi les précurseurs du socialisme Philippe Buchez (1796-1865), passé par la Charbonnerie, le saint-simonisme et revenu au catholicisme. Tentant une fusion entre son idéal chrétien et sa passion pour les idéaux de la Révolution française en général (dont il publiera avec Roux-Lavergne une monumentale *Histoire parlementaire*) et de Robespierre en particulier, il préconise la formation d'associations ouvrières, grâce à de l'argent public, autour de coopératives dont une partie du capital est inaliénable. Par le journal *L'Atelier*, fondé en 1840 avec le typographe Corbon et dirigé par des ouvriers, Buchez exerce une influence certaine sur le mouvement ouvrier. Il représente le type le plus affirmé du courant socialiste chrétien.

Auguste Blanqui (1805-1881) apparaît autant comme un révolutionnaire que comme un socialiste. Ce fils de conventionnel, d'une énergie indomptable, est connu comme « l'enfermé », surnom que lui valurent ses fréquents séjours en prison. Acteur ou inspirateur de nombre de révolutions ou insurrections, Blanqui est issu d'un milieu bourgeois et a reçu une éducation très complète. S'il devient d'abord républicain, puis socialiste — ce dont témoignent ses écrits, très influencés par le babouvisme, sur la dictature du prolétariat et la lutte des classes —, il ne peut être considéré comme un théoricien du socialisme. En revanche, il a défini un mécanisme de conquête du pouvoir qui allait connaître un bel avenir : négligeant les mouvements de masse, Blanqui prône l'action militaire d'un petit groupe de militants révolutionnaires. Lui-même anima à plusieurs reprises des sociétés secrètes — Familles, Saisons —, mais échoua dans toutes ses tentatives insurrectionnelles.

Constantin Pecqueur (1801-1887), fils d'un prêtre défroqué durant la Révolution, subit l'influence saint-simonienne et fouriériste. Puis, conciliant spiritualisme chrétien et matérialisme, il développe en 1842 une pensée collectiviste (*Théorie nouvelle d'économie sociale et politique*), saluée par Marx, qui fait de lui l'un des précurseurs du communisme. L'État est propriétaire unique des moyens de production, le principe de la propriété individuelle, cher à Louis Blanc et à Proudhon, est écarté, le salaire est unique : système qui, selon Pecqueur, s'étendra au monde entier, unifié dans et par le collectivisme.

À propos de l'utopie

Maître mot appliqué aux pensées et aux penseurs socialistes et communistes des années 1815-1848, l'utopie semble porter un cachet sinon infamant, du moins réducteur. Face au socialisme utopique se dresse le socialisme scientifique, marxiste, dont l'achèvement se trouve dans sa forme léniniste, trotskiste ou maoïste, selon les cas. Marx, tout en notant les faiblesses de la pensée socialiste française de la première moitié du XIXe siècle, a reconnu ce qu'il lui devait, élaborant une pensée dont 1848 porte la trace profonde avec le *Manifeste du parti communiste*, rédigé avec Engels. Le socialisme utopique est d'abord un regard : sur une société profondément transformée et toujours en mouvement, sur des mécanismes économiques démontés et analysés, sur des classes sociales dont l'avènement progressif dans une France toujours majoritairement rurale et artisanale annonce un monde nouveau, sur des inégalités sociales jugées insupportables. Redisons-le : le socialisme utopique est au moins aussi intéressant dans sa description, son analyse et son questionnement de la société que dans les réponses qu'il apporte aux problèmes soulevés. La production et la consommation de masse apparaissent comme une certitude pour l'avenir : quel sera le rôle de l'État dans la réduction des inégalités ? La question sociale ne quittera plus le devant de la scène, le discours sur la religion se diversifie, le bonheur est toujours à construire. Si utopie il y a, c'est plus dans la solution proposée, la communauté déclinée sous toutes ses formes. Les socialistes « utopiques » ont représenté entre les philosophes du Siècle des lumières, dont la Révolution de 1789 se saisit, et le socialisme jaurésien, vaste synthèse de tous ces courants, une étape essentielle dans l'histoire des idées sociales.

L'organisation ouvrière

La multiplicité des doctrines socialistes élaborées sous la monarchie censitaire, essentiellement en direction du monde ouvrier, ne rencontra, quantitativement parlant, qu'un succès limité. Comment toucher des individus dont l'éducation, très incomplète dans la majorité des cas, et les conditions de travail limitaient la disponibilité ?

• *Le compagnonnage*. Au lendemain de la Révolution, les corporations n'existent plus. Les droits d'association et de coalition restent interdits. Le monde ouvrier s'exprime à travers le compagnonnage et les sociétés de secours mutuels. Le compagnonnage représente à la fois une formation professionnelle (par le Tour de France), une solidarité corporative et une forme d'organisation syndicale capable de faire aboutir des revendications. Malgré l'existence d'obédiences différentes (ainsi les Gavots et les Dévoirants qui s'affrontent parfois brutalement), les compagnons partagent en commun leur situation d'artisans qualifiés, aux antipodes de l'ouvrier de grande industrie. L'âge d'or, annonciateur d'un chant du cygne, du compagnonnage entre 1815 et 1848 a été analysé comme une forme de résistance à la transformation industrielle et sociale de la France : le petit atelier contre la grande usine, le faubourg Saint-Antoine contre Le Creusot, deux logiques de production. Participant à l'édification du mythe du travail, le compagnon sait à l'occasion se faire entendre. Il est actif dans les grèves et manifestations qui, à Paris comme en province, jalonnent l'histoire de la Restauration (ainsi des boulangers de Marseille entre 1823 et 1826) et de la monarchie de Juillet (grande grève des charpentiers de Paris en 1845), pour obtenir le respect des tarifs, c'est-à-dire des salaires. Il n'existe pas, pourtant, de voix unique du compagnonnage. Des scissions politiques (gauche/droite) ou sociales (maîtres/ouvriers) se produisent. Certains, trouvant archaïques les rites des sociétés de compagnons, souhaitent placer le compagnonnage dans la mouvance socialiste : ainsi Pierre Moreau, ouvrier serrurier, leader de la Société de l'union, l'une des plus radicales des sociétés de compagnons. On sait également que Martin Nadaud, maçon creusois « monté » à Paris, était sensible aux théories de Louis Blanc et de Cabet dont il lisait *Le Populaire* à haute voix, dans les cafés ouvriers, pour ses camarades analphabètes. Ceux qui, tel Agricol Perdiguier, ouvrier menuisier et autorité morale dans le compagnonnage, s'efforcent de retrouver l'unité de l'institution, échouent. (Voir encadré 28, p. 155.) Face à ses rivalités, à ses divisions, à sa sclérose aussi, le compagnonnage dépérit. On en revient à l'Utopie, celle d'un monde idéal où le petit producteur vivait de son métier et transmettait patrimoine et connaissance à sa descendance.

• *Le mutuellisme*. Maître mot de l'histoire sociale du XIXe siècle (à la même époque règne l'enseignement mutuel et naissent les premières assurances mutuelles), le mutuellisme se bâtit à l'origine comme un principe d'entraide au sein d'une même profession, en l'absence de toute assurance sociale ou médicale. La distinction d'avec le compagnonnage n'est pas toujours aisée. Grâce au versement d'une cotisation, les ouvriers malades ou invalides peuvent êtres secourus et, parfois, recevoir une pension de vieillesse, mais la chose s'avère plus difficile à mettre en place (voir encadré 29, p. 156.).

À l'origine, les sociétés ouvrières de secours mutuels ou mutualités ne sont pas interdites par les autorités, mais au contraire encouragées et parfois patronnées par de hauts personnages. Il existe un aspect festif, convivial, religieux dans l'appartenance à ces mutualités qui ne dédaignent pas le banquet et la chanson. On dénombre 138 sociétés de secours mutuels à Paris sous la Restauration, dont 5 seulement dépassent 200 membres et 9 regroupent des ouvriers de métiers différents. Elles se développent aussi en province, dans les grandes villes industrielles comme Lille ou Lyon, siège d'une des plus puissantes mutualités formée en 1828 au sein des canuts. Très vite, ces sociétés investissent aussi le rôle de corporation, défendant les intérêts des ouvriers en cas de désaccord sur les salaires avec les patrons. Les conflits sociaux sont fréquents. Avec la crise qui commence à la fin de la Restauration, les sociétés mutuelles s'engagent dans un combat plus politique. Celle de Lyon joue un rôle actif dans le déclenchement des grèves qui précèdent l'insurrection d'avril 1834. Des *leaders* ouvriers émergent, tels l'ouvrier cordonnier Efrahem, l'ouvrier tailleur Grignon ou l'ouvrier horloger Charles Béranger, qui se battent sur le terrain du droit à l'association, des salaires ou de la durée de la journée de travail. Dès 1833, des projets d'unification de tous les corps de métier dans une même association ouvrière sont élaborés, dix ans avant le projet d'union ouvrière de Flora Tristan. Mais la monarchie de Juillet, tournée vers un libéralisme de plus en plus intransigeant, ne cédera pas face aux nombreuses coalitions (grèves) qui éclatent. Il est vrai que les ouvriers n'arrivent que rarement à dépasser leurs comportements corporatifs et leurs divisions politiques. Les plus radicaux vont s'engager dans des sociétés révolutionnaires comme la Société des saisons, la Société communiste ou les Phalanges démocratiques, d'idéologie très babouviste, misant sur l'insurrection d'une avant-garde ouvrière.

28 – LES RITES DU COMPAGNONNAGE

La Mère :

« Quand un Compagnon va à la maison où la Société loge, mange et tient ses assemblées, il dit : "Je vais chez la mère." […] »

Embauchage :

« Dans la Société des Compagnons du devoir de liberté, le Rouleur [sorte de guide s'occupant des intérêts des compagnons] conduit soit un Compagnon, soit un affilié chez le maître, et lui dit : "Voici un ouvrier que je viens vous embaucher." Le maître met cinq francs dans la main du Rouleur, qui, se tournant vers l'ouvrier, lui dit : "Voilà ce que le maître vous avance ; j'espère que vous le gagnerez." L'ouvrier répond affirmativement. […] »

Rapport des Compagnons avec les maîtres :

« Si le maître n'est pas content d'un ouvrier, il s'en plaint au premier Compagnon. Si un ouvrier n'est pas content du maître, il s'en plaint également au premier Compagnon, qui cherche à contenter tout le monde autant qu'il peut… Quand un maître cherche à diminuer toujours le salaire des ouvriers, les sociétés s'en alarment, car le mal est contagieux. Alors elles s'entendent, et mettent sa boutique en interdit pour un nombre d'années ou toujours. […] »

Services et secours :

« Quand un Compagnon arrive dans une ville, on l'embauche ; s'il n'a pas d'argent, il a du crédit ; si des affaires pressantes exigeaient son départ, étant lui dépourvu d'argent, la Société lui accorderait des secours de ville en ville jusqu'à ce qu'il fût rendu à sa destination. Si un membre de la Société est mis en prison pour des faits non dégradants, on fait pour lui tout ce qu'on peut faire ; s'il tombe malade, chacun va le voir à son tour et lui porte tout ce qui peut lui être utile. […] »

Cannes :

« Tous les Compagnons portent des cannes : dans certaines Sociétés, on les porte courtes ; ce sont des cannes quelque peu pacifiques ; dans d'autres on les porte longues et garnies de fer et de cuivre ; ce sont des cannes guerrières, des instruments de bataille. […] »

Conduite en règle :

« Quand un Compagnon aimé part d'une ville, on lui fait la conduite en règle, c'est-à-dire que tous les membres de sa Société l'accompagnent avec un certain ordre. »

(Agricol PERDIGUIER, *Le Livre du compagnonnage*, 1840.)

29 – Le fonctionnement de la société de secours mutuels des tourneurs de Paris

« Les tourneurs s'en tiennent aux cas de maladie ou de blessures graves et à un secours de 2 F par jour pendant quatre mois, réduit d'un tiers les quatre mois suivants, et des deux tiers jusqu'à guérison. En cas de décès, la Société verse 50 F aux proches parents pour l'enterrement ou s'en charge, et tous les sociétaires doivent y assister. Chacun verse 2 F par mois, pour son entrée 12 F, bientôt portés à 18 ; des amendes de 50 centimes sont infligées pour absence aux réunions, de 1F à qui les trouble ou manque à la visite qu'il doit au malade, de 2 F à qui n'assiste pas au convoi d'un sociétaire, de 3 F à qui feindrait une maladie. Les fonds ainsi obtenus sont placés, ils s'élèveront en 1846 à plus de 22 000 F, pour près de 60 membres, de 40 qu'il étaient en 1820 […]. Qu'un sociétaire parle "de cause particulière d'un corps d'état, les autres corps auront le droit de s'y opposer" : on ne doit s'occuper que de secours mutuels et les tourneurs n'ont "aucune intention de troubler l'ordre public existant entre Messieurs les maîtres et les ouvriers". Si tout emploi des fonds est hors de question en cas de congédiement — ou de grève —, la mutualité n'en établit pas moins "un ordre social entre tous les ouvriers tourneurs et refendeurs de la Capitale" »

(Rémi Gossez, *Un Ouvrier en 1820. Manuscrit inédit de Jacques Étienne Bédé*, PUF, 1984.)

• *La presse ouvrière*. La volonté de créer des journaux ouvriers s'affirme progressivement avec l'élaboration d'une conscience ouvrière. Ni la presse « bourgeoise », qu'elle soit nationale ou locale, ni la presse saint-simonienne, fouriériste ou icarienne, ne répondent tout à fait à cette attente. Deux problèmes majeurs se poseront toujours aux ouvriers désirant éditer un journal : le financement, résolu soit par souscription, soit par mécénat (ainsi Buchez et *L'Atelier*), et la vente — qui pouvait acheter et lire un journal au sein de la classe ouvrière ? Beaucoup de journaux eurent une existence éphémère, un tirage modeste qui ne reflétait certes pas le nombre de lecteurs, car chaque exemplaire passait entre plusieurs mains, et une audience finalement assez limitée. De plus, les aléas de la conjoncture politique portaient parfois tort à des journaux interdits du jour au lendemain — ainsi après avril 1834. Dans la foulée des Trois Glorieuses, une presse ouvrière éclôt à Paris : *Le Journal des ouvriers*, *L'Artisan* et *Le Peuple, journal général des ouvriers, rédigé par eux-mêmes*. La crise économique, la revendication du droit d'association et du droit de coalition, toujours interdits par la loi Le Chapelier de 1791, la question épineuse des machines et du machinisme y sont traitées. Lyon donna naissance à *L'Écho de la fabrique* ou *L'Écho des travailleurs* et, en 1835-1836, à *L'Indicateur* et à *La Tribune prolétaire*. La naissance de *L'Atelier* en 1840 marque un tournant important dans l'histoire de la presse ouvrière : par la personnalité de son directeur, le compositeur d'imprimerie Corbon, par la qualité de ses articles rédigés par une équipe ouvrière (on y retrouve notamment Pierre Moreau, mais aussi des poètes ouvriers comme Charles Poncy ou, en 1848, Eugène Pottier, l'auteur de *L'Internationale*), par la définition d'un ensemble de revendications dont la IIe République eut à traiter.

Le libéralisme, idéologie dominante ?

Face à la genèse du socialisme, comme antithèse, s'élabore dans la même chronologie le libéralisme. Celui-ci part également d'une acceptation sans arrière-pensée des principes de 1789, marqués du maître mot de liberté. Cette France libérale est-elle dominante ? Les scrutins politiques apportent une réponse affirmative. Les classes bourgeoises, essentiellement urbaines pourtant dans une France rurale, se sont ralliées aux idéaux définis en 1789 : souveraineté de la nation, liberté d'expression, liberté d'entreprise, liberté religieuse. Mais au-delà de ces idéaux, dont la progressive concrétisation marque la prise du pouvoir par les classes dominantes, le libéralisme reste à définir comme idéologie, par un discours et une pratique. Politique, économique ou religieuse, la liberté constitue le socle du libéralisme, là où l'égalité constitue un repoussoir et la fraternité une utopie.

• *Le libéralisme politique selon Guizot.* Au début de la Restauration, le libéralisme apparaît à gauche, voire à l'extrême gauche de la palette politique. Au lendemain de la révolution de 1830, il semble se constituer en idéologie du nouveau régime. Au-delà des différences qui séparent un Jacques Laffitte d'un Casimir Perier ou le « mouvement » de la « résistance », c'est bien le libéralisme qui triomphe, repoussant un républicanisme perçu comme une limitation des libertés. De fait, l'évolution d'une partie des républicains se fera effectivement vers des systèmes de pensée (robespierrisme ou babouvisme) au sein desquels la liberté de l'individu est limitée, pour le bien-être général, par un État interventionniste et protecteur. Pour les libéraux, et notamment pour le continuateur d'un Casimir Perier qu'est François Guizot, c'est précisément ce qu'il convient d'éviter. L'État a une structure dont témoigne l'existence de rouages administratifs, au premier rang desquels le gouvernement. Mais celui-ci doit veiller à ce que l'État sauvegarde d'abord la liberté individuelle. Ce type de raisonnement a un corollaire : une croissance économique suffisante qui permette un développement harmonieux de la société, tout en gardant une indispensable hiérarchie sociale, présentée en dernier ressort comme étant de nature quasi divine. Rejetant toute idée de contrat ou de démocratie mais aussi un libéralisme de marché refusé par la majeure partie des industriels qui se révèlent fort protectionnistes, Guizot a souhaité bâtir et s'appuyer sur une classe sociale limitée, dépositaire de l'exercice politique.

• *Libéralisme et démocratie : Alexis de Tocqueville.* Venu d'un milieu légitimiste, mais rallié à Louis-Philippe et longtemps soutien du régime, Tocqueville va évoluer vers la résistance au conservatisme de Guizot. Libéralisme démocratique, ainsi pourrait-on qualifier la pensée de Tocqueville. Comme d'autres personnalités du libéralisme guizotiste (Dupin, Lamartine), Tocqueville condamne à la fois l'immobilisme du gouvernement en matière économique (les frontières fermées qu'il a bien fallu ouvrir lorsque les effets de la crise frumentaire se sont fait sentir) et son conservatisme politique (les listes électorales qui restent fermées à ceux qui n'atteignent pas le cens). Par certains aspects, Tocqueville retrouve la position critique des libéraux sous la Restauration. Position opportuniste, dictée par la conjoncture ? Illustration d'une crise d'ensemble du libéralisme dont 1848 allait sonner le glas ? Certainement pas. Les républicains de 1848 seront les premiers, au-delà de mesures importantes mais de portée au fond plus symbolique qu'économique (abolition de l'esclavage ou création d'ateliers nationaux, d'ailleurs vivement contestés), à œuvrer pour le maintien d'une économie libérale. L'adoption du suffrage universel masculin n'apparaît-elle pas comme une mesure qui, au-delà des péripéties des années 1848-1851, sera considérée comme définitive et inaliénable par tous les « partis » politiques ?

Tocqueville se fait à la fois meilleur historien et meilleur politique que Guizot (dont il avait été l'auditeur), qui ne semble pas avoir perçu que l'Histoire a un sens... Ce sens de l'Histoire, c'est l'avènement de la démocratie que Tocqueville analyse tout en redoutant ses dérives totalitaires dans son ouvrage le plus célèbre (*De la démocratie en Amérique*, deux volumes publiés en 1835 et 1840). Puis, se situant sur le plan de la morale, il dénoncera les vices de la classe au pouvoir, mis au jour par les scandales qui parsèment la fin de la monarchie de Juillet. Lecteur tardif mais attentif de Saint-Simon, Fourier, Owen, Louis Blanc et aussi Eugène Sue, Tocqueville se rallie aux projets de réforme électorale et parlementaire proposés par l'opposition dynastique, par crainte d'une explosion non plus seulement politique, mais aussi et surtout sociale, dont il prévoit les effets (voir encadré 30, p. 159). Ce faisant, il se situe dans le camp des libéraux ralliés à la démocratie plus par raison que par passion.

• *Le libéralisme économique.* Le libéralisme économique se doit d'être étudié à part du libéralisme politique, pour deux raisons au moins. La première concerne le peu d'intérêt que manifestent les libéraux en particulier et les politiques en général pour les questions économiques. Révélateur est à cet égard le cas de Tocqueville qui, député de 1839 à 1848, tout à la politique étrangère et à la critique des vices du gouvernement, n'aborde pratiquement jamais les grandes questions économiques de son temps. La seconde se rapporte au décalage qui existe souvent entre des positions libérales en matière politique et anti-libérales, au nom des intérêts nationaux, en matière économique, au moins dans son aspect commercial. Cette contradiction est l'une des causes du retard de la France par rapport à l'Angleterre, quant à la conversion de son économie au libre-échangisme.

30 – TOCQUEVILLE ET LA CRAINTE D'UNE RÉVOLUTION SOCIALE

« Sans doute, le désordre n'est pas dans les faits, mais il est entré bien profondément dans les esprits. Regardez ce qui se passe au sein de ces classes ouvrières qui, aujourd'hui, je le reconnais, sont bien tranquilles. Il est vrai qu'elles ne sont pas tourmentées par les passions politiques proprement dites, au même degré où elles en ont été tourmentées jadis ; mais ne voyez-vous pas que leurs passions, de politiques, sont devenues sociales ? Ne voyez-vous pas qu'il se répand peu à peu dans leur sein des opinions, des idées qui ne vont point seulement à renverser telles lois, tel ministère, tel gouvernement même, mais la société, à l'ébranler sur les bases sur lesquelles elle repose aujourd'hui ? N'écoutez-vous pas ce qui se dit tous les jours dans leur sein ? N'entendez-vous pas qu'on y répète sans cesse que tout ce qui se trouve au-dessus d'elles est incapable et indigne de les gouverner ; que la division des biens faite jusqu'à présent dans le monde est injuste ; que la propriété repose sur des bases qui ne sont pas les bases équitables ? Et ne croyez-vous pas que, quand de telles opinions prennent racine, quand elles se répandent d'une manière presque générale, quand elles descendent profondément dans les masses, elles doivent amener tôt ou tard, je ne sais pas quand, je ne sais comment, mais elles doivent amener tôt ou tard les révolutions les plus redoutables ? Telle est, Messieurs, ma conviction profonde ; je crois que nous nous endormons, à l'heure qu'il est, sur un volcan. »

(Alexis de Tocqueville, extrait du discours à la Chambre des députés, 27 janvier 1848.)

• *L'influence anglaise.* Alors que l'Angleterre, précocement industrialisée et dominatrice sur les mers, se convertit non sans débats au libre-échangisme, la France agricole et industrielle se protège. En cas de crise de surproduction et de mévente, les machines et les Anglais deviennent les boucs émissaires désignés. Pourtant, pour les économistes libéraux, l'Angleterre est souvent utilisée comme un modèle avec ses théoriciens comme Adam Smith, Thomas Robert Malthus, David Ricardo ou John Stuart Mill. Les analyses d'Adam Smith, considéré comme le fondateur de la science économique (*Recherches sur la nature et les causes de la richesse des nations*, 1776), sont lues et commentées, relayées par les recherches du « père » du libéralisme économique français, Jean-Baptiste Say (1767-1832). Participant à l'édification du statut du travail comme source de toute richesse — idée partagée avec Ricardo, mais tempérée pourtant par l'analyse du rôle du capital dans les sociétés modernes —, Smith définit les fondements d'une économie libérale et nationale dans laquelle l'État n'est que le protecteur de la société, abandonnant toute régulation en matière économique et commerciale. Les positions de Malthus sur la limitation volontaire des naissances comme moyen de lutte contre la pauvreté et son opposition à toute aide sociale de l'État aux classes pauvres (notamment les *poor laws*) furent combattues tant par Proudhon ou Fourier que par Marx. Le malthusianisme, dont le fondement religieux limita l'influence en France, constitue un bon observatoire de la ligne de démarcation qui sépare libéralisme et socialisme.

• *Jean-Baptiste Say et la science économique française.* J.-B. Say, contemporain de Ricardo dont il traduit et publie en 1819 l'œuvre principale (*Des principes de l'économie politique et de l'impôt*) et hôte de J.S. Mill lors de son séjour en France (ce dernier publie en 1848 ses *Principes d'économie politique*), a exercé une influence considérable sur la science économique française. Professeur au Conservatoire des arts et métiers puis au Collège de France, Say publie dès 1803 son *Traité d'économie politique* dont le sous-titre marque la dette envers Smith : *Simple exposition de la manière dont se forment, se distribuent et se consomment les richesses*. Say, néanmoins, diverge de Smith sur plusieurs points : d'abord en mettant l'accent sur la consommation conçue comme partie prenante du cycle de production ; ensuite en déviant du principe de travail vers celui d'utilité ; en montrant également que les crises dites de surproduction ne sont que passagères et forcent les industriels à adapter leur production à d'autres besoins ou désirs ; en mettant en avant, enfin, le rôle moteur des entrepreneurs, distincts des capitalistes, et dont Say est le premier à définir l'importance dans une économie de marché. Le neveu de Jean-Baptiste, Louis Auguste, industriel du sucre, sera aussi un économiste distingué et son fils, Horace, président de la chambre de commerce de Paris, participera à la fondation de la Société d'économie politique, du *Journal des économistes* et du *Journal du commerce* ; il est aussi le père de Léon Say, l'un des grands ministres des Finances de la IIIe République. Dans la foulée de Say va se développer toute une « école » française d'économistes libéraux ; ses plus célèbres représentants sont Adolphe Blanqui, frère d'Auguste et continuateur de Say dont il reprit la chaire au Conservatoire des arts et métiers, Frédéric Bastiat, apôtre d'un ultra-libéralisme inspiré par un fondement religieux et popularisé par ses pamphlets et sophismes, ou encore Michel Chevalier, polytechnicien venu du saint-simonisme et qui, plus tard, sera à l'origine du traité de libre-échange entre la France et l'Angleterre (1860), élaboré en commun avec Richard Cobden. Dès 1846, les négociants bordelais créent l'Association pour la liberté des échanges, preuve d'une certaine hardiesse, encouragés toutefois par la certitude d'être gagnants face à la concurrence étrangère.

Le féminisme en gestation

La question des droits des femmes, évoquée au Siècle des lumières, avait reçu une première réponse — négative — sous la Révolution française, malgré l'action de femmes comme Olympe de Gouges (1791, *Les Droits de la femme et de la citoyenne*) ou Théroigne de Méricourt (fondatrice avec Romme du Club des amis de la loi), malgré, aussi, un Condorcet réceptif à une demande d'égalité envisagée comme source de progrès et de bonheur. Présentes dans les clubs ou dans les journées révolutionnaires, les femmes sont dans la cité, mais n'ont pas le droit de cité. Du reste, la parole féminine fut progressivement brisée, puis enterrée sous le poids d'un Code civil napoléonien explicitement inégalitaire. La partition des rôles — l'homme dans la cité, la femme dans la famille — devait rester en vigueur tout au long de la période. Reste, du moins, une prise de conscience que les femmes du XIXe siècle devaient approfondir.

• *Paroles féminines au XIXe siècle.* Avant même d'envisager l'existence d'une parole féministe, on peut se demander ce qu'a retenu l'Histoire de la parole féminine au XIXe siècle. Tout d'abord, l'existence d'une parole littéraire, comme celle de George Sand, parole se situant également dans le champ du politique, tandis que d'autres voix féminines se cantonnent dans la mouvance littéraire, comme celle de Marceline Desbordes-Valmore, ou ne dédaignent pas de jouer les muses romantiques, comme Delphine Gay ou Louise Colet. La tradition aristocratique d'analyse et de jugement politiques se retrouve aussi bien dans le Journal de la duchesse de Maillé que dans les Mémoires et souvenirs de la comtesse d'Agoult. Tradition aussi que la parole épistolaire dont témoignent les correspondances féminines ou encore la parole pédagogique, éducative ou moraliste d'une Mme Guizot. Ajoutons que la production masculine romantique ne fut pas avare de paroles sur la femme. Mais il s'agissait alors de visions littéraires traditionnelles de la femme ange ou démon, victime ou bourreau, fée ou sorcière (*cf.* Balzac ou Nerval) ou d'une glorification-sanctification (la mère, la sœur) fondée sur la différence naturelle et sociale des sexes (*cf.* Hugo ou Michelet). Plus nouvelles et plus novatrices apparaissent la parole ouvrière d'une Suzanne Voilquin ou la parole sociale d'une Flora Tristan, issues de milieux opposés. Dans cette réélaboration du monde dont nous avons vu la prise en charge par les socialistes utopiques, les femmes entendent être présentes, tant dans la réflexion que dans l'action.

• *Femmes citoyennes ou femmes de citoyens? Le tournant de 1830.* C'est surtout après la révolution de 1830 que les femmes s'affirment sur la scène politique (voir les travaux de Michèle Riot-Sarcey et encadré 31, p. 163). Par le biais du saint-simonisme, tout d'abord, dont le discours sur la Femme-Messie, avenir du monde, semble pourtant relever davantage du dogme que de l'application concrète. Affranchissement, émancipation, liberté : derrière les mots se dessinent la personnalité du « père » Enfantin et d'un état-major saint-simonien masculin. Pourtant des femmes s'engagent en saint-simonisme, comme Pauline Roland, Eugénie Niboyet ou Jeanne Deroin. Cette dernière affirme avec force l'égalité des sexes, dénonce « l'esclavage de la femme », son rejet du monde de l'éducation et de nombre de professions, l'indissolubilité du mariage et envisage l'affranchissement de la femme non comme une concession, mais comme « la reconnaissance d'un droit légitime ». Mais beaucoup de femmes quitteront le saint-simonisme lorsque Enfantin, après sa rupture après Bazard, abordera le thème de la réhabilitation de la chair. Le fouriérisme fut le courant le plus égalitaire, ce dont témoignent les écrits de Fourier et son système d'organisation du Phalanstère, où hommes et femmes étaient placés sur un pied d'égalité. Mais Fourier et ses disciples, bientôt rejoints par les déçues du saint-simonisme, furent moins hardis dans leurs actes : on pourrait étendre ce propos aux icariens.

• *Voix féminines, voix féministes*. La création de journaux féminins par des femmes d'origine populaire dans les années 1830 représente l'une des étapes vers l'autonomie de la parole féminine. Ainsi de *La Femme libre* devenue *La Tribune des femmes*, sous-titré « journal des prolétaires saint-simoniennes », du *Journal des femmes*, d'orientation plus bourgeoise et chrétienne ou, à Lyon en 1833, du *Conseiller des femmes* d'Eugénie Niboyet, qui crée l'année suivante un Athénée des femmes. C'est bien de la participation des femmes à la vie politique dont il est question, c'est-à-dire de leur accès à la citoyenneté, comme le réclame par exemple Louise Dauriat. Plus légaliste que la presse féminine socialisante, *La Gazette des femmes* réclame leur accès à l'exercice des professions libérales, le droit au divorce, des droits pour les filles-mères et les enfants naturels. Mais les relais masculins se font rares, tant chez les républicains que dans la presse ouvrière. Pour un Pierre Leroux engagé dans la cause des femmes ou un Adolphe Blanqui favorable à l'ouverture de plusieurs professions, mais sans égalité de salaire, combien de silences révélateurs, sans parler des attaques venant de tous bords, y compris du camp des socialistes parfois (*cf.* *L'Atelier*, Proudhon ou Auguste Comte). Dans la France de la monarchie censitaire, la question du vote des femmes est traitée au mieux par le silence, au pire par le mépris ou le sarcasme. De simples demandes d'égalité d'ordre éducatif ou professionnel avec les hommes se heurtent au renvoi de la femme dans ce que Lamartine appelle en 1835 la « sphère de la vie domestique » et qui s'oppose à la sphère de la vie publique exclusivement masculine.

Ce long débat se poursuivra jusqu'à la révolution de 1848 qui réactivera le combat de femmes (celles déjà citées, mais aussi Élisa Lemonnier, Jenny d'Héricourt, Désirée Gay, etc.) persuadées que la IIe République saurait entendre leurs revendications, notamment celle du suffrage universel. Elles n'étaient en avance que d'un siècle et de deux Républiques.

31 – Une analyse du féminisme des années 1830

« Comme Michelet, comme Chateaubriand, comme Enfantin, comme Cabet, comme Efrahem, Désirée Véret, Julie Fanfernot, Aglaé Saint-Hilaire, Louise Dauriat se pensent, dans ce monde, en personnes actives. Avec leurs mots, dans les lieux qui leur sont ouverts, elles disent les mêmes désirs. Elles expriment ce "bonheur public" dont parle Hannah Arendt dans son *Essai sur la Révolution*. Comme les autres, elles aspirent à être dans le peuple et, pourquoi pas ?, à le gouverner. Pas plus que les hommes elles n'échappent à l'aspiration au pouvoir. Mais leurs moyens sont autres, presque nuls, disent certaines. Aussi, l'idée d'émancipation, consubstantielle de leur être social, l'emporte sur la critique politique, au sens classique du terme. Leurs écrits sont produits en un temps où les références anciennes n'ont plus cours : "le christianisme ne peut plus rien" et le pouvoir politique est à la recherche d'une légitimité ; les nouvelles règles sociales sont encore indéfinies. En ces années 1830-1835, les libéraux se cherchent, les républicains se préparent ; l'Église catholique, déconsidérée, n'a pas encore trouvé son second souffle ; saint-simoniens, fouriéristes imaginent un autre ordre social, secoué par les insurrections de 1831, 1832, 1834. Des femmes peuvent se croire autorisées à pénétrer dans cette sphère publique dont les représentants institués ne se sont pas encore emparés. Et pourtant le malentendu s'installe. Les individus au droit de cité établi, je pense par exemple à Blanqui aîné, aux maîtres à penser de nouvelles utopies, s'ils permettent l'expression politique des femmes, tentent en même temps d'inscrire cette parole dans leur conception du monde, dans leur idéologie. À leur manière, ils pensent la différence des sexes, ils la construisent et, de fait, les pratiques discursives produites ne sont lues que dans le cadre de ce procès de domination en formation. »

(Michèle Riot-Sarcey, *Par mes œuvres on saura mon nom !* « L'engagement dans les "années folles", 1831-1835 », in *Romantisme*, 1993.)

LA CRISE FINALE (1846-1848)

L'économique, le social, le culturel, le politique se superposent pour expliquer l'effondrement du régime. Celui-ci ne constitua pas pour les contemporains une véritable surprise, mais la différence avec 1830 est assez nettement marquée. Si le contexte de crise économique peut être comparé, sinon comparable, Louis-Philippe n'apparaît pas engagé au même titre que Charles X dans une guerre de pouvoirs avec une Chambre qui n'a jamais été aussi ministérielle, ni même avec le pays légal, malgré la poussée des républicains. La réforme électorale que Guizot refuse avec constance porte-t-elle les germes d'une révolution? La question mérite d'être posée. Elle renvoie à la conception même de la pratique politique selon Guizot. Mais elle amène surtout à s'interroger sur l'enracinement réel du régime et de son souverain dans le pays.

1846 : apogée politique et crise économique

Au commencement de l'année 1846, le système Guizot paraît à son apogée, et par conséquent la monarchie de Juillet ainsi que la personne de Louis-Philippe. Celui-ci forme avec Guizot un couple apparemment rompu à un respect mutuel et à un partage des responsabilités. Certes, le roi est âgé : à 73 ans, il rejoint presque son lointain aïeul Louis XIV, mort à 77 ans, mais après soixante-douze années de règne, alors que Louis-Philippe n'en compte que seize. Sa succession est assurée grâce à une descendance largement établie, même si l'héritier désigné, le fils du duc d'Orléans, n'est alors qu'un enfant de 8 ans.

• *Les élections d'août 1846.* Provoquées par la dissolution de la Chambre, elles virent un triomphe sans précédent des candidats ministériels. Certes, le gouvernement sut une fois encore « travailler » ces élections et l'appel aux fonctionnaires comme candidats à la députation fut massif (184 sur 459 députés). Mais Guizot pouvait craindre l'impact de la campagne des radicaux sur la question de la réforme électorale, sur l'excessive durée de son ministère et sur sa propre personne. Il pouvait craindre aussi les retombées de la crise franco-anglaise et surtout le poids croissant du « parti catholique » plus déterminé que jamais dans son combat pour la liberté de l'enseignement. 145 députés élus s'étaient engagés à faire triompher cette cause, la plupart se retrouvant dans la majorité ministérielle. Celle-ci fut sans équivoque : Guizot pouvait compter sur le soutien de 291 députés, contre 168 pour l'ensemble de l'opposition. Au sein de celle-ci, deux groupes apparaissent dominants : l'opposition dynastique et les radicaux. Alliés conjoncturels, ils ne peuvent pourtant mener une action coordonnée, car leurs objectifs divergent fondamentalement.

• *La crise économique.* Par sa brutalité, son ampleur, sa durée, la crise économique qui éclate à la fin de l'année 1846 va avoir des conséquences très importantes. Crise européenne, elle commence classiquement par de mauvaises récoltes, de pommes de terre d'abord, à cause d'une maladie, dès l'été 1845. Toute l'Europe septentrionale est touchée : Allemagne, Belgique, Pays-Bas, France (départements du Nord et de l'Est) et surtout Irlande, ravagée par la famine, puis touchée par une émigration massive. Lors d'un été 1846, marqué par une longue et rude sécheresse, les récoltes de céréales sont à leur tour désastreuses, tant pour le blé que pour le seigle. Puis les cultures fourragères sont touchées, l'élevage en ressentant le contrecoup. L'automne et l'hiver vont connaître une période de fortes pluies se traduisant par des crues (Loire, Rhône) et des inondations dans sept départements. À ces catastrophes naturelles font suite une forte hausse des prix et une raréfaction du blé. On entre dans la crise de subsistance. La disette s'installe, résurgence d'un phénomène que l'on croyait définitivement éteint depuis la grave crise frumentaire des années 1816-1818. Presque toute la France est touchée. Si la région alpine, étudiée par Philippe Vigier, ou le Var, étudié par Maurice Agulhon, résistent mieux, à l'image d'un Midi méditerranéen aux cultures plus diversifiées, la Bourgogne (Pierre Lévêque), le Limousin (Alain Corbin), l'ensemble de l'ouest de la France et des grandes plaines céréalières du Bassin parisien sont gravement touchés. Au sein d'une même région, on enregistre de notables différences dans la violence de la crise. Dans le Doubs, étudié par J.-L. Mayaud, le bas-pays céréalier et viticole est frappé de plein fouet, alors que le Haut-Doubs pastoral résiste mieux. Les paysans pauvres des terres les moins fertiles, aux plus faibles rendements, comme les plateaux ou les bas versants des régions de moyenne montagne, sont réduits à la misère. L'interdiction d'exporter des céréales et l'importation de blés russes ne suffiront pas : l'offre est largement insuffisante pour couvrir les besoins alimentaires d'une population désemparée. Quant à la circulation intérieure des blés, déjà réduite en temps normal, elle devient quasi inexistante devant les pressions populaires qui s'y opposent parfois avec violence. Les prix sont multipliés par deux, voire par trois au printemps 1847, moment où la crise culmine.

• *Conséquences sociales de la crise agricole.* Elles concernent autant les villes que les campagnes dans un pays où le prix du blé et donc du pain constitue le baromètre essentiel de la paix sociale. Les quartiers ouvriers des grandes villes (par exemple Rouen) sont touchés par une agitation croissante. La cherté du pain, mais aussi une récession industrielle qui augmente le chômage provoquent des manifestations de mécontentement auxquelles doit faire face la garde nationale. À Thiers, ville moyenne d'environ 13 500 habitants dont beaucoup dépendent de la coutellerie, le prix du pain passe de 0,25 F le kilo en 1845 à 0,32 F en 1846 et 0,47 F en 1847. Dans le Nord et l'Est, on enregistre un regain de luddisme (bris de machines). Mais ce sont surtout les régions rurales (Mayenne, Sarthe, Vienne, Calvados, Haut-Rhin, Tarn-et-Garonne...) et notamment les bourgs de marchés ou de foires agricoles qui enregistrent les plus fortes tensions. Des convois de céréales sont attaqués et pillés, des blés vendus au prix fixé par une population qui dénonçait, parfois avec raison, le rôle des accapareurs et des spéculateurs. Dans le Nord, en Alsace, à Paris ou en Normandie, des boulangeries sont pillées. Les ouvriers agricoles, main-d'œuvre toujours précaire, jetés sur les chemins s'y retrouvent parfois côte à côte avec des artisans ruinés par la crise. Dès l'automne 1846, l'Indre-et-Loire est le théâtre de troubles frumentaires, aussi bien dans les grandes villes (ainsi à la halle aux blés de Tours) que dans les campagnes. Population mélangée, mais qui partage inquiétude et colère, prête à recevoir toutes les rumeurs et vecteur involontaire d'un sentiment de plus en plus diffus de peur sociale rappelant l'été 1789.

• *L'affaire de Buzançais* témoigne du paroxysme de la crise au début de 1847. Dans ce bourg chef-lieu du canton de l'Indre d'environ 4 500 habitants, en plein cœur de ce Berry cher à George Sand, la crise a attisé l'antagonisme entre riches propriétaires agricoles et journaliers, artisans, domestiques. Ceux-ci, les « Petits », les « Blouses », détournent le 13 janvier 1847 des voitures chargées de blé. Le lendemain, la colère montant, ils obtiennent la taxation du blé, mais veulent contraindre les « Gros », les « Habits », à signer leur acceptation. Tous s'exécutent sauf un qui tire sur un émeutier, le tuant net, avant d'être à son tour mis à mort par la foule en colère. Durant trois jours, les Blouses sont maîtresses de Buzançais dans une atmosphère de carnaval. Alentour, moulins, greniers et réserves des riches demeures sont visités, le blé confisqué, des meubles brisés, les bourgeois parfois molestés et contraints de donner de l'argent aux révoltés. Le préfet de l'Indre ayant échoué dans sa tentative de restauration de l'ordre, la troupe arrive en force le 18 : la fête s'achève brutalement (voir encadré 32, p. 168). 26 individus seront jugés, dont 11 journaliers et 10 compagnons-artisans (sur 26 inculpés, 24 sont illettrés). 3 d'entre eux seront condamnés à mort et exécutés sur la grand-place de Buzançais le 16 avril suivant, les autres étant condamnés aux travaux forcés.

En dehors de la formation précoce d'un « front de l'ordre » uni face à l'émeute sociale, l'affaire de Buzançais témoigne aussi de la persistance « des formes de pensée et des modes d'action les plus traditionnels » (P. Vigier) de ces paysans-artisans des campagnes berrichonnes, qui agirent sans motivation politique *stricto sensu*. Le point de rencontre de ces deux groupes ou classes sociales antagonistes n'est-il pas, en définitive, un rejet commun d'un régime discrédité qui manquera singulièrement de soutien en février 1848 ?

• *Crise industrielle, relais de la crise agricole ?* La crise de 1846 apparaît d'autant plus forte qu'elle fait suite à une période de croissance heurtée, mais réelle. Or, l'agriculture n'est pas la seule à être touchée. L'industrie, alors en plein essor, mais fragile dans un marché limité et sensible à la moindre contraction de la demande, va entrer dans une phase de récession qui durera jusqu'en 1851. En temps ordinaire, l'industrie est à la limite de la surproduction. Ainsi l'industrie textile, lainière ou cotonnière, normande ou flamande, connaît dès le début des années 1840 des difficultés provoquées par une concurrence de plus en plus rude. Les secteurs les plus fragiles furent les plus touchés par la crise : la production de paysans-artisans, qui trouvaient là un complément de revenus dont ils sont brutalement privés ou, comme P. Vigier l'a montré dans la région alpine, le bâtiment, traditionnel employeur de main-d'œuvre peu qualifiée et saisonnière, alors que des industries plus spécialisées résistent mieux comme la métallurgie ou la soierie. La mévente générale des produits manufacturés alimente une baisse de la production, mais pas forcément de la productivité, au contraire, un ralentissement des investissements — le cas des chemins de fer est patent — et un chômage croissant. Dans certaines villes comme Roubaix, plus de 60 % des ouvriers sont au chômage. Les salaires s'enfoncent dans la spirale de la baisse. Émeutes et grèves dures se multiplient. Les classes populaires ne pouvant déjà que difficilement satisfaire leurs besoins alimentaires cessent d'acheter tel objet en métal ou tel vêtement. Sur cette rétention de la consommation populaire se greffe une rétention des commandes des gros consommateurs : ainsi les compagnies de chemins de fer qui ralentissent leurs achats de rails. C'est toute l'industrie sidérurgique ou l'industrie minière qui en ressentent les contrecoups, mais également le réseau encore informel de distribution, du négociant à l'épicier de village.

• *Crise bancaire et boursière.* Le système bancaire, lui-aussi fragile, doit affronter un retrait parfois massif de l'épargne populaire, phénomène qui touche en priorité les petites banques et les caisses d'épargne. Les retraits dépassent les dépôts de 30 millions de francs. Les faillites se multiplient. Les grandes banques, réticentes à prêter aux industriels, enregistrent une baisse sensible de leur activité. L'encaisse métallique de la Banque de France tombe à 60 millions devant la thésaurisation (le fameux bas de laine…) qui se développe et freine la circulation du numéraire. Cela se répercute sur la Bourse : le cours des actions est à la baisse. Dans le secteur clé du chemin de fer, le phénomène devient inquiétant. L'action de la Compagnie du chemin de fer du Centre (Paris-Orléans), stationnaire et même en hausse jusqu'à l'été 1847, passe de 663 F au mois de juillet à 549 F au mois de décembre et à 508 F en février 1848. Certains travaux ferroviaires sont purement et simplement arrêtés. L'image du petit actionnaire ruiné se répand, dans un climat de suspicion qui atteint les grandes compagnies émettrices d'actions, et plus largement les milieux d'affaires, mais aussi l'État. Or, on est parallèlement dans une période de scandales politico-financiers (voir *infra*, p. 170) qui ont déjà en partie déconsidéré l'image de respectabilité du gouvernement, de son chef, dont la popularité est au plus bas, voire du roi lui-même. Quant à l'enrichissement, sinon promis, du moins donné comme objectif, il semble décidément bien loin. La crise boursière témoigne du passage de la crise de croissance à la crise de confiance.

32 – Deux jugements sur l'émeute de Buzançais

1 — « Ce ne fut que le 16 que les honnêtes gens comprirent que se réunir et s'armer pour la défense commune était le seul moyen de mettre un terme à ces affreux excès. […] La nouvelle de la prochaine arrivée des troupes, répandue dans la ville le 17, commença à rassurer les habitants paisibles et à imposer aux agitateurs.[…] Du reste, mon Général, il nous est bien démontré par les faits que l'opinion est complètement étrangère aux malheureux événements qui viennent de se passer. Les châteaux n'ont pas été plus épargnés que les ateliers, et partout où le mouvement insurrectionnel a éclaté le cri de ralliement a toujours été : "Les riches le sont depuis assez longtemps : aujourd'hui c'est à notre tour." C'est dans cette devise qu'il faut chercher le caractère de cette levée de boucliers. » (Lt-colonel Bousquet, commandant des troupes chargées de rétablir l'ordre, le 22 janvier 1847.)

2 — « [Les émeutiers du Berry] ont montré un rare discernement dans leurs vengeances qui, pour être illégales, n'en étaient pas moins justes […]. Tous les propriétaires qui ont reçu ces révoltés avec calme, bonté et même avec une fermeté noble et polie ont été respectés corps et biens… N'y a-t-il pas quelque chose de plus révoltant que de voir des hommes privés de tout perdre patience et demander du pain un peu haut ? C'est de voir des hommes gorgés d'argent refuser le nécessaire à leurs semblables et se frotter les mains en se disant que l'année est excellente pour faire de bonnes affaires sur les blés ! » (Lettre de George Sand à son cousin René Vallet de Villeneuve, 5 février 1847.)

(*In* P. Vigier, *La Vie quotidienne à Paris et en province pendant les journées de 1848*, Hachette.)

• *La réponse du gouvernement.* La crise de 1846 fournit un excellent observatoire pour analyser la politique de Guizot face aux conséquences économiques et sociales de l'événement. Politique bien timide au total (la loi du 28 janvier 1847 empêche l'exportation des grains et favorise l'achat de blés étrangers, russes), qui met surtout en évidence le fragile équilibre budgétaire de l'État. Il est vrai que l'on passe de 16 millions de francs de blés importés en 1845 à 123 millions en 1846 et 210 millions en 1847 : l'effort est donc considérable. Alors que l'État s'est engagé massivement pour financer la construction des infrastructures des réseaux de voies ferrées, l'achat de céréales provoque un déficit budgétaire qui atteint la somme de 257 millions de francs à la fin de 1847. Et encore le gouvernement fut-il servi par le climat : la récolte de l'été 1847 fut excellente, permettant d'éviter que la disette ne se transforme en une véritable famine. Mais aucune politique d'assistance officielle digne de ce nom n'est mise en place pour venir en aide aux victimes de la crise. Ce sont souvent les municipalités qui agissent, en taxant le pain et en subventionnant les boulangers pour qu'ils conservent leurs revenus. À Paris, à Toulouse, à Bordeaux, on distribue des bons de pain gratuits. Des réseaux de charité, organisés par les notables, se mettent en place pour compenser les insuffisances de la politique gouvernementale. On tente d'acheter du blé dans le Midi méditerranéen, on ouvre des bureaux de bienfaisance. Le rôle des sociétés de secours mutuels et des associations philanthropiques est également important. Mais l'ensemble des mesures privées ou publiques ne peut que pallier la misère la plus criante. Pour tenter d'enrayer la crise boursière et financière, le gouvernement réagit en augmentant le taux de l'escompte (de 4 à 5 % en janvier 1847), puis en le ramenant à son cours initial dès décembre 1847. Mais cette mesure qui pouvait passer pour le signe au moins officiel de la reprise des activités ne suffit pas à rétablir une confiance profondément écornée. La crise de 1846, au-delà de ses effets sociaux, aura ainsi provoqué une prise de conscience, de la bourgeoisie provinciale notamment, face à l'incapacité du gouvernement. Celui-ci — en l'occurrence Guizot — peut-il encore décemment refuser toute réforme du système électoral à une population qui a su, avec des moyens limités, faire la preuve de ses capacités civiques face à la crise?

L'effritement du soutien populaire

Ce soutien populaire du régime est constitué par ces catégories dont Louis-Philippe comme Guizot exaltent à l'occasion les vertus : bourgeoisie commerçante, propriétaires rentiers, entrepreneurs besogneux qui, par le travail et l'épargne, s'élèvent dans l'échelle sociale. Or, une partie au moins de cette petite bourgeoisie semble mesurer davantage son soutien à un régime qui lui refuse des droits politiques et ne lui garantit plus la prospérité.

• *Une bourgeoisie critique : la peur du déclassement.* D'une crise (1827-1832) à l'autre (1846-1851), les mêmes mécanismes d'analyse et de critique se mettent en place : on cherche des responsables. L'un des premiers, Balzac avait stigmatisé l'incapacité de la société orléaniste à absorber tous ceux qu'elle laissait entreprendre des études : « La jeunesse éclatera comme la chaudière d'une machine à vapeur. La jeunesse n'a pas d'issue en France, elle y amasse une avalanche de capacités méconnues, d'ambitions légitimes et inquiètes » (*Z. Marcas*), les transformant à l'occasion en partisans d'une République dont le romancier craignait l'avènement. Le comte Beugnot se fit l'écho de cette crainte, partagée par des membres du gouvernement, dès 1843 : il faut, disait-il, diminuer le nombre d'étudiants, car « on crée des existences inquiètes, malheureuses et quelquefois redoutables ». Cette crainte d'une explosion sociale reposait sur une réalité, à savoir l'augmentation continue du nombre d'étudiants (à Paris, 2 300 en 1815, 5 000 en 1830, 7 500 en 1835), bientôt limité par des ordonnances restrictives (celle de 1836 impose les deux baccalauréats pour les étudiants en médecine) ou par une augmentation des droits d'inscription. La mesure obéissait à une certaine logique, mais créait des ressentiments et ne contribuait pas à rapprocher les fils des classes moyennes du régime. Dans les dernières années de la monarchie de Juillet, les témoignages se multiplient sur la peur de la bourgeoisie du déclassement social. Louis Reybaud synthétise cette inquiétude dans un ouvrage publié en 1846, *Jérôme Paturot à la recherche d'une position sociale*, sorte de roman sociologique qui décrit les efforts désespérés d'un jeune diplômé pour trouver une situation en rapport avec sa condition. Les thèmes du « médecin sans patient » et de « l'avocat sans cause », de la « misère en habit noir » se répandent, ne correspondant vraiment (et partiellement) qu'à la réalité parisienne. Les calculs de Jacques Léonard ont montré que le département de la Seine concentre en effet 1 800 médecins en 1844, soit 10 % du total pour 3,5 % de la population. Pourtant, il existe chez ces capacités dont le régime pariait sur la promotion sociale un sentiment de déclassement de plus en plus affirmé.

• *Un parfum de scandales*. Avec l'arrivée de la crise, la monarchie de Juillet semble renouer avec de vieux démons. Ceux du régicide tout d'abord : en 1846, deux tentatives (Lecomte, Henri) échouent. Ceux surtout qui avaient accompagné la naissance du régime et qui portaient les noms de spéculation ou d'affairisme. Une pièce à succès créée par le grand acteur Frédéric Lemaître avait alors immortalisé les personnages d'un escroc, Robert Macaire, et de sa victime, M. Gogo, actionnaire roulé et plumé. Daumier avait donné une suite imagée à ce portrait-charge en représentant Robert Macaire sous les traits changeants d'un avocat, d'un banquier, d'un entrepreneur, etc., tous véreux. Les contemporains y voyaient ou pouvaient y voir une image de la société orléaniste. La prospérité et la limitation de la liberté de la presse avaient relégué ce type de représentation au second plan. Régulièrement, pourtant, la corruption électorale utilisée par le régime, le népotisme dans la fonction publique ou les irrégularités dans la gestion d'une Algérie de plus en plus coûteuse étaient dénoncés. Mais à la fin des années 1840, la réalité semble dépasser la fiction avec l'apparition de scandales politico-financiers de plus grande envergure. Au mois de mai 1847, éclate l'affaire Teste-Cubières. L'opinion publique apprend que le premier, président de la Cour de cassation, pair de France et ex-ministre des Travaux publics, a été corrompu en 1842 par le second, général, pair de France et ex-ministre de la Guerre, pour obtenir la concession de l'exploitation d'une mine de sel dont il était le principal actionnaire. Jugés par ceux qui, en l'occurrence, étaient vraiment leurs pairs, les accusés furent condamnés à la dégradation civique, à une forte amende et pour Teste à trois ans de prison. Par un rapprochement classique, armée, magistrature, gouvernement et Chambre des pairs sortirent déconsidérés de cette affaire de corruption. En cette période de crise économique, de chômage, de peur sociale, les « affaires » mélangeant hommes politiques et escrocs prenaient une ampleur considérable. L'affaire Choiseul-Praslin se situe sur un tout autre registre. Elle met en scène un duc et pair de France qui, en juillet 1847, assassine sauvagement sa femme (la fille du maréchal Sébastiani, un dignitaire du régime), mère de neuf enfants, puis se suicide à l'arsenic dans sa prison. L'expression « prasliner sa femme » devient à la mode. Mais tant les circonstances de l'assassinat que celles du suicide ne furent jamais vraiment élucidées. La rumeur tendit à se substituer à l'information. La plus insistante concernait la mort du duc, auquel le gouvernement, laissait-on entendre, aurait fourni le poison pour éviter un autre procès à scandale, après l'affaire Teste-Cubières, dans un contexte particulièrement défavorable. Bientôt, d'autres rumeurs concernant la mort de la duchesse coururent le pays, dans des brochures populaires véhiculées par des colporteurs. Elles propageaient des thèses irrationnelles, mais, au bout du compte, sapaient un peu plus encore l'image des classes dirigeantes. Dans une proportion difficile à mesurer, c'est donc la cohésion sociale du pays qui s'effrite, et une image de régime ploutocratique (L. Girard) qui tend à s'élaborer, confondant classes dirigeantes et notables dans un même rejet. À Michelet le mot de la fin, évoquant l'année 1847 comme un « Waterloo moral ».

Renouveau radical : la République possible

Que représente le « parti républicain » à la veille de la révolution de Février ? En termes électoraux, peu de chose. Quelques rares députés, élus des quartiers boutiquiers de Paris (Marie, H. Carnot) ou des départements de tradition républicaine au demeurant fort modérée comme l'Eure (Dupont, Garnier-Pagès), la Sarthe (Ledru-Rollin), les Pyrénées-Orientales (Arago). Aucun dans l'est ni dans le nord de la France où les notabilités de la grande industrie se méfient de ces apologistes de la Révolution. Du reste, ceux-ci sont bien modérés dans leurs positions politiques. La revendication traditionnelle du suffrage universel est parfois remplacée, dans les débats parlementaires, par celle du plus ample élargissement possible du droit de vote, formule qui permet un rapprochement avec la gauche dynastique. Sur le plan économique, ces notables républicains, avocats ou propriétaires, s'arrêtent aux limites d'un libéralisme à connotation sociale qui rejette proprement le socialisme. Davantage chez les partisans du *National* (A. Marrast) que chez ceux de *La Réforme* (Flocon) plus réceptifs au discours d'un Louis Blanc. Mais pour ces bleus qui veulent en finir avec les blancs, le drapeau n'est et ne peut être que tricolore : le drapeau rouge rappelle trop le sang des années sombres de la Ire République. Encore à la veille de la révolution de Février, ils doivent faire œuvre de pédagogues pour la diffusion du sentiment républicain, ce à quoi s'emploient un réseau de journaux, comme *L'Indépendant des Pyrénées-Orientales* ou *Le Courrier de la Côte-d'Or*, et un réseau de cercles, de loges avec des retombées électorales souvent décevantes. Mais il faut aussi, encore et toujours, réconcilier les classes moyennes avec la République, rendre la solution républicaine acceptable. Pour cela, il convient de définir un programme républicain. H. Carnot s'y attaque dans *Les Radicaux et la Charte*, publié en 1846 et qui définit dans le cadre de la Charte modifiée mais maintenue un programme de réformes modérées : suffrage universel, élection des pairs, indemnité parlementaire. On fait aussi intervenir l'Histoire, celle de la Ire République, pour en faire ressortir toute la noblesse, au-delà de l'épisode de la Terreur. Ce sera le travail d'intellectuels, historiens ou non, venus d'horizons très divers, mais hostiles à l'évolution conservatrice de la monarchie de Juillet.

La crise intellectuelle du régime

Parmi les images de la monarchie de Juillet naissante émerge notamment celle de protectrice des intellectuels. Juste retour des choses pour un régime qui devait en partie son existence à la vigueur de la protestation de la presse, de l'Université, du monde des lettres, contre les velléités absolutistes de Charles X. Mais assez rapidement, une relation d'amour déçu s'est installée entre le régime de Louis-Philippe et une partie croissante d'intellectuels proches du « mouvement », voire de la mouvance républicaine. Nul, en fin de compte, n'a remplacé le triumvirat vieillissant constitué par Guizot, Cousin et Villemain (l'alliance de l'Histoire, de la Philosophie et des Lettres), sous la Restauration, qui s'était mis au service de l'orléanisme. Nul, si ce n'est un autre triumvirat devenu hostile au régime : Michelet, Quinet et Mickiewicz dont les cours au Collège de France seront tous les trois suspendus par le gouvernement de Guizot. Si la monarchie de Juillet dispose pourtant d'un réseau de soutien, c'est plus par le biais d'institutions comme les académies. Mais, pour des fidélités maintenues jusqu'au bout (Hugo), elle enregistre aussi des défections (Lamartine, Tocqueville).

• *L'Histoire au service de la République.* Comme sous la Restauration, des historiens de rencontre mais de talent vont s'atteler à la tâche et donner des ouvrages de qualité publiés entre février et juin 1847. Ainsi Lamartine, converti de fraîche date à Marianne, avec les huit volumes de son *Histoire des girondins* qui reçut un accueil chaleureux lors de sa publication, ou Louis Blanc dont l'*Histoire de la Révolution* présente une interprétation socialiste de la Ire République. Au-dessus de ces historiens de rencontre plane l'Histoire, en la personne de Jules Michelet dont les cours au Collège de France attirent la jeunesse étudiante. La publication du premier volume de son *Histoire de la Révolution* représente une date importante dans l'historiographie française. En alliant la rigueur de l'historien, le style de l'écrivain, l'esprit polémique, en plaçant au centre de son œuvre ce peuple qu'il vénère, en magnifiant la République patriotique et fraternelle, Michelet redonne l'envie républicaine à toute une génération, de ceux qu'on appellera plus tard les « quarante-huitards ». Au total, c'est cette alliance entre une « intelligentsia » républicaine minoritaire mais énergique et ce peuple de « militants » de la cause qui fit la force de l'idée républicaine. Nuançons toutefois ce tableau : les républicains pénétraient fort peu les masses paysannes, demeurées largement en dehors de ce qu'on appelle l'opinion publique, et même les milieux ouvriers, majoritairement peu ou pas politisés au sens classique du terme. Début 1848, la République n'est qu'une possibilité parmi d'autres, au cas où le régime viendrait à s'effondrer, ce que nul n'envisage effectivement.

La fin du système Guizot

Si la crise économique ne peut expliquer à elle seule la chute de Guizot et par la même occasion celle de Louis-Philippe, elle n'en constitue pas moins le moteur principal d'une opposition grandissante à un système de gouvernement et à un régime qui perdaient chaque jour de leur légitimité.

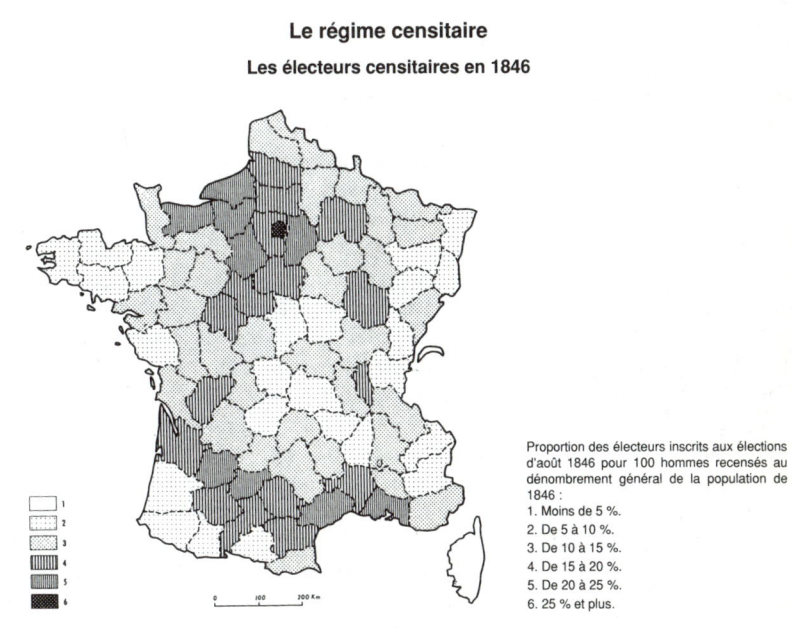

Le régime censitaire
Les électeurs censitaires en 1846

Proportion des électeurs inscrits aux élections d'août 1846 pour 100 hommes recensés au dénombrement général de la population de 1846 :
1. Moins de 5 %.
2. De 5 à 10 %.
3. De 10 à 15 %.
4. De 15 à 20 %.
5. De 20 à 25 %.
6. 25 % et plus.

Carte établie par A. LANCELOT d'après la *Statistique de la France. territoire et population*, 1855, et l'*Annuaire statistique de la France*, 1887.

- *Le dernier ministère Guizot.* En septembre 1847, un dernier remaniement ministériel a lieu. Il s'agit de remplacer Soult, âgé de 78 ans. Guizot devient le président du Conseil en titre, ce qu'il était déjà en fait, avec une équipe ministérielle pratiquement inchangée depuis le remaniement du mois de mai précédent. C'est peu dire qu'il s'agit d'hommes de confiance. À côté de l'inamovible Duchâtel à l'Intérieur, on trouve Montebello à la Marine et Trézel à la Guerre. Le premier est le fils du maréchal Lannes, le second a perdu un œil à Waterloo : « discret » rappel de la gloire impériale. Dumon, nommé aux Finances, mais précédemment ministre des Travaux publics, a été le grand homme du développement du réseau ferroviaire qui, sous son ministère, est passé de 598 km à 1 320 km. « Doctrinaire et farouchement libéral en matière économique » (B. Yvert), il a joué la carte des grandes compagnies de chemin de fer, mais va devoir affronter la crise. Or, pour Dumon comme pour ses collègues, l'intervention de l'État, même limitée au domaine de l'aide aux victimes de la crise, ne va pas de soi. Plus encore, l'idée d'une relance économique avec des fonds publics n'est pas envisageable, malgré la pression conjuguée d'économistes libéraux (Dupont-White) et socialistes (E. Cabet, L. Blanc), en même temps que l'idée de libre-échange, défendue par les ultra-libéraux (F. Bastiat), progresse.

• *L'impossible réforme électorale*. Depuis 1840, la question de la réforme électorale était régulièrement soulevée par l'opposition de gauche qui en faisait son cheval de bataille. Onze débats parlementaires n'y firent rien. Guizot, avec le soutien du roi, se refusa toujours à élargir le droit de vote. On pensa, dans l'opposition, que la crise économique, en affaiblissant Guizot, le pousserait à la concession. C'était mal connaître le personnage qui, plutôt que céder sur ce qui constituait le pivot de son système, préféra entraîner la chute de la monarchie de Juillet. Mais dans ce combat, Guizot manque d'alliés : catholiques et légitimistes, déçus par l'échec du projet Salvandy de 1847 relatif à la liberté d'enseignement secondaire, refusent les avances du ministère. Le rapprochement avec l'Autriche de Metternich, après la rupture de l'Entente cordiale avec l'Angleterre, semble lier la France à la puissance européenne la plus conservatrice. Même la popularité du roi souffre de la conjoncture : son âge, l'accentuation rapportée par la presse de ses défauts supposés (ainsi ce mot de Mme de Genlis, sa préceptrice, noté par Hugo : « Libéral, tant qu'on voudra ; généreux, non ») nuisent à sa popularité et à celle de sa dynastie qui ne semble pourtant pas menacée. Au mois de mars 1847, l'opposition lance une nouvelle offensive pour la réforme électorale, par l'intermédiaire de Duvergier de Hauranne : son projet est repoussé, malgré l'appui de certains députés ministériels, par 252 voix contre 154. Ce projet d'abaissement du cens à 100 F aurait abouti à doubler le nombre d'électeurs, soit environ 400 000. Un autre projet de Rémusat pour modifier le fonctionnement du Parlement — notamment interdire le cumul entre fonction publique et députation — fut également repoussé en avril. (Voir carte, p. 173.)

• *La campagne des banquets*. Elle fut imaginée par l'opposition réformiste, avec le soutien de la presse, face au blocage de la situation et pour pallier l'interdiction du droit de réunion. La fiction du banquet (chaque convive paie son déjeuner) permet d'obtenir l'autorisation de la police pour se réunir. Des banquets de ce type avaient déjà existé sous la Restauration et autour de 1840. Mais en 1847, avec la conjoncture économique et politique, la campagne prend une ampleur considérable : environ soixante-dix banquets sont organisés à travers la France, réunissant plus de 22 000 souscripteurs, pour la plupart issus de la bourgeoisie libérale. Le premier banquet, organisé à Paris au Château-Rouge le 9 juillet, rassemble 1 200 convives ; le 18 juillet, Lamartine, auréolé du succès de son *Histoire des girondins*, est acclamé à Mâcon, sa ville natale, par une foule nombreuse ; le 7 novembre, Ledru-Rollin réclame le suffrage universel à Lille ; le 5 décembre, un autre grand banquet se tient à Amiens, précédant celui du 25 décembre, le dernier de la série en province, organisé à Rouen. Il y a parfois des tensions : réunir républicains et opposants dynastiques est un exercice périlleux, dans la chaleur de la convivialité du banquet. Mais un fait domine : la radicalisation progressive du discours tenu. Bientôt Duvergier de Hauranne ou Odilon Barrot, réformistes modérés, sont dépassés sur leur gauche par Arago ou Ledru-Rollin, pour qui la seule réforme électorale envisageable est l'instauration du suffrage universel.

• *Louis-Philippe et le parti de la Résistance.* La réforme électorale semble s'éloigner davantage encore lorsque s'ouvre le 27 décembre la session parlementaire. Le discours du Trône agressif condamnant « les passions ennemies ou aveugles » (allusion à peine voilée aux banquets) ne laisse aucun doute quant aux intentions de Louis-Philippe. Par certains côtés, on semble revenu à l'opposition du début du règne entre « résistance » et « mouvement ». La discussion de l'adresse qui s'ensuit rappelle le climat parlementaire du printemps 1830. D'abord discuté par les pairs du 10 au 18 janvier, le discours du Trône vient ensuite devant les députés du 24 janvier au 12 février. Orateurs de l'opposition dynastique ou radicale attaquent avec vigueur le ministère Guizot, rejoints par des modérés déçus de l'orléanisme comme Tocqueville, qui se fait, à l'occasion, prophète de la révolution. Guizot n'obtient que 33 voix de majorité lors du vote de l'adresse adoptée en réponse au discours du Trône. Mais le roi demeure inflexible et Guizot interdit le 14 janvier un banquet qui, en guise de clôture de la campagne entamée pendant l'été 1847, devait réunir les républicains dans le 12e arrondissement.

LA RÉVOLUTION DE 1848

Ni programmée ni inopinée, la révolution de 1848 résulte de causes dont la conjonction et l'addition provoquèrent un état de contestation croissante du gouvernement de Guizot. Le renversement du régime monarchique devait-il nécessairement s'ensuivre ? La réponse est négative si l'on considère le discours et le poids des forces politiques en présence. En dehors du fait que les républicains souhaitaient évidemment ce renversement, il semble que la République s'imposa en quelque sorte par défaut, d'autant plus facilement que le régime apparut discrédité et, avec lui, la forme de gouvernement monarchique elle-même. Cela ne signifie nullement que la République n'avait pas de partisans, mais que ceux-ci, minoritaires, surent éviter que 1830 ne se renouvelle, tout en réussissant à rendre acceptable un régime politique encore repoussé par une bonne partie de l'opinion publique.

• *Effervescence prérévolutionnaire.* La suspension du cours de Michelet au Collège de France le 2 janvier avait provoqué la colère des étudiants. Quatre jours plus tard, environ 1 500 d'entre eux organisèrent une manifestation de soutien au grand historien. Une pétition circula pour demander le rétablissement des cours de Mickiewicz, Quinet et Michelet. Soutenus par la presse démocratique, les étudiants allèrent la soumettre aux députés à l'occasion d'une seconde manifestation organisée le 3 février 1848. Manifestation importante par le nombre des étudiants (3 000 d'après Daniel Stern/Marie d'Agoult) et par l'objectif visé, la Chambre des députés, de nouveau le but d'une manifestation populaire. La question dominante restait celle du banquet du 12e arrondissement. Malgré l'interdiction de Guizot, une partie de l'opposition, essentiellement républicaine, décida de maintenir le banquet, repoussé au 22 février. La veille, Guizot réitéra son interdiction. L'opposition dynastique refusa alors de s'y associer et, sur la centaine de parlementaires ayant annoncé leur participation, seuls sept maintinrent leur engagement. Le personnel politique comprit bien la nature de l'enjeu. Les étudiants eux-mêmes étaient divisés, mais finalement constituèrent un Comité des Écoles unifiant sympathisants de *La Réforme* et ceux du *National*, le journal d'Armand Marrast qui publia le 21 février un appel à manifester le lendemain, en se rassemblant place du Panthéon.

• *La révolution, acte I.* Au matin du 22 février, la place du Panthéon voit affluer des manifestants, la plupart étudiants. Chantant la *Marseillaise* et plus encore le *Chant des girondins*, la colonne grossie d'ouvriers et de gardes nationaux prend la direction de la place de la Madeleine aux cris de : « Vive la Réforme !, À bas Guizot !, À bas les ministres ! » Au niveau de la place de la Concorde, les gardes municipaux barrent l'accès au Palais-Bourbon. Mais des manifestants réussissent à s'y introduire et y rencontrent les députés Crémieux et Marie à qui ils remettent une pétition demandant la mise en accusation du ministère. L'espoir, à ce moment, réside dans la nomination d'Odilon Barrot comme premier ministre. Quelques affrontements ont lieu avec la troupe aux alentours de la Chambre et de la résidence de Guizot, le ministère des Affaires étrangères situé boulevard des Capucines. Mais le peuple de Paris s'engage encore avec retenue. (Voir encadré 33, p. 177.)

33 – LA MANIFESTATION DU 22 FÉVRIER

« Mais silence ! quelles sont ces voix lointaines qui retentissent soudain ? Quel est ce chant bien connu qui se rapproche, vibre, éclate ? C'est la *Marseillaise* entonnée à pleine poitrine par une colonne de sept cents étudiants qui débouchent sur la place en deux rangs serrés dans l'attitude la plus résolue. La vue de ces jeunes gens aimés du peuple et les fiers accents de l'hymne révolutionnaire font tressaillir la multitude. Une acclamation de surprise et de joie électrise l'atmosphère. Deux fois les étudiants font le tour de l'église en échangeant avec les ouvriers des paroles de haine contre le gouvernement et de provocation à la révolte. Leur contenance ferme, leurs évolutions régulières donnent aux rassemblements incohérents je ne sais quel sentiment de discipline. Le peuple se sent conduit et, par une impulsion instinctive, le flot demeuré incertain, presque immobile jusque-là, s'ébranle dans une même direction. Il se pousse en avant, par la place de la Concorde, vers le Palais-Bourbon. D'un attroupement de curieux et de désœuvrés, la présence des étudiants fait une manifestation politique. »

(Daniel STERN, *Histoire de la révolution de 1848.*)

• *La révolution, acte II.* Ce jour-là, 23 février, Louis-Philippe, prenant conscience de la gravité de la situation, ordonne la mobilisation de la garde nationale. Une bonne partie de celle-ci n'obéit pas à l'ordre ou le fait aux cris de « Vive la Réforme ! » et « À bas Guizot ! » Des barricades s'élèvent, la place du Panthéon est occupée alors que l'Hôtel de Ville et la Préfecture sont cernés. Mais les combats restent limités : pas d'affrontement sanglant avec la garde municipale ni avec les troupes de ligne. L'alliance de 1830 se renoue entre étudiants, gardes nationaux et ouvriers, alors que l'École polytechnique joue plutôt le rôle de conciliateur. Le roi prend la décision, dans l'après-midi, de demander à Guizot de démissionner. La nomination de Molé, l'homme de confiance de Louis-Philippe, est mal accueillie dans les faubourgs. Mais le soir, Paris fête le renvoi de Guizot en illuminant la ville que de nombreux cortèges sillonnent. L'un de ceux-ci se heurte alors aux soldats en faction devant le ministère des Affaires étrangères. La troupe tire, on relève officiellement 16 morts (on estime qu'il y en eut environ une cinquantaine) et des dizaines de blessés. En un instant, la protestation populaire se fait révolution. Les cadavres sont promenés sur des chariots à travers la ville, à la lueur des torches, la nuit durant. Symbole mêlé de la lumière sépulcrale annonçant la fin du régime et des lueurs prometteuses d'un jour nouveau.

• *La révolution, acte III.* Répandue dans la ville, la nouvelle de la fusillade du boulevard des Capucines provoqua un engagement massif du peuple de Paris dans une révolution désormais autant tournée contre le régime que contre le ministère. Les républicains appellent à renverser le roi ; partout, des barricades se dressent. On colle des affiches, on fond des balles, on cherche de la poudre. L'objectif, maintenant, ce sont les Tuileries. On se bat farouchement autour du Château d'Eau, qui contrôle l'entrée de la place du Carrousel. Louis-Philippe réagit avec lenteur, du haut de ses 75 ans. La nomination de Bugeaud (qui reste l'homme du massacre de la rue Transnonain) à la tête des troupes chargées du maintien de l'ordre se révèle une erreur psychologique. Bugeaud organise quatre colonnes ayant la mission de reprendre le contrôle de la capitale. Mais Louis-Philippe désire éviter des combats sanglants : le roi de Juillet 1830 est rattrapé par son passé. La nomination du couple Thiers-Odilon Barrot à la tête du ministère est trop tardive. Partout les cris de « Vive la République ! » se font entendre. Privé de toute initiative politique, poussé par ses proches, Louis-Philippe signe un acte d'abdication en faveur de son petit-fils, le comte de Paris, âgé de 9 ans, sa mère, la duchesse d'Orléans, devenant de fait régente, puis il s'enfuit en direction de l'Angleterre. Le peuple s'empare du château royal et le saccage dans une liesse qui rappelle les fêtes de Mardi-Gras, tout en faisant respecter un ordre révolutionnaire qui n'hésite pas à fusiller les « voleurs ». Mais le centre de la vie politique s'est déplacé : ce sont moins les Tuileries qui importent dès lors que le Palais-Bourbon (siège de la représentation nationale) et l'Hôtel de Ville (siège de la représentation municipale), traditionnels centres de décision politique dans les périodes révolutionnaires.

• *Proclamation de la République.* Elle n'apparaît pas comme une simple formalité. Les partisans de la dynastie n'ont pas renoncé. À la Chambre des députés, ils font venir la duchesse d'Orléans et son jeune fils. Il s'agit de faire proclamer la régence, défendue notamment par Odilon Barrot, idée à laquelle semble favorable une majorité des députés présents. Mais la foule envahit la salle et réclame la République, contraignant la famille royale à quitter les lieux. Les orateurs républicains — Lamartine, Ledru-Rollin — ont la voie libre. Sous la pression populaire, on fait acclamer plus que proclamer les noms des membres d'un gouvernement provisoire : Lamartine, Dupont de l'Eure, Arago, Ledru-Rollin, Crémieux, Garnier-Pagès, Marie. Ce n'est qu'ensuite que fut proclamée la République. Au même moment, une scène analogue se déroule à l'Hôtel de Ville, en plein cœur du Paris populaire et révolutionnaire qui tient la victoire qui lui avait échappé en 1830. Mais là, les partisans de *La Réforme*, républicains plus radicaux, imposent la nomination de Louis Blanc et de l'ouvrier mécanicien Albert, de son vrai nom Alexandre Martin, tous deux apôtres du socialisme. Enfin, on ajouta les noms des directeurs des deux grands journaux républicains, Marrast pour *Le National* et Flocon pour *La Réforme*. Ces onze hommes d'origine et d'idées assez sensiblement différentes forment un gouvernement provisoire, celui de la République triomphante et fraternelle. Trois jours plus tard, le gouvernement au grand complet proclama officiellement la République au pied de la colonne de la Bastille, en hommage aux morts des Trois Glorieuses, dans une fête populaire colorée de liesse tricolore. Mais, dès le 25 février, Lamartine avait dû batailler pour faire repousser le drapeau rouge que socialistes et ouvriers brandissaient devant l'Hôtel de Ville. En germe, se profilait derrière cet affrontement symbolique un affrontement social et politique autrement violent que la République allait devoir gérer.

Conclusion générale

Les années 1815-1848 ont longtemps été étudiées comme une phase de transition entre Révolution et République. Phase qui semble en définitive terne, riche certes sur le plan économique, artistique ou littéraire, mais balbutiante et hésitante sur le plan des réalisations politiques et sociales. Inachèvement qualitatif de la pensée et quantitatif des actes... Nous espérons avoir montré, sinon démontré, que la Restauration et la monarchie de Juillet furent en fait une période de réflexion, d'élaboration et de confrontation, peut-être la plus riche de toute l'histoire contemporaine de la France, entre les hommes et les idées. Pas seulement à cause des insurrections ou révolutions qui jalonnent la période, mais aussi par la qualité du débat et de la vie politiques. C'est bien d'un monde à (re)construire dont il est question, de rapports sociaux à réimaginer, de la définition d'une société capable d'atteindre enfin cette perfection que conservateurs, libéraux, socialistes imaginent pourtant différemment. Affrontement idéologique majeur qui a marqué de son empreinte toute la réflexion politique française jusqu'à nos jours.

L'apparence faussement transitionnelle de cette période tient également au fait que rarement le débat n'aura été autant tourné vers le passé. Un passé proche, certes, mais un passé qui sert de référent constant, voire pesant. Même la Restauration devra en tenir compte. Il faut parallèlement élaborer l'histoire de ce passé et élaborer une forme politique nouvelle qui prenne en compte les idéaux de 1789. Cette concordance des temps entre élaboration historique et élaboration politique constitue l'un des caractères les plus originaux des années 1815-1848. Républicains et socialistes nourrissent leur réflexion de ce passé mythifié. Les libéraux eux-mêmes, y compris les plus conservateurs, ont conscience d'être les héritiers, et au moins les obligés, d'une histoire qui les a portés au pouvoir. Il leur faut réconcilier ou, mieux, réunir le citoyen, inscrit dans un passé revendiqué, et le producteur, projeté dans un avenir imaginé. Pierre Rosanvallon a vu dans ces années de la Restauration et de la monarchie de Juillet un moment conceptuel situé entre un moment idéologique (Révolution-Premier Empire) et un moment démocratique (1848 et après). Construction séduisante que ces trois moments ou étapes qui auraient permis le passage de la Monarchie à la République, de l'aristocratie à la démocratie, mais construction qui réduit quelque peu l'histoire de la période à une histoire des idées.

En effet, 1815-1848, ce fut également une époque de luttes politiques et sociales menées pour donner corps aux notions de liberté, d'égalité, de fraternité et de démocratie. Le XIXe siècle est le siècle des révolutions. N'y a-t-il pas contradiction avec l'affirmation d'un vrai débat politique, alors que celui-ci se montre incapable de donner corps aux valeurs énoncées ci-dessus? C'est qu'il existe un décalage dans la société française, décalage institutionnel certes, mais aussi culturel et social entre, d'une part, une classe politique fermée et un corps électoral très réduit (le pays légal) et, d'autre part, une classe populaire très large, incluant une partie de la bourgeoisie (le pays réel), privée de tout droit politique. Le décalage grandissant entre l'affirmation d'une conscience politique populaire revendiquant des droits et l'impossibilité pour le peuple d'exprimer démocratiquement sa volonté explique la fréquence des insurrections et des révolutions qui marquent la période. La limitation du droit de suffrage (sans compensation autre que l'espoir d'ascension sociale) provoque, dans une société en pleine évolution économique et culturelle, un emploi de la violence comme mode naturel d'expression politique. L'instauration du suffrage universel masculin en 1848, au terme d'une génération de luttes, constitue une véritable révolution en soi. Couplée avec la reconnaissance progressive et plus tardive d'autres droits (association, liberté de la presse, grève), elle témoigne du passage de la France dans l'ère de la démocratie. La citoyenneté et les valeurs démocratiques de notre époque s'enracinent bien dans les combats politiques des années 1815-1848.

Bibliographie

• *Histoire politique :*

AGULHON M., *1848 ou l'Apprentissage de la démocratie*, « Points », Seuil, 1992.
BERTIER de SAUVIGNY G. de, *La Restauration*, Flammarion, 1990.
BERTIER de SAUVIGNY G. de, *La Révolution de 1830 en France*, A. Colin, 1970.
DAVID M., *Le Printemps de la fraternité. Genèse et vicissitudes (1830-1851)*, Aubier, 1992.
DESANTI D., *Les Socialistes de l'utopie*, Payot, 1970.
Le XIXe s. et la Révolution française, actes du colloque organisé par la Société d'histoire de la révolution de 1848 et des révolutions du XIXe s., Créaphis, 1992.
GALANTE GARRONE A., *Philippe Buonarroti et les révolutionnaires du XIXe s.*, Champ libre, 1975.
GIRARD L., *Les Libéraux français 1814-1875*, Aubier, 1985.
FURET F., *La Révolution 1770-1880*, « Histoire de France », Hachette, 1988.
GUIRAL P., *Adolphe Thiers*, Fayard, 1986.
JARDIN A. et TUDESQ A.J., *La France des notables, 1815-1848*, « Points », Seuil, 1973.
JARDIN A., *Histoire du libéralisme politique*, Hachette, 1985.
LE NABOUR É., *Charles X. Le dernier roi*, J.-C. Lattès, 1980.
LEVER É., *Louis XVIII*, Fayard, 1988.
Maintien de l'ordre et polices en France et en Europe au XIXe s., actes du colloque de la Société d'histoire de la révolution de 1848 et des révolutions du XIXe s., Créaphis, 1987.
MARTIN J., *L'Empire renaissant 1789-1871*, « L'aventure coloniale de la France », Denoël, 1987.
MÉNAGER B., *Les Napoléon du peuple*, Aubier, 1988.
« Mille huit cent trente », *Romantisme*, revue du XIXe s., n° 28-29, CDU-SEDES, 1980.
NEMWAN E. L., *Historical Dictionnary of France from the 1815 Restoration to the Second Empire*, Greenwood Press, 1987.
PINKNEY D.H., *La Révolution de 1830 en France*, PUF, 1988.
RÉMOND R., *Les Droites en France*, Aubier, 1982.
RIALS S., *Révolution et contre-révolution au XIXe s.*, DUC-Albatros, 1987.
ROBERT H., *L'Orléanisme*, PUF, « Que sais-je ? », 1992.
ROSANVALLON P., *Le Moment Guizot*, Gallimard, 1985.
ROSANVALLON P., *Le Sacre du citoyen. Histoire du suffrage universel en France*, Gallimard, 1992.
SIRINELLI J.-F., *Histoire des droites en France*, 1992.
VIDALENC J., *La Restauration*, « Que sais-je ? », PUF, 1983.

Vigier P., *La Monarchie de Juillet*, « Que sais-je ? », PUF, 1982.
Vigier P., *La IIe République*, PUF, « Que sais-je ? », 1988.
Vigier P., *La Vie Quotidienne en province et à Paris pendant les journées de 1848*, Hachette, 1982.
Weill G., *Histoire du parti républicain en France de 1814 à 1870*, Slatkine, 1980.
Yvert B., *Dictionnaire des ministres (1789-1989)*, Perrin, 1990.

• *Histoire démographique, économique et sociale :*

Ariès P. et Duby G., *Histoire de la vie privée*, Seuil, t. IV, 1987.
Aron J.-P., *Misérable et glorieuse. La femme du XIXe s.*, Fayard, 1980.
Beltran A. et Griset P., *La Croissance économique de la France, 1815-1914*, « Cursus », A. Colin, 1988.
Braudel F. et Labrousse É., *Histoire économique et sociale de la France*, t. III, PUF, 1976.
Brelot C.-I., *La Noblesse réinventée. Nobles de Franche-Comté de 1814 à 1870*, Annales littéraires de l'université de Besançon, 1992.
Caron F., *Histoire économique de la France, XIXe-XXe s.*, A. Colin, 1981.
Cavaignac J., *Les Vingt-Cinq Familles. Les négociants bordelais sous la monarchie de Juillet*, cahiers de l'IAES, n° 6, 1985.
Gavignaud G., *Les Campagnes en France au XIXe s.*, Ophrys, 1990.
Charle C., *Histoire sociale de la France au XIXe s.*, « Points », Seuil, 1991.
Chevalier L., *La Formation de la population parisienne au XIXe s.*, PUF, 1950.
Chevalier L., *Classes laborieuses et classes dangereuses à Paris pendant la première moitié du XIXe s.*, Le Livre de Poche, 1978.
Corbin A., *Les Filles de noce. Misère sexuelle et prostitution XIXe-XXe s.*, Aubier, 1978.
Daumard A., *Les Bourgeois et la Bourgeoisie en France au XIXe s.*, Aubier, 1987.
Dolléans É., *Histoire du mouvement ouvrier*, A. Colin, 1957.
Duby G. et Wallon A., *Histoire de la France rurale*, t. III, Seuil, 1976.
Duby G., *Histoire de la France urbaine*, t. III et IV, Seuil, 1981-1983.
Duby G., Perrot M., *Histoire des femmes*, Plon, 1991.
Dupâquier J., *Histoire de la population française*, t. III, PUF, 1988.
Dupâquier J. et Kessler D., *La Société française au XIXe s.*, Fayard, 1992.
Gossez R., *Les Ouvriers de Paris*, Bibliothèque de la révolution de 1848, 1967.
Higgs D., *Nobles, titrés, aristocrates en France après la Révolution, 1800-1870*, Liana Levi, 1990.
Lepetit B., *Les Villes dans la France moderne (1740-1840)*, Albin Michel, 1988.
Pierrard P., *Enfants et jeunes ouvriers en France (XIXe-XXes.)*, Éditions ouvrières, 1987.
Pinkney D.H., *Decisive Years in France 1840-1847*, Princeton University Press, 1986.
Pouthas C.-H., *La Population française pendant la première moitié du XIXes.*, PUF, 1955.
Procacci G., *Gouverner la misère. La question sociale en France, 1789-1848*, Le Seuil, 1993.
Rioux J.-P., *La Révolution industrielle 1780-1880*, « Points-Histoire », Seuil, 1989.

ROYER J.-P., MARTINAGE R., LECOQ P., *Juges et notables au XIXe s.*, PUF, 1982.

TUDESQ A. J., *Les Grands Notables en France, 1840-1849*, PUF, 1964.

VIDALENC J., *La Société française de 1815 à 1848*, M. Rivière, 1970.

• *Histoire administrative, culturelle et religieuse :*

AGULHON M., « Le Cercle dans la France bourgeoise (1800-1848) », *Cahiers des Annales*, n° 36, A. Colin, 1977.

AGULHON M., *Marianne au combat*, Flammarion, 1979.

BÉNICHOU P., *Le Temps des prophètes, doctrines de l'âge romantique*, Gallimard, 1977.

CARON J.-C., *Générations romantiques. Les étudiants de Paris et le Quartier latin (1814-1851)*, A. Colin, 1992.

CHAUVAUD F., *De Pierre Rivière à Landru. La violence apprivoisée au XIXe siècle*, Brepols, 1991.

CHOLVY G. et HILAIRE Y.-M., *Histoire religieuse de la France contemporaine*, Privat, 1985, t. I.

CRUBELLIER M., *Histoire culturelle de la France (XIXe-XX^{e}s.)*, A. Colin, 1974.

CRUBELLIER M., *L'Enfance et la Jeunesse dans la société française 1800-1950*, A. Colin, 1979.

DUROSELLE J.-B., *Les Débuts du catholicisme social en France (1822-1870)*, PUF, 1951.

FAUQUET É., *Michelet ou la gloire du professeur d'histoire*, Cerf, 1990.

FURET F. et OZOUF J., *Lire et écrire, l'alphabétisation des Français de Calvin à Jules Ferry*, éd. de Minuit, 1977.

GERBOD P., *La Vie quotidienne dans les collèges et les lycées au XIXe s.*, Hachette, 1968.

JARDIN A., *Alexis de Tocqueville*, Hachette, 1984.

LEDRÉ C., *La Presse à l'assaut de la monarchie, 1815-1848*, A. Colin, 1960.

LE GOFF J. et RÉMOND R., *Histoire de la France religieuse*, Seuil, 1991, t. III.

LÉONARD J., *La Médecine entre les pouvoirs et les savoirs*, Aubier, 1981.

LOYER F., *Paris XIX^{e}s. L'immeuble et la rue*, Hazan, 1987.

MARTIN-FUGIER A., *La Vie élégante ou la formation du Tout-Paris, 1815-1848*, Fayard, 1990.

MAYEUR F., *Histoire générale de l'enseignement et de l'éducation en France*, sous la dir. de L.H. Parias, t. III, Nouvelle Librairie de France, 1981.

NORA P., *Les Lieux de mémoire*, Gallimard, 1984.

ORCEL M., BODDAERT F., *Ces imbéciles croyants de liberté, 1815-1852*, Hatier, 1990.

Paris au XIX^{e}s., aspects d'un mythe littéraire, Lyon, PUL, 1984.

PESSIN A., *Le Mythe du peuple et la Société française du XIXe s.*, PUF, 1992.

PETIT J.-G., *Ces peines obscures, la prison pénale en France, 1780-1875*, Fayard, 1990.

PONTEIL F., *Les Institutions de la France de 1814 à 1870*, PUF, 1966.

PROST A., *L'Enseignement en France 1800-1967*, A. Colin, 1968.

VAN TIEGHEM P., *Le Romantisme français*, PUF, « Que sais-je ? », 1992.

• *Études de villes et de régions :*

AGULHON M., *La République au village*, Le Seuil, 1979.

BERTIER DE SAUVIGNY G. de, *La Restauration*, Nouvelle histoire de Paris, diffusion Hachette, 1977.

CHALINE J.-P., *Les Bourgeois de Rouen. Une élite urbaine au XIXe s.*, Presses de FNSP, 1982.

CORBIN A., *Archaïsme et modernité en Limousin au XIX^{e}s.*, Rivière, 1975.

DENIS M., *Les Royalistes de la Mayenne et le Monde moderne (XIXe-XXe s.)*, Klincksieck, 1977.

DÉSERT G., *Une société rurale au XIXe s. Les paysans du Calvados (1815-1895)*, Lille, 1975.

FARCY J.-C., *Les Paysans beaucerons au XIXe s.*, Chartres, 1990.

LÉVÊQUE P., *Une société provinciale : la Bourgogne sous la monarchie de Juillet*, EHESS-Touzot, 1983.

MAYAUD J.-L., *Les Secondes Républiques du Doubs*, Les Belles-Lettres, 1986.

MERRIMAN J. M., *Limoges la ville rouge*, Belin, 1990.

TULARD J., *Paris et son administration (1800-1830)*, Paris, Imprimerie municipale, 1976.

VIGIER P., *Paris pendant la monarchie de Juillet*, Nouvelle histoire de Paris, diffusion Hachette, 1991.

Table des cartes, graphiques et encadrés

1 – Fouché jugé par Chateaubriand	12
2 – Les ordonnances sur l'Enseignement Supérieur	20
3 – Béranger : le sacre de Charles le Simple	23
4 – Roi, prêtres et émigrés	26
5 – Michelet analyse la nation France	35
Cartes : Densité de la population en France en 1821 et en 1841	38
6 – Maître et métayer dans le Bourbonnais sous la monarchie de Juillet : un cas trop exemplaire ?	46
7 – Une analyse légitimiste de la Cour de Louis-Philippe	51
8 – Quelques aspects de l'urbanisme et de l'hygiène à Lyon	58
9 – Portrait d'un notable bordelais	64
10 - Deux témoignages sur la misère ouvrière	67
11 – Un programme de reconquête religieuse : les vœux du conseil général des Bouches-du-Rhône en 1823	71
12 – La doctrine de *L'Avenir*	72
13 – Quelques pratiques religieuses populaires	75
14 – Deux préfaces-manifestes de Victor Hugo	81
15 – Protestation des journalistes contre les ordonnances, 26 juillet 1830	95
16 – Le programme républicain en 1830	96
17 – « 1830 », révolution de la liberté	99
18 – La révolte des canuts de novembre 1831	107
19 – La loi Guizot du 28 juin 1833 sur l'instruction primaire	109
Carte : Les étapes de la conquête de l'Algérie	110
« Les poires », une caricature de Louis-Philippe par C. Philipon	113
20 – La loi du 9 septembre 1835 sur la presse	114
Graphique : La Chambre des députés de 1837	121
21 – Le transfert des cendres de l'Empereur aux Invalides	125
22 – 1840, le réveil des nationalismes en France et en Allemagne	127
23 – L'enquête Villermé : les ouvriers de l'industrie cotonnière du Haut-Rhin	134

24 – Deux points de vue sur la liberté de l'enseignement 135
25 – Alexis de Tocqueville voyageur en Algérie 143
26 – La « parabole » de Saint-Simon 147
27 – Trois jugements critiques de Flora Tristan 148
28 – Les rites du compagnonnage 155
29 – Le fonctionnement de la Société de secours mutuels des tourneurs de Paris 156
30 – Tocqueville et la crainte d'une révolution sociale 159
31 – Une analyse du féminisme des années 1830 163
32 – Deux jugements sur l'émeute de Buzançais 168
Carte : le régime censitaire (1846) 173
33 – La manifestation du 22 février 1848 177

Table des matières

Présentation générale 5

1. VIE PARLEMENTAIRE ET LUTTES POLITIQUES SOUS LA RESTAURATION (1815-1830) .. 7

Les débuts de la Restauration 7
Une France vaincue mais forte, 7. La Charte du 4 juin 1814, 8. La Terreur blanche, 10. La Terreur légale, 11. Familles et personnel politiques, 12.

Le gouvernement de la France : Richelieu, Decazes, Villèle (1815-1827) ... 15
Richelieu, 15. Decazes, 16. Le rappel de Richelieu, 18. Villèle, 19.

De Martignac à Polignac : l'alternative (1828-1830) 27
Martignac, l'échec de la libéralisation du régime, 27. Jules de Polignac, le retour des ultras, 28.

Bilan de la Restauration 32

2. LA SOCIÉTÉ FRANÇAISE DANS LA PREMIÈRE MOITIÉ DU XIXe SIÈCLE 33

L'identité de la France 33

La population française 35
La démographie de la France, 35. Géographie professionnelle et sociale de la population française, 37.

La France rurale 39
La paysannerie et la terre, 39. Une hiérarchie rurale, 41. Une approche sociale, culturelle et politique des campagnes, 43. L'économie rurale, 46. Conclusion : regards sur le monde rural, 49.

La France urbaine 49
Entre ville et campagne, la noblesse, 50. Démographie et géographie urbaines, 53. Paysages urbains, 54. Une typologie des villes, 57. Hiérarchie sociale : des bourgeois aux indigents, 61. Conclusion : le discours sur la ville, 68.

3. LA VIE RELIGIEUSE ET CULTURELLE 69

Croyances et religions 69
Une Église triomphante ?, 69. Pratiques et sentiments religieux, 74. Les religions minoritaires, 77.

Le romantisme 78
Définir le romantisme, 78. Le romantisme littéraire, 82. Un renouvellement de la pensée, 84. Les Beaux-Arts, 87.

4. LA RÉVOLUTION DE 1830 ET LES DÉBUTS DE LA MONARCHIE DE JUILLET (1830-1835) . 91

La révolution de Juillet 1830 91
Les Trois Glorieuses, 91. Bilan de la révolution, 95. Interprétations de juillet 1830, 98.

« L'époque sans nom » (1830-1832) 98
Un état de grâce qui ne dure pas, 98. La victoire de la « résistance », 103. Un printemps décisif, 105.

La consolidation du régime (1832-1835) 107
Le roi règne et gouverne, 107. Derniers sursauts républicains, 111. Conclusion : une monarchie affermie, 115.

5. LE TRIOMPHE DE LA SOCIÉTÉ BOURGEOISE 117

La « Belle-Époque » de la monarchie de juillet 117
Les forces en présence, 117. Thiers, une victoire éphémère, 119. Molé : l'homme du roi aux affaires (septembre 1836-mars 1839), 119. Les crises de l'année 1839, 122. Le deuxième ministère Thiers (mars-octobre 1840), 123. Politique algérienne — 1836-1840, 128.

Le « moment Guizot » 128
Un intellectuel en politique, 129. La politique intérieure de la France — 1840-1846, 131. La politique extérieure de la France à l'époque de Guizot — 1840-1846, 138. Conclusion : des années décisives?, 144.

6. LA CRISE DE LA MONARCHIE DE JUILLET ET LA RÉVOLUTION DE 1848 145

Le mouvement des idées 145
Les courants socialistes et communistes, 145. À propos de l'utopie, 152. L'organisation ouvrière, 153. Le libéralisme, idéologie dominante?, 157. Le féminisme en gestation, 160.

La crise finale (1846-1848) 163
1846 : apogée politique et crise économique, 164. L'effritement du soutien populaire, 169. Renouveau radical : la République possible, 171. La crise intellectuelle du régime, 172. La fin du système Guizot, 173.

La révolution de 1848 175

Conclusion générale 181

Bibliographie 183

Table des cartes, graphiques et encadrés 187

Armand Colin Éditeur
103, boulevard Saint-Michel
75240 Paris Cedex 05
N° 105358
Dépôt légal : avril 1995

SNEL S.A.
Rue Saint-Vincent 12 – 4020 Liège
mars 1995